Horst Gundlach

Die deutsch-deutsche Grenze 1945–1990

Eine Dokumentation der Ereignisse im Südharz

 Verlag Rockstuhl

Impressum

Umschlaggestaltung: Harald Rockstuhl, Bad Langensalza

Titelbild: Grenze im Raum Osterhagen, 1990 (Foto: Horst Gundlach)
Grafik: Stacheldraht (Foto: Harald Rockstuhl)

Bisherige Auflagen:
1. Auflage 2009 erstmalig im Eigenverlag von Horst Gundlach erschienen

2. Auflage 2014
ISBN 978-3-86777-724-7

1. Auflage als E-Book 2015
ISBN **978-3-86777-814-5**, E-Book [ePub]
ISBN **978-3-86777-815-2**, E-Book [Mobiocket]

Innenlayout: Harald Rockstuhl, Bad Langensalza

Druck und Bindearbeit: Digital Print Group Oliver Schimek GmbH, Nürnberg/Mittelfranken

Gedruckt auf alterungsbeständigem Papier nach ISO 9706

Die Deutsche Nationalbibliothek verzeichnet diese Publikation in der Deutschen Nationalbibliografie. Detaillierte bibliografische Daten sind im Internet über *http://dnb.d-nb.de* abrufbar.

 **Verlag Rockstuhl**
www.verlag-rockstuhl.de

Inhaber: Harald Rockstuhl
Mitglied des Börsenvereins des Deutschen Buchhandels e.V.
Lange Brüdergasse 12 in D-99947 Bad Langensalza/Thüringen
Telefon: 03603 / 81 22 46   Telefax: 03603 / 81 22 47
www.verlag-rockstuhl.de

Inhaltsverzeichnis

Zum Geleit   7
Das Jahr 1945   9

Bad Sachsa zwischen Hoffen und Bangen   11
Berichte des Gendarmeriepostens Walkenried   16
Tödliche Schüsse, Mord und Raub an der Demarkationslinie   23
Auf dem Weg in die Heimat getötet   25
Strittiger Grenzverlauf im Bereich der Kutzhütte   26
Zeittafel 1945   27

Das Jahr 1946   28

Juliushütte und Wiedigshof   31
Aus den Akten des Landespolizeipostens Walkenried 1946   34
Durch Eindringen Feindesmacht in der Wohnung erschossen   38
Zeittafel 1946   39

Die Jahre 1947 bis 1949   40

Die Aufstellung der Grenzpolizei des Landes Thüringen   42
Die britische Überwachung der Demarkationslinie   47
Mord an einem Grenzgänger in Zorge   48
Abenteuerlust   50
Bittbrief an die Polizeistation Walkenried   54
Bericht des Polizeipostens Walkenried 1947   55
Behinderung bei der Rückreise   57
Grenzdienst in Tettenborn   58
Walkenried 1948   60
Die Währungsreform   60
Der Zoll an der Demarkationslinie im Südharz   62
Kautabak als Tauschware   66
20-jähriger Ellricher von Grenzpolizisten erschossen   68
Festnahme durch russische Grenzposten   69
Zeittafel 1947 bis 1949   71

Die Jahre 1950 bis 1952   73

Zwischenfall in der Kutzhütte   80
Das Verhältnis zwischen Grenzpolizisten und Grenzgängern   82
Der Weg nach Nordhausen   86
Besondere Vorkommnisse im Bereich der 5. Grenzbereitschaft   87
Wanderer zwischen zwei Welten   89
    Am Schlagbaum – Der Interzonengrenzübergang Walkenried   89

Tödlicher Schuss auf einen Grenzgänger 92
Die Sperrzone 92
   Schlagbaum blieb geschlossen 93
Die Aktion „Ungeziefer" 93
   Flucht aus der Sowjetzone 96
   Räumung in Benneckenstein 96
   Bericht eines Flüchtlings 97
Das Leben in der Sperrzone 97
Zeittafel 1950 bis 1952 101

Die Jahre 1953 bis 1960 102
Die Deutsche Grenzpolizei im Gebiet des Südharzes 105
Beschwerdebrief an den Kommandeur der 3. GB Nordhausen 112
Himbeeren von der Grenze 114
Auf direktem Weg nach drüben 116
Aus den Berichten des Zollgrenzdienstes 1957/58 117
Naivität oder ... ? 121
Zerstörung des gerade aufgebauten Grenzzaunes
an der Straße Neuhof–Kutzhütte 122
Wieder Massenflucht in die Freiheit 124
Zur Beerdigung nach Branderode 126
16 Rinder passierten die Zonengrenze 127
Vom Bürostuhl auf den Melkschemel 128
Der Zollgrenzdienst berichtete 1960 129
Zeittafel 1953 bis 1960 131

Die Jahre 1961 bis 1970 132
Der Ausbau der sowjetzonalen Grenzsicherung im Südharz 133
Aus den Berichten des Zollgrenzdienstes 1960 – 1963 144
Geglückte Fluchten 147
Zwei Familien fliehen gleichzeitig aus dem Sperrgebiet 148
Irrtümliche Grenzverletzung 149
Aktion „Kornblume" 149
Verletzungen durch Bodenminen 152
Grenzprovokation 153
Tod einer DDR-Flüchtigen 154
Der Zollgrenzdienst berichtete über Ereignisse von 1965 bis 1969 155
Neue Unterkünfte für die Grenzkompanien 160
Weitere erfolgreiche Fluchten in den Westen 161
   Vater holte seine Familie aus der DDR 161
   Flucht ohne Fährnisse 162
   Aus der Zone geflüchtet 162

4

Zwei kamen in Uniform 162
Zwei Lehrlingen gelang die Flucht 162
Bau des Kfz-Sperrgrabens zwischen Neuhof und Walkenried 163
Güterzug verunglückte bei Einfahrt in die DDR 164
Der Kalte Krieg an der Grenze 165
Zeittafel 1961 bis 1970 171

Die Jahre 1971 bis 1980 172
Ein Schuss vom B-Turm Mackenrode 180
Rettung aus dem Minenfeld 180
Der grenznahe Reiseverkehr 182
Unverletzt durch die Minensperren 186
Zwei junge Männer aus Bleicherode gelangten in den Westen 186
Flucht mit dem Flugzeug 187
Im Eisenbahnwagen versteckt von Rumänien in den Westen 188
Zwischenfall an der Grenze 189
Fahnenflucht eines Gefreiten der Grenztruppen 191
Zeittafel 1971 bis 1980 192

Die Jahre 1981 bis 1990 195
Flucht aus Ellrich 196
Minenexplosion verletzt Offizier der Grenztruppen 196
Fluchtversuch im betrunkenen Zustand 197
Von Frankfurt/Oder nach Walkenried-Wiedigshof 197
Gelungene Flucht bei Ellrich 199
Eine stumme Begegnung 200
Fahnenfluchten im Dezember 1984 und Januar 1985 202
Die deutsch-deutsche Eiche 204
Ein Pudel als Grenzverletzer 204
Fluchtversuch im Bereich der Grenzübergangsstelle (GÜSt) Ellrich 206
Nächtlicher Grenzalarm im Abschnitt der 3. Kompanie 211
Die bei einer Flucht im Schutzstreifen zu überwindenden Grenzsperren 214
Gelungene Flucht bei Obersachswerfen 216
Fahnenflucht eines Unteroffiziers der Minenräumkompanie
Schiedungen 216
Grenzdurchbruch am Jägerfleck 217
Todesschuss auf den Kommandeur des I. Grenzbataillons Klettenberg 218
Gelungene Flucht im Raum Osterhagen 219
Flucht eines Grenzsoldaten in Zwinge 220
Flucht im Raum Bartolfelde 222
Überwindung der Grenzsperranlagen bei Nacht 222

Fünftägige Wegstrecke bis zur Grenze im Südharz 224
Schnapsidee zum Faschingsauftakt 224
Verfolgung bis zur Grenzlinie 227
Fahnenflucht eines Soldaten der Rückraumkompanie Mackenrode 230
Ein später Fluchtversuch 230
Grenzüberschreitender Faschingsauftakt 234
Der Befehl zum Öffnen der Grenze an der Straße Ellrich–Zorge 235
Vor Ort am Grenzübergang Ellrich–Zorge 238
Zorger hebelte mit Trecker Grenzpfahl aus 241
Der erste Personenzug nach vielen Jahren 242
Die Grenzöffnungen im Südharz 244
Neue Strukturen und das Ende der Grenzsicherung 247
Abbau der Grenzsperreinrichtungen 248
Zeittafel 1981 bis 1990 254

Schlusswort 258
Insbesondere dankt der Verfasser... 259
Genutzte Informationsquellen 260
Archivierte Unterlagen 260
Literatur 260
Fotodokumente 261

Organisation der Grenzüberwachung 263
der SBZ/DDR im Bereich des Südharzes

6

Zum Geleit

Die innerdeutsche Grenze hat in den 45 Jahren ihres Bestehens in vielfältiger Weise einschneidende Auswirkungen auf das Leben unserer Landsleute beiderseits dieser Trennungslinie gehabt. In den ersten Jahren nach Kriegsende war die sogenannte Demarkationslinie, welche die Interessengebiete der sowjetischen, britischen und im Süden der amerikanischen Besatzungsmächte trennte, praktisch eine „grüne Grenze". Millionen Menschen überschritten allein im Gebiet des Südharzes in beiden Richtungen die nur schwach bewachte, aber keineswegs ungefährliche Demarkationslinie. Das waren Evakuierte, Vertriebene, ehemalige Wehrmachtssoldaten und Fremdarbeiter auf dem Weg in ihre Heimat oder auf der Suche nach Familienangehörigen oder einer sicheren Bleibe. Da die „Rote Armee" und die in ihrem Interessengebiet eingesetzten Behörden, bedingt durch deren Rücksichtslosigkeit und Willkür, keinen guten Ruf genossen, suchten viele Menschen mehr Sicherheit in den Interessengebieten der westlichen Alliierten. Dazu gehörten insbesondere die um ihre persönliche Freiheit fürchtenden ehemaligen Mandatsträger des „Dritten Reiches", aber auch leitende Angestellte aus Behörden und Wirtschaft.

Obwohl das Überschreiten der Demarkationslinie durch Anordnungen des Alliierten Kontrollrates, dem zunächst maßgeblichen gemeinsamen Verwaltungsorgan der vier Siegermächte, verboten war, nahmen viele, die damit verbundenen Gefahren ignorierend, den Weg über die Grenze, insbesondere im Südharz. Die Eisenbahnstrecke, die einstmals das sächsische Industriegebiet mit dem an Rhein und Ruhr verband, war seit dem 7. Juli 1945 unterbrochen und endete auf östlicher Seite in Ellrich und auf westlicher Seite in Walkenried. Dazwischen lag für die Grenzgänger eine Strecke von vier bis fünf Kilometern, die meistens mit umfangreichem Gepäck unter Umgehung der Grenzwachen zu Fuß durch die Wälder und Felder zurückgelegt werden mussten. Auf den Bahnhöfen Ellrich oder Walkenried erreichten die Grenzgänger dann die immer überfüllten Züge in Richtung ihres Reiseziels. Der Weg von einem Bahnhof zum anderen war nicht ungefährlich. Die sowjetischen Grenzwachen machten bei Fluchtversuchen rücksichtslos von der Schusswaffe Gebrauch. Im Grenzgebiet gestellte Frauen wurden oftmals von den sowjetischen Soldaten vergewaltigt, Grenzgänger festgenommen und ausgeraubt. Aber auch sonst drohte den Grenzgängern der Diebstahl oder der Raub ihrer Habseligkeiten und sogar Mord durch andere Grenzgänger. Die von britischen Soldaten festgenommenen Grenzgänger wurden meistens zurückgeschickt oder auch den deutschen Gerichten übergeben. Da die Militärstreifen beider Seiten nicht in der Lage waren, den Personen- und insbesondere den Warenverkehr über die Demarkationslinie nur annähernd einzudämmen, wurden schon ab 1946 Deutsche zur Grenzüberwachung herangezogen. Vorrangiges Ziel auf beiden Seiten war es, den illegalen Warenverkehr zu unterbinden. Die über den persönlichen Bedarf hinausgehenden Waren wurden beschlagnahmt und der örtlichen Versorgung zugeführt. Die Postendichte auf östlicher Seite wurde ständig erhöht, so dass der Grenzgängerverkehr allmählich abnahm und dann 1952 mit der Einführung des Grenzregimes der DDR nahezu zum Stillstand kam. Von da an erreichte die Demarkationslinie eine neue Qualität mit ihrem von DDR-Seite betriebenen pioniermäßigen Ausbau mit Zäunen, Türmen und Minenfeldern, die das Überschreiten der Grenze nahezu vollständig verhinderten. Bis zur Grenzöffnung im November 1989 wurden die Sperranlagen von DDR-Seite ständig perfektioniert. Durchbrüche gelangten nur noch unter höchster Lebensgefahr. Versuche, die DDR illegal zu verlassen, wurden entsprechend den Grenzgesetzen der DDR streng geahndet.

Auf westlicher Seite wurden die Maßnahmen der DDR an der Grenze von den dafür eingesetzten Zollbeamten, deren Aufgabe, den Warenverkehr zu überwachen, weggefallen war, ständig genauestens verfolgt und registriert. Die hoheitliche Sicherung der Grenze zur DDR oblag dem Bundesgrenzschutz.

Das Anliegen des Verfassers ist es, die Ereignisse an der Demarkationslinie von deren Entstehung an bis zu ihrer Aufhebung möglichst genau und umfassend zu dokumentieren. Es liegt in der Natur der Sache, dass die in den ersten Nachkriegsjahren erfolgten Ereignisse dabei einen größeren Raum einnehmen als die nach der Einführung des DDR-Grenzregimes, wo vorrangig nur spektakuläre Fluchten Gegenstand der Dokumentation wurden. Umgekehrt ist die Ausbeute an aktuellen Fotos und Dokumenten aus den ersten Jahren der Grenze deutlich geringer als aus späteren Jahren, unter anderem, weil noch vor der Wiedervereinigung in größerem Umfang Bild- und Aktendokumentationen von DDR-Seite vernichtet wurden. Trotzdem lässt sich aus den in Archiven lagernden Unterlagen und aus Zeitzeugenberichten ein weitgehend aussagefähiges Bild der Ereignisse an der innerdeutschen Grenze zeichnen. Der Verfasser hat sich dabei auf das räumlich begrenzte Gebiet des Südharzes konzentriert, weil nur so eine eingehendere Darstellung der Auswirkungen der Trennungslinie auf das Leben der Menschen im Grenzgebiet möglich ist.

Das Jahr 1945

Der vom nazistischen Deutschland entfesselte Zweite Weltkrieg war trotz des Durchhaltewillens der deutschen Wehrmacht an der Front und in der Heimat nicht mehr zu gewinnen. Die alliierten Streitkräfte drangen vom Osten und Westen in das Kernland vor. Aus den Ostgebieten flohen Millionen Menschen vor der gefürchteten „Roten Armee" und suchten in den ländlichen Gebieten des verbliebenen Reiches Zuflucht. Die Städte lagen nach den Bombenangriffen der Alliierten in Trümmern. Dort, wo der Luftkrieg nicht hingekommen war, mussten die Bewohner zusammenrücken, um den Flüchtlingen aus dem Osten und den Bombengeschädigten aus den zerstörten Städten die dringend benötigen Unterkünfte zur Verfügung zu stellen. Auf engstem Raum wohnten oftmals mehrere Familien unter einem Dach. Dazu kam neben der Sorge um die Männer an der Front und dem Verbleib von Familienangehörigen der Hunger. Die Versorgungslage war vielerorts prekär und von den zuständigen Behörden nur schwer zu bewältigen. Hotels, Schulen und wenig genutzte größere Gebäude waren zu Lazaretten umfunktioniert oder dienten Wehrwirtschaftsbetrieben als Ausweichquartiere.

Im Südharz ging in den ersten Apriltagen des Jahres 1945 der Krieg zu Ende. Amerikanische Einheiten der 104. Infanteriedivision eroberten, zum Teil ohne Feindberührung mit den Resten der deutschen Wehrmacht, nacheinander die Ortschaften südlich des Harzes, nachdem es in Bad Lauterberg noch zu schweren, für die Amerikaner verlustreichen Kämpfen gekommen war. Bad Sachsa wurde am 12. April von amerikanischen Einheiten kampflos besetzt.[1]

Die amerikanischen Einheiten stießen in schnellem Tempo weiter nach Osten vor und trafen am 25. April 1945 an der Elbe in der Nähe von Torgau auf die von Osten angerückte „Rote Armee".

In den von den US-Truppen besetzten Ortschaften übernahmen amerikanische Offiziere die Verwaltung und setzten als Erstes NS-unbelastete Personen als Bürgermeister ein. Auf östlicher Seite gingen die Sowjets wesentlich radikaler vor. Aus den örtlichen Behörden, die dem jeweiligen Ortskommandanten unterstanden, wurden die früheren Mitarbeiter oft verhaftet und ihre Positionen vorwiegend mit Mitgliedern und Sympathisanten der ehemaligen kommunistischen Partei besetzt.

Das zerstörte Nordhausen
(Foto: W. Steinmann, Nordhausen)

Anfang Juli räumten die amerikanischen Streitkräfte, den mit den Sowjets und den Briten getroffenen Vereinbarungen folgend, die von ihnen besetzten Gebiete in Sachsen, Sachsen-Anhalt, Thüringen und Niedersachsen. Sowjetische, aber auch britische Einheiten nahmen die ihnen zugesprochenen Interessengebiete zügig in Besitz.

Britische Militäreinheiten quartierten sich in den grenznahen Orten ihres Interessengebietes überwiegend in beschlagnahmten Hotels ein; so in Walkenried im „Hotel Klosterschänke" und in Bad Sachsa im „Hotel Schützenhaus". In Tettenborn fand eine britische Einheit Unterkunft im Gebäude der ehemaligen Molkerei an der Straße nach Mackenrode. In Bad Sachsa wurde die „B"-companie des Ist. Bn. The Manchester Regiment stationiert. In allen Orten wurden britische Orts- bzw. Stadtkommandanten eingesetzt. Vom Kreiskommandanten in Osterode wurde für die deutsche Bevölkerung zunächst eine Ausgangssperre von 22.30 bis 4.00 Uhr angeordnet, die jedoch am 1. April 1946 wieder aufgehoben wurde. Nachtausweise für die Sperrzeit erhielten nur Ärzte und Krankenschwestern.

Auch auf östlicher Seite quartierten sich in den grenznahen Orten sowjetische Kommandos ein.

Durch den kommissarischen Landrat wurde für den Kreis Grafschaft Hohenstein in Nordhausen eine Ausgangssperre von 21.00 bis 5.00 Uhr festgesetzt.

Obwohl das besetzte Deutschland nach den Beschlüssen der Besatzungsmächte durch den Alliierten Kontrollrat regiert werden sollte, baute die Sowjetunion von Anfang an in ihrer Besatzungszone zielgerichtet ein eigenes politisches System nach ihrem Vorbild auf. Die Strukturen von staatlicher Administration und Gesellschaft wurden von Grund auf verändert. So wurden auf Weisung der SMAD („Sowjetische Militäradministration") in der sowjetischen Zone im September 1945 die Bodenreform, im Oktober 1945 die Industriereform durchgeführt. 1946 folgte die Reform des Erziehungswesens. Bereits im Juni 1945 hatte die SMAD in ihrer Zone elf Zentralverwaltungen aufgebaut, die nach deren Weisungen arbeiteten und Keimzellen einer deutschen Zentralregierung werden sollten. Die entscheidenden Positionen wurden mit Angehörigen der kommunistischen Partei besetzt. Mit der Säuberung der staatlichen Institutionen und infolge der durchgeführten Reformen verloren viele Menschen ihre bisherige Existenzgrundlage. Zahlreiche Menschen verschwanden oft auf Jahre in den Lagern des sowjetischen Geheimdienstes in der Sowjetunion, aber auch in „Sonderlagern" auf dem Gebiet der sowjetischen Besatzungszone. Jahrelang mussten die meisten ohne Kontakt zu ihren Familien dort ausharren. Viele kamen nie mehr zurück. Wer sich der Verhaftung rechtzeitig entziehen konnte, suchte in die Westzonen zu entkommen.

1) M. Bornemann: Schicksalstage im Harz, 1974

Bad Sachsa zwischen Hoffen und Bangen

In Bad Sachsa war der amerikanische Stadtkommandant ein Major Philipps-born, der den NS-unbelasteten Willi Müller zum Bürgermeister ernannte. Zwischen beiden entwickelte sich schnell ein für die Stadt nützliches Verhältnis. Major Philippsborn setzte seine Verbindungen ein und gewährte der mit Flüchtlingen überbevölkerten Stadt Hilfe bei der Beschaffung lebensnotwendiger Artikel.

Anfang Juli 1945 räumten die amerikanischen Streitkräfte die von ihnen eroberten Gebiete westlich der Elbe. Sie folgten damit der mit den Sowjets getroffenen Vereinbarung, der zufolge der östlich der alten Landesgrenzen zwischen Preußen und Hannover-Braunschweig liegende Teil Deutschlands sowjetisches Interessensgebiet war. Dazu gehörte auch der Kreis Grafschaft Hohenstein mit Nordhausen als Zentrum. Die Orte Bad Sachsa und Tettenborn, deren Gebiet Teil des Kreises Grafschaft Hohenstein (Nordhausen) war, hätten damit ebenfalls in die sowjetische Besatzungszone einbezogen werden sollen.

Am 3. Juli 1945 verließen die Amerikaner auch das Vorharzgebiet. Bereits am Vortag hatten britische Einheiten in Walkenried, das zum britischen Interessengebiet gehörte, die abziehenden Amerikaner abgelöst. Der Kreis Osterode mit seiner Gemeinde Steina war ebenfalls der britischen Militärverwaltung unterstellt worden. Die Einwohner von Bad Sachsa erwarteten nun, dass auch ihre Stadt von britischem Militär besetzt würde. Aber Bad Sachsa blieb zunächst ohne jegliche Besatzung. Die Versorgung der Bevölkerung mit Lebensmitteln, insbesondere mit Milch und Butter, aus dem bisher zuständigen Kreis konnte zunächst weiterhin aufrecht erhalten werden.

Auf östlicher Seite hatten auch die Sowjets die von den Amerikanern geräumten Gebiete zügig in Besitz genommen und waren etwa bis zur vereinbarten Demarkationslinie vorgestoßen. Bereits am 3. und 4. Juli 1945 hatten sie u.a. die Ortschaften Branderode mit der zugehörigen Kutzhütte, Obersachswerfen, Klettenberg und wahrscheinlich in diesen oder in den nächsten Tagen auch Neuhof und Tettenborn (5. Juli ?) ihrer Kontrolle unterstellt.

Am 8. Juli besetzten überraschend britische Einheiten die Bahnlinie zwischen Walkenried und Osterhagen und sperrten im Bereich der Bahnübergänge die Straßen von Bad Sachsa nach Tettenborn und nach Neuhof. Bad Sachsa verlor damit den freien Zugang zu seiner bisherigen Kreisstadt und war von der für die Bevölkerung notwendigen Versorgung abgeschnitten. Durch sofortige Intervention beim britischen Ortskommandanten in Walkenried konnte der

Sachsaer Bürgermeister erreichen, dass wenigstens das Milchauto zur Molkerei Klettenberg *(vielfach auch Bezeichnung „Clettenberg")* die Sperren passieren durfte. Das war auch bis zum Morgen des 10. Juli möglich. Am Nachmittag sperrten dann überraschend russische Posten die Zufahrt zur Molkerei Klettenberg. Die britischen Truppen hatten die Bahnlinie im Bereich der Bahnhöfe von Bad Sachsa und Tettenborn wieder räumen müssen.

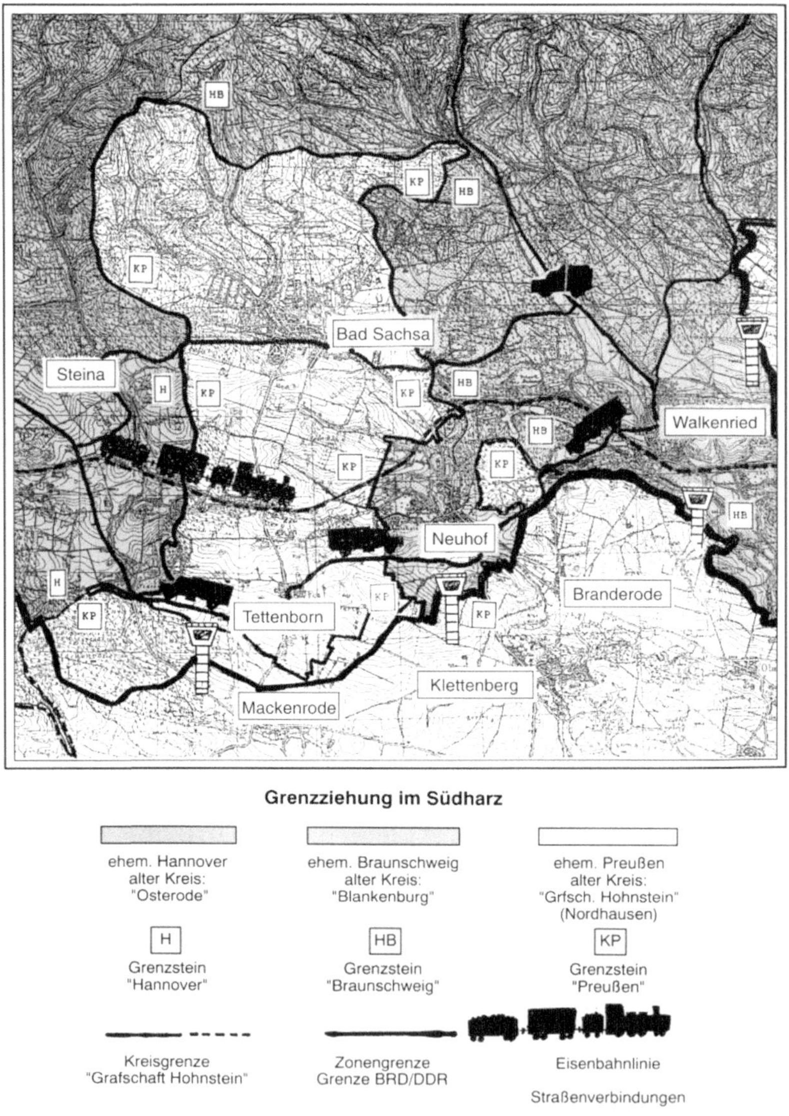

Alter Grenzverlauf um Bad Sachsa (H. Gundlach)

Noch am gleichen Tag versuchte der Bürgermeister von Bad Sachsa, Willi Müller, bei den zuständigen Stellen in Braunlage eine Lösung für die Versorgung der Bevölkerung von Bad Sachsa zu erreichen, was ihm aber offensichtlich dort nicht gelang. Am folgenden Tag, Mittwoch den 11. Juli, fuhr er in Begleitung einiger Bürger zum Landrat nach Osterode, um nunmehr hier um Hilfe für die von ihrer Versorgung vollständig abgeschnittene Stadt Bad Sachsa zu bitten. Der Landrat von Osterode, Prof. Ziegler, erreichte dann die Zustimmung der britischen Militärverwaltung, dass die Versorgung von Bad Sachsa bis zur Klärung der Zuständigkeiten von Osterode aus erfolgen konnte.

Auf der Rückfahrt traf die Abordnung in Steina auf geflohene Sachsaer Bürger und fand auf dem Warteberg eine britische Straßensperre vor. Eine weitere Straßensperre hatten die Briten an der Ortsgrenze in Richtung Walkenried/Wieda errichtet. Die Bevölkerung schloss aus diesen Maßnahmen, dass nunmehr Bad Sachsa vom sowjetischen Militär besetzt werden würde. Da den sowjetischen Soldaten ein schlechter Ruf vorausging, flohen ängstliche Bewohner der Stadt unter Umgehung der britischen Straßensperren vorwiegend durch das Salztal in das benachbarte Steina.

Als am folgenden Tag eine Besetzung der Stadt durch die Russen nicht erfolgte, wiederum keine Milch zur Verfügung stand und auch keine Nährmittelvorräte mehr vorhanden waren, versuchte der Bürgermeister in Begleitung einiger Bürger beim russischen Kommandanten in Tettenborn wenigstens, eine Freigabe des Weges zur Molkerei Klettenberg zu erreichen. Der Versuch scheiterte kläglich. Die Sachsaer Abordnung kehrte ohne Auto und ohne persönliches Bargeld unverrichteter Dinge zurück.

Noch am gleichen Tag nahm Willi Müller Verhandlungen mit den britischen Militärbehörden in Osterode auf und erreichte, dass die vorläufige Versorgung aus dem Kreis Osterode nochmals zugesagt und bestätigt wurde.

Nach mehreren Zeitzeugenberichten errichteten die sowjetischen Einheiten, die möglicherweise schon einige Tage in Neuhof und Tettenborn stationiert waren, ebenfalls Sperren an den nach oder aus Bad Sachsa führenden Straßen. Sowjetische Posten sperrten mit Schlagbäumen die Steinaer, die Walkenrieder und die Bahnhofstraße sowie die Straße von Tettenborn oberhalb der Kolonie und die Straße zwischen Tettenborn und Nüxei. In Neuhof soll die russische Einheit in Stärke von 15 bis 20 Mann in der heutigen Gaststätte „Zur Linde" einquartiert gewesen sein, und der Kommandant in einem der besseren Wohnhäuser in der Langen Straße. In Tettenborn hatte die sowjetische Truppe die Gaststätte „Deutsche Eiche" (Bergmann) als Quartier beschlagnahmt sowie

ein Kommando in zwei Gebäuden im Fliederweg in der Kolonie untergebracht. Die russischen Einheiten hatten, bis auf ein oder zwei Jeeps des Kommandanten in Neuhof und einige einspännige Pferdewagen (Panjewagen),
keine Transportmittel zur Verfügung; die Soldaten gingen zu Fuß zu ihren
Postenpunkten. Übergriffe auf die deutsche Bevölkerung soll es, bis auf die
Requirierung von Fahrrädern, in den Stationierungsorten nicht gegeben haben.

Bad Sachsa war zwar von britischen und sowjetischen Soldaten abgeriegelt,
aber frei von jeglicher Besatzung. Trotzdem weilten ständig britische und
sowjetische Offiziere in der Stadt, die sich über die örtliche Situation im Falle
einer für sie maßgeblichen Besetzung von Bad Sachsa informieren wollten.

Die Äußerung eines sowjetischen Oberst anlässlich der Besichtigung des
Postgebäudes, dass er in wenigen Tagen einrücken würde, führte wiederum zu
einer Zunahme des Flüchtlingsstroms in das britische Interessengebiet. Einige
der russischen Posten von den Straßensperren zogen plündernd durch Bad
Sachsa. In einem von Willi Müller erwähnten Fall konnten plündernde Russen
mit Hilfe von vier englischen Soldaten nach Tettenborn zurückgeschickt werden. Auch der Versuch eines kleineren russischen Kommandos, für eine vor-
gesehene Einquartierung größere Strohmengen in der Turnhalle des Pädagogi-
ums einzulagern, soll durch herbeigerufenes britisches Militär verhindert
worden sein.

Nachdem nunmehr Osterode für die Versorgung von Bad Sachsa zuständig
war, holte der Milchwagen Milch und Butter von der Molkerei Bartolfelde.
Oftmals musste die Stadt Hilfe leisten und die Buttertransporte von Hannover
zur Molkerei organisieren. Die Versorgung stellte nach wie vor ein großes
Problem dar, konnte aber durch den Einsatz Sachsaer Geschäftsleute, die sich
selbst um die Beschaffung kümmerten, merklich abgeschwächt werden.

Da die Briten die Eisenbahnlinie und die durchgehenden Straßen in den südlichen Teil ihres Besatzungsgebietes sowohl für die Verbindung zu ihren dort
stationierten Einheiten, als auch für die Versorgung der Bevölkerung und für
die Abfuhr des ihnen als Reparationsleistung zugesprochenen Holzes aus dem
Harz benötigten – damals gab es noch die Eisenbahnverbindung zwischen
Walkenried und Braunlage –, kam es am 12. Juli 1945 zu einem Gebietsaus-
tausch. Die Sowjets erhielten als Ausgleich für das Gebiet um Bad Sachsa den
in ihre Zone hineinreichenden Teil des Kreises Blankenburg. Das getroffene
Abkommen wurde am 30. Juli 1945 durch den Kontrollrat ratifiziert. Die ver-
änderte Demarkationslinie, die von nun an südlich von Tettenborn verlief,
wurde von den Sowjets durch weiß markierte Holzpfähle gekennzeichnet und
die grenzüberschreitenden Straßen wurden durch quer gelegte Baumstämme
und Schlagbäume gesperrt.

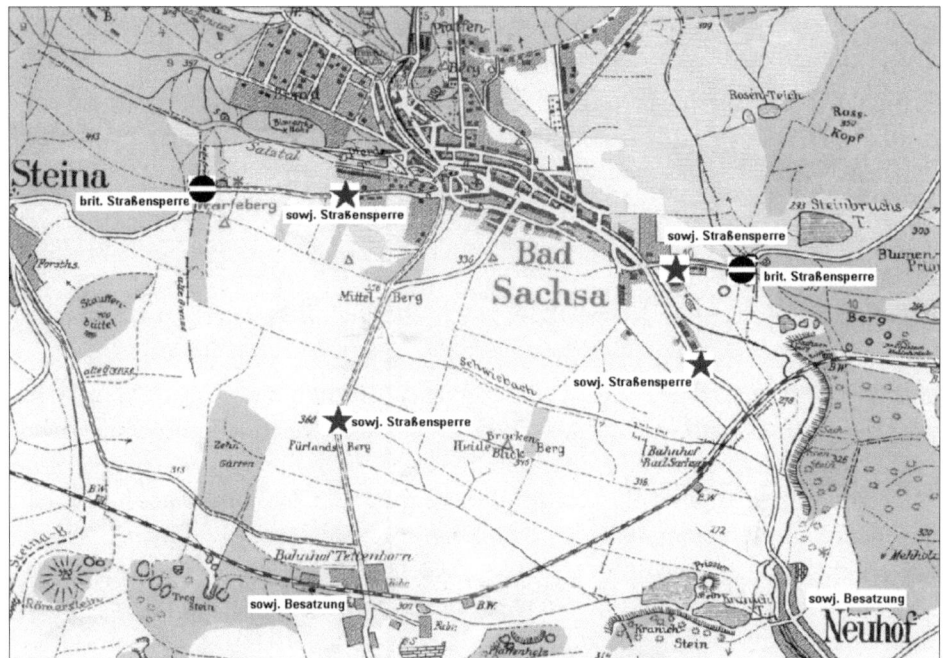

Bad Sachsa im Juli 1945 (H. Gundlach)

Am 23. Juli 1945 und in den nachfolgenden Tagen verließen die sowjetischen Einheiten Bad Sachsa, Tettenborn, Neuhof und die Kutzhütte sowie die zu Walkenried gehörende Domäne Wiedigshof und die Juliushütte. Die Schlagbäume und die Wachunterstände an den Straßensperren wurden von Bauern mit Pferdefuhrwerken abtransportiert und von den Russen an anderer Stelle wieder aufgebaut. Die Orte Bad Sachsa, Tettenborn und Kutzhütte waren von nun an Teil des britischen Interessengebietes. Neuhof gehörte, obwohl es von den Sowjets besetzt worden war, entsprechend den alliierten Vereinbarungen ohnehin dazu. Auf Antrag der Bürgermeister wurden Bad Sachsa und Tettenborn mit Wirkung vom 23. Juli 1945 durch den Regierungspräsidenten von Hildesheim in den Landkreis Osterode eingegliedert. Das Bangen hatte ein Ende, für das Hoffen auf eine friedliche und bessere Zukunft waren die Weichen gestellt.

Quellen: Handschriftliche Aufzeichnungen des damaligen Bürgermeisters Willi Müller;
Akten der Archive von Bad Sachsa und Osterode;
Manfred Bornemann: „unser Harz" Nr. 10, 2004, S. 183 ff;
Berichte von Zeitzeugen aus Bad Sachsa, Tettenborn, Neuhof und Walkenried

Berichte des Gendarmeriepostens Walkenried

Die Demarkationslinie wurde auf beiden Seiten zunächst ausschließlich von Militärstreifen bewacht. Die örtlichen Polizeistationen hatten mit wenigen Beamten für die öffentliche Ordnung zu sorgen.

Von der Tätigkeit des Gendarmeriepostens Walkenried sind einige Berichte erhalten geblieben. Danach hatten die Beamten Plünderungen und Diebstähle von abgestelltem Flüchtlingsgut, Vieh- und Lebensmitteldiebstähle sowie unübliche Todesfälle und Körperverletzungen zu verfolgen. Darüber hinaus hatten sie über Grenzverletzungen durch sowjetische Soldaten zu berichten und den Tathergang bei Vergewaltigungen zu protokollieren. Auf Anordnung der britischen Militärregierung durften Schwangerschaftsabbrüche nur nach einer Anzeige der Vergewaltiger bei der Polizei vorgenommen werden. In Walkenried war es der Arzt Dr. Rauschenberger, der die geschädigten Frauen gegen die Übertragung von Geschlechtskrankheiten und mögliche Schwangerschaften behandelte. Im Folgenden werden die Kopien einiger Berichte des Gendarmerie-Postens Walkenried wiedergegeben:

Gend. Gruppenposten Walkenried Walkenried, d. **21. Juni 1945**
Kreis Blankenburg
Tgb. Nr. 9/45

A n z e i g e

Wegen Einbruchdiebstahls
zum Nachteil des Domänenpächters
Wilhelm G.
In Walkenried

Die Ehefrau Margarete G., geb....., wohnhaft...., erstattet folgende Anzeige:
„Heute Morgen gegen 6.30 Uhr wurde mir durch unseren Schafmeister Otto H. gemeldet, dass in der letzten Nacht in unserem Schafstall ein Einbruch verübt sei, wobei uns zwei wertvolle Schafzuchtböcke sowie 6 junge Zuchtgänse entwendet wurden. Die Tiere befanden sich im Schafstall. Die Täter sind von hinten kommend durch ein Fenster eingestiegen und sind so in das Innere des Schafstalls gelangt. Eine der Fensterscheiben war entzwei und so konnte das Fenster aufgehebelt werden. Da die Fenster in einer Höhe von etwa 2,80 mtr. liegen, können die Täter nur mit einer Leiter oder unter Hilfestellung eingestiegen sein. Den Blutspuren nach sind die Tiere bereits im Stall und teils außerhalb des Stalles bis zur Landstraße Walkenried-Gudersleben abgeschlachtet. Die Täter konnten ohne Schwierigkeiten das nach der besagten Straße

gelegene Tor von innen öffnen und ihr Diebesgut nach draußen schaffen. Da von der Straße ab jegliche Spur fehlt, besteht die Wahrscheinlichkeit, dass sie mit einem Fahrzeug gekommen und wieder entkommen sind.

Wer für die Tat in Frage kommt, kann ich mit Bestimmtheit nicht angeben. Ich vermute jedoch, dass es sich bei den Tätern um Ausländer handelt, die auf dem Gehöft Bescheid wussten. Meine hier früher beschäftigten Arbeiter sind in dem Lager „Dora" in Niedersachswerfen mit noch mehreren Arbeitern untergebracht. Diese auswärtigen Arbeiter kamen früher wiederholt in ihrer Freizeit nach hier und kennen daher den Hof. Meinen früheren Ausländern traue ich die Tat insofern nicht zu, da wir im guten Einvernehmen auseinander gegangen sind.

Weitere Angaben kann der Schafmeister H. machen."

Gend.-Posten Walkenried   Walkenried, den **30. Juli 1945**
Kreis Blankenburg/Harz
Tagebuch Nr. 56/45

An den
Herrn Landrat
in B r a u n l a g e

Betr.: Verletzten Ewald R., wohnhaft in Meiningen

Die Ehefrau Charlotte H., geb. am 23.9.06, sagt zur Sache wie folgt aus:

„Ich komme von Gohfeld in Westfalen und befinde mich auf dem Wege nach Gersdorf, wo ich als Evakuierte wohnhaft bin.

Gestern Abend versuchte ich nun gemeinsam mit 8 ehemaligen deutschen Soldaten die englisch-russische Interessenzone bei Walkenried zu überschreiten, um dann auf russischem Gebiet weiterzukommen. Als wir nun bei der Juliushütte die Hauptbahn sowie die Kleinbahn in Richtung Ellrich überschritten hatten, kamen mehrere Russen aus ihrem Lager. Zwei russ. Soldaten kamen direkt auf uns zu und leuchteten mit Taschenlampen die Gegend ab. Obwohl wir uns lang hingelegt hatten, wurden wir entdeckt. R. und ich sowie noch ein mir unbekannter Soldat lagen nicht weit voneinander entfernt. Als die Russen nun auf etwa 3 mtr. von uns entfernt waren, gab der eine mit einer kleinen Pistole 2 Schüsse ab und verletzte R. und den anderen Soldaten. In diesem Moment, als geschossen wurde, bin ich hochgesprungen und habe die Hände hochgehoben. Auch die anderen Soldaten sprangen hoch und ergaben sich mit erhobenen Händen. Während die Verletzten liegen blieben, mussten wir mit den beiden Posten mitgehen und uns zu dem Vorgesetzten begeben, der sich in einem Haus befand, was anscheinend von den Russen als Wachlokal eingerichtet war. Nach einer eingehenden Durchsuchung sind wir dann von den Russen bis zur englischen Sperre gebracht worden und wir haben uns dann wieder nach Juliushütte begeben. Gegen 1.30 Uhr kam auch der Verletzte R. nach der Juliushütte, der vollkommen durchnässt war, weil er in einen Wassergraben gefallen war. Es ist auch möglich, dass ihn die Russen in den Graben geworfen haben. Was mit dem anderen Verletzten geworden ist, kann ich nicht sagen, weil R. sich nicht viel mit uns unterhalten hat, da ihm das Sprechen sehr schwer fiel. Heute morgen gegen 5 Uhr begab ich mich mit einem Soldaten nach Walkenried und veranlasste, dass R. in ärztliche Behandlung genommen wurde."

Gend.-Posten Walkenried   Walkenried, den **9. August 1945**
Kreis Blankenburg/Harz
Tagebuch Nr. 92/45

A n z e i g e

wegen Vergewaltigung gegen die Ehefrau Elisabeth P. von 2 russischen Soldaten im Hotel „Waldkater" b. Ellrich.

„In der Nacht zum 9. August 1945, gegen 23.30 Uhr, versuchte ich mit meiner Freundin, Frau E. L., und deren Schwester von Walkenried aus die russische Grenze bei Ellrich zu überschreiten, um nach Hoym, Kreis Ballenstedt zu gelangen. Dort war ich als Evakuierte untergebracht und wollte von dort noch Sachen holen.

Plötzlich wurden wir von einem russischen Posten überrascht, der uns mit den Worten „stoi", „stoi" anrief. Dieser nahm uns dann mit zu dem Hotel „Waldkater" und brachte uns getrennt in ein Zimmer. Hier musste ich mich schlafen legen und man versprach mir, dass wir heute morgen ohne weiteres die Grenze passieren dürften.

Ich hatte vielleicht ½ Stunde gelegen, als ein Russe zu mir ins Zimmer kam, sich auszog und sich bei mir ins Bett legte. Das Zimmer hatte er vorher verschlossen und er zwang mich mit Gewalt zum Geschlechtsverkehr. Obwohl ich mich zur Wehr setzte, konnte ich sein Vorhaben nicht verhindern, zumal er mir an Kräften weit überlegen war. Er ging dann fort und sagte, er müsste die Posten kontrollieren.

Nach einer weiteren halben Stunde, es kann gegen 2.30 Uhr gewesen sein, kam ein anderer Russe bei mir ins Zimmer. Dieser wiederholte die Vergewaltigung und hat mich dann bis heute morgen gegen 6.30 Uhr insgesamt dreimal geschlechtlich gebraucht. Beide haben sich in keiner Weise vorgesehen.

Heute morgen wurden wir dann durch einen russischen Posten bis zur englischen Grenze gebracht und kamen so wieder in Walkenried an. Hier sind wir dann zum Arzt Dr. Rauschenberger in Walkenried gegangen, der bei uns eine Spülung vorgenommen hat, um eine evtl. Schwangerschaft zu verhindern, bzw. gegen eine Geschlechtskrankheit vorzubeugen."

Die Ehefrau E. L., geb. K., geb. am 17.10.1911 in H., wohnhaft in Walsum, Niederrhein, sagt zur Sache wie folgt aus:

„Wie meine Freundin bereits in der Anzeige angegeben, wollten wir ins russische Gebiet, um von unserem Evakuiertenort noch Sachen herüberzuholen.

Auch ich wurde mit meiner Schwester H. K., die erst 14 Jahre alt ist, in ein Zimmer geführt und wir mussten uns gemeinsam in ein Bett legen. Nach einer Weile kam ein Russe und holte mich in ein anderes Zimmer. In diesem Zimmer befand sich ein russischer Offizier, der mich in Empfang nahm und gleichzeitigem Verschließen des Zimmers sowie das elektrische Licht ausdrehte. Er zog sich dann im Dunkeln aus und legte sich zu mir ins Bett. Hier wurde ich dann dreimal geschlechtlich gebraucht und er blieb die halbe Nacht bei mir. Als dieser kaum das Zimmer verlassen hatte, kam ein anderer Russe, der ebenfalls einmal die Vergewaltigung bei mir vornahm. Wie mir später meine Schwester auf Befragen sagte, ist sie wegen ihrer Jugend von einer Vergewaltigung verschont geblieben. Sie ist zwar auch belästigt worden, hat sich jedoch zur Wehr gesetzt und man hat dann von dem Vorhaben abgesehen.

Auch ich habe mich heute morgen in Walkenried ärztlich untersuchen lassen.“

Gend.-Posten Walkenried   Walkenried, den **14. August 1945**
Kreis Goslar/Harz
Tagebuch Nr. 72/45

An den
Herrn Gend.-Kreisführer

in B r a u n l a g e

A n z e i g e

Wegen Vergewaltigung der Hausgehilfin M. R., geb. am 3. Januar 1924 in L.B./ Ostpreußen, z.Zt. ohne feste Wohnung, und der Buttermeisterin H. N., geb. am 3. April 1923 in K., Kreis L., durch russische Soldaten in der Nähe der Ortschaft Ellrich auf russischem Interessengebiet am 14.8.1945, in der Zeit von 0.00 Uhr bis 1.00 Uhr.

Die Hausgehilfin M.R. sagt zur Sache wie folgt aus:

„Am 12.8.1945 kam ich mit dem Zuge von Nordhausen nach Ellrich. In meiner Begleitung befand sich meine Freundin H. N. und eine Frau E. H. Letztere ist mir nicht näher bekannt. Nachdem wir eine Nacht in Ellrich geblieben sind, versuchten wir nun gestern Abend, gegen 22.30 Uhr über die Grenze zu gehen, um nach Walkenried auf englisches Gebiet zu gelangen, weil wir nach Hildesheim wollten, um dort Beschäftigung zu suchen. Um die vorerwähnte Zeit hielten wir uns zunächst hinter dem letzten Haus in Ellrich auf, um eine günstige Gelegenheit zu erkunden und dann unser Vorhaben durchzuführen.

Plötzlich erschienen zwei russische Posten, die von beiden Seiten um das Haus geschlichen kamen und uns mit in den nahegelegenen Wald nahmen. Da in Ellrich die Sperrzeit um 23.00 Uhr festgesetzt ist, lag an sich noch gar kein Grund vor, uns mitzunehmen. Unser Versteck hinter dem Haus muß unbedingt durch die Hausbesitzerin verraten worden sein, denn die Russen konnten uns nicht sehen.

Außer den beiden Frauen befanden sich noch 2 (deutsche) Soldaten in unserer Begleitung. Diese wurden ebenfalls mitgenommen und ihnen sowie uns wurde im Walde sämtliches Gepäck abgenommen.

Hier wurden wir durch die Posten an zwei russische Offiziere abgeliefert. Diese beredeten sich und versprachen, uns über die Grenze zu bringen. Wir gingen dann kreuz und quer durch den Wald. Etwa 200 m vor der englischen Grenze machten wir halt und es befanden sich hier noch drei russische Soldaten. Außerdem wurden noch zwei deutsche Mädel unterwegs aufgegriffen, so dass wir insgesamt 5 Frauen waren.

Wir 5 mußten uns dann in einer Reihe aufstellen und es wurde mit einem Streichholz geleuchtet. Hierbei suchte sich jeder eine von uns aus. Dann wurden wir mit Pistolen bedroht und zur Vergewaltigung gezwungen. Trotzdem ich mich zur Wehr setzte, konnte ich die Vergewaltigung nicht verhindern, zumal man uns mit Erschießen drohte. Ich bin dann zweimal vergewaltigt worden, und zwar von zwei Russen. Die letzte Vergewaltigung wurde durch den Russen vorgenommen, der vorher meine Freundin H. N. vergewaltigt hatte.

Nachdem wir dann über die Grenze geschickt worden sind, haben wir uns nach Walkenried begeben. Während die anderen drei Mädels heute Morgen von Walkenried aus weitergefahren sind, haben wir uns zu dem Arzt Dr. Rauschenberger in Walkenried begeben, der uns auf den Vorfall hin behandelte."

---

vom 24. August 1945

Betr.: Grenzkontrolle

Bezug: ohne

Bei der Grenzkontrolle an der Domäne Wiedigshof wurde festgestellt, dass der englische Bewachungsposten seit dem 22.8.45 dort eingezogen ist. Die Domäne Wiedigshof gehört mit zur Gemeinde Walkenried und liegt zirka 3 km von Walkenried entfernt. Unmittelbar hinter der Domäne hat der Russe seine Grenze gezogen und durch eine starke Postenkette bewacht.

Nach Angaben des dort eingesetzten Domänenverwalters Br. ist dort bereits vorgestern ein russischer Soldat gewesen, der sich vor dem Tor mit Flüchtlingen unterhalten hat. Gestern erschien ein russischer Offizier und ein Mann auf dem Hofe, die dort Umschau hielten. Bei dieser Gelegenheit haben sich diese beiden auch erkundigt, ob Engländer da wären. Als nun darauf Br. Anstalten machte, die Engländer zu rufen, verließen die beiden Russen schleunigst den Hof. Br. hatte den Eindruck, als ob diese beiden auskundschaften wollten, was dort gegebenenfalls zu holen sei.

Erhärtet wird dieser Verdacht noch dadurch, indem die Russen nach Räumung der Domäne vor einigen Wochen plötzlich morgens erschienen sind, sich ebenfalls nach englischer Besatzung erkundigten und dann 207 Schafe nach dem russischen Interessengebiet abtreiben lassen haben. In diesem Falle war es so, dass die Russen laut Vereinbarung die Domäne räumen mussten, da es sich um braunschweigisches Gebiet handelte, die Engländer jedoch die Domäne nicht gleich besetzt haben. Am nächsten Morgen sind dann die Russen gekommen und gaben, (nachdem sie festgestellt hatten, dass keine englische Besatzung vorhanden war), dem Schäfer den Auftrag, die vorerwähnte Zahl Schafe nach dem Gut Werna, Grafschaft Hohenstein, zu treiben. Nachdem nun keinerlei Besatzung z.Z. mehr vorhanden ist, besteht der Verdacht, dass sich ein ähnlicher Vorfall wiederholen wird.

Gend.-Posten Walkenried   Walkenried, den **24. August 1945**

Betr.:   Bericht über Vorfall Annemarie H., Waikenried

Am 6.9.1945 gegen 9.30 Uhr erschien auf der hiesigen Dienststelle die Annemarie H,, wohnhaft in Walkenried, und erstattete folgende Anzeige:

Die H. versuchte am 5.9.45, gegen 22.00 Uhr bei der Domäne Wiedigshof in Richtung nach Gudersleben die russ. Grenze zu überqueren, um nach Ellrich zu gelangen und dort ihre Eltern zu besuchen. Als sie sich bereits auf russ. Gebiet befand, wurde sie plötzlich von 2 russ. Soldaten gestellt und ist von diesen beiden vergewaltigt worden. Sie wurde dann wieder in Richtung Wiedigshof zurückgeführt. Da sie Angst hatte vor einer evtl. Schwangerschaft bzw. Ansteckungsgefahr, wollte sie auf frischer Tat in Walkenried den Arzt Dr. Rauschenberger aufsuchen. Auf diesem Wege wurde sie in der gleichen Nacht in Walkenried von der engl. Streife festgehalten und mitgenommen. Nach ihren Angaben wurde ihr vom engl. Kommandantenein Stubenarrest auferlegt, den sie in ihrer Wohnung verbüßt. Da sie nur aus Angst und Not gehandelt hat, bittet sie darum, dass man ihr aus vorerwähntem Grunde ihre Freiheit wieder gewährt. Die engl. Grenzpolizei wurde am gestrigen Tage von diesem Vorfall unterrichtet. Da diese an dieser Sache kein Interesse hat, wurde mir aufgegeben, mich mit dem Herrn Kommandanten in Verbindung zu setzen, der über die H. weiter verfügen soll.

Landespolizeiposten Walkenried

Kreis Goslar, Ld. Braunschweig
Gesch.Tg.-Buch Nr. 252/45

An den
Herrn Landespol.-Kreisführer
in G o s l a r a. d. D.

B e r i c h t

Über einen Grenzzwischenfall

Tatort: Juliushütte bei Walkenried

Tatzeit: In der Nacht v. 14.–15.12.45, gegen 0.45 Uhr

Täter: Vermutlich 2 russische Soldaten

Auf der Juliushütte, die auf englischem Interessengebiet in der Nähe von Ellrich liegt, ereignete sich folgender Grenzzwischenfall:

Zwei russische Soldaten versuchten in der Nacht vom 14.–15.12.45, gegen 0.45 Uhr, in das Haus des etwa 50 m von der Grenze entfernt auf englischem Interessengebiet wohnenden Fabrikbesitzers Armin Trinks einzudringen. Da ihnen die Tür nicht geöffnet wurde, zertrümmerten sie eine Scheibe der Haustür und feuerten durch die Tür einen Schuss ab auf die durch den Hausflur gehende Ehefrau des Trinks, die jedoch nicht getroffen wurde. Nachdem Trinks rief, er wolle telefonisch die englische Kommandantur anrufen, entfernten sich die Russen. [...]

Tödliche Schüsse, Mord und Raub an der Demarkationslinie

Die sowjetischen Grenzstreifen, die zunächst allein und später zusammen mit der ostzonalen Grenzpolizei die Grenze zu überwachen hatten, machten, wenn Grenzgänger sich der Festnahme oder Kontrolle durch die Flucht entziehen wollten, meistens rücksichtslos von der Schusswaffe Gebrauch. In nicht wenigen Fällen führte das zu tödlichen Verletzungen der Getroffenen. Oftmals wurden die Erschossenen von den Russen direkt am Tatort verscharrt und erst später exhumiert und auf dem Friedhof des Grenzortes beigesetzt. Über einige solcher Todesfälle finden sich Angaben im Sterbebuch der Stadt Ellrich. Danach wurden:

• am **11. November 1945** der 61-jährige Revierförster gegen 18.00 Uhr am Braunsteinhaus erschossen;

• am **16. November 1945** ein 34-jähriger Kinobesitzer aus Aschersleben beim versuchten Grenzübertritt in der Gemarkung Mauderode erschossen;

• am **6. Dezember 1945** ein 24-jähriger Student aus Ellrich am Burgberg tot aufgefunden; der genaue Todestag ist nicht bekannt; nach Angaben eines Ellricher Bürgers soll der junge Mann sich der Festnahme durch sowjetische Soldaten widersetzt haben und wurde von diesen nach heftigem Wortwechsel gegen 21.00 Uhr in der Nähe seines Elternhauses (später „Haus Süd") erschossen und an gleicher Stelle verscharrt. Er soll erst später exhumiert und auf dem Friedhof von Ellrich beigesetzt worden sein;

• am **18. Januar 1946** eine 32-jährige Frau polnischer Herkunft auf der Straße von Ellrich nach Gudersleben von russischen Soldaten erschossen;

• am **31. Oktober 1949** verstarb der 20-jährige Ellricher Bürger Gerhard D. auf der Flucht stadteinwärts durch einen diagonalen Brustdurchschuss aus der Waffe eines deutschen Grenzpolizisten.

Das Sterbebuch des Standesamtes Mackenrode enthält die Einträge, dass

• am **26. Mai 1946** in der Mackenröder Flur, am Mittelberg eine ca. 20-jährige Frau und ein ca. 25-jähriger Mann sowie im Steinbruch ein ca. 60-jähriger Mann tot aufgefunden wurden;

am **9. Oktober 1946** der Werkzeugschlosser Rudolf H. aus Ilbershausen (Ldk. Lauterbach), geb. 1904 beim Überqueren der Demarkationslinie erschossen wurde.

Den Eintragungen im Sterbebuch des Standesamtes Liebenrode, das auch für andere Orte zuständig war, ist zu entnehmen, dass

- am **9. Oktober 1945** an der Straße Klettenberg-Tettenborn der Prokurist Otto L. aus Nordhausen, geb. 1915, tot aufgefunden und auf Anordnung der russischen Besatzung am 10. Oktober 1945 beerdigt wurde;

- am **9. Oktober 1945** der Kraftfahrer Hugo H. aus Nordhausen, geb. 1905, an gleicher Stelle tot aufgefunden und am 10. Oktober 1945 beerdigt wurde;

- am **5. August 1948** der Konditor Hans K. aus Thierbach, geb. 1921, in Meineweh/Weißenfels, in der Feldmark Branderode am Junkernholzweg, beim Grenzübergang erschossen aufgefunden wurde.

Die Ortschronik von Pützlingen erhält die Angabe, dass am **15. Januar 1947** der Schwiegersohn des dortigen Kantors beim Versuch, die Grenze zu überschreiten, zwischen Limlingerode und Schiedungen von Volkspolizei erschossen wurde. Der Grenzgänger wollte sein Kind, welches bei seinen Eltern in der britischen Zone weilte, nach Hause holen.

Das Sterbebuch der Gemeinde Walkenried enthält eine Reihe von Todesfällen im Bereich der innerdeutschen Grenze, die jedoch nicht eindeutig mit russischen Grenzstreifen in Zusammenhang zu bringen sind. Manch einer der tausenden Grenzgänger wurde beim Überqueren der Grenze überfallen, ausgeraubt und sogar getötet. So sind dem Sterbebuch von Walkenried die folgenden Einträge zu entnehmen:

- am **5. November 1946** wurde unweit der Zonengrenze nach Ellrich die Leiche eines erdrosselten Mannes gefunden. Erst am 7. Mai 1947 wurde die Leiche als die eines zwanzigjährigen Studenten aus Leipzig identifiziert;

- am **11. Dezember 1946** wurde nahe der Zonengrenze der 21-jährige Drucker G. Z. aus dem Raum Glauchau tot aufgefunden. Todesursache: Mord durch Schädelzertrümmerung!

- am gleichen Tag wurde mit ebenfalls eingeschlagenem Schädel die Leiche der 25-jährigen Näherin C. S. aus Mühlhausen in der Nähe der Zonengrenze aufgefunden;

- unter dem gleichen Datum findet sich der Eintrag, dass am **9. Dezember 1946** in einer Feldscheune der Domäne Wiedigshof die durch einen Schuss getötete 45-jährige Oberpostsekretärin M. N. aus Erfurt aufgefunden wurde;

- am **16. Dezember 1946** wurde eine 69-jährige Frau aus Gera unweit der Ellricher Straße in der Feldmark tot aufgefunden. Todesursache: Erfrieren und Herzschlag;

- am **24. Januar 1947** wurde eine durch Erwürgen getötete Frau in der Nähe des Kahlen Kopfes aufgefunden. Diese konnte am 26. April 1947 als die 26-jährige E. W. aus Bad Gandersheim identifiziert werden;

- am **1. Februar 1947** fand man die Leiche des ermordeten 76-jährigen Werkmeisters K. aus Moritzburg bei Dresden im Walkenrieder Holz;

- am **13. März 1947** fand man im Bereich des Kahlen Kopfes einen ermordeten Mann;

- am **24. April 1947** wurde im Tunnel zwischen Ellrich und Walkenried die Leiche eines Kindes gefunden;

- am **22. Juni 1947** wurde der 28-jährige Maurer B. aus Holzminden am Kahlen Kopf durch Kopfschuss getötet;

- in der Nacht vom **27.** zum **28. April 1949** stürzte der 21-jährige Lokomotivheizer D. B. aus Berlin-Mariendorf im Gipsbruch der Firma Rode tödlich ab;

- am **22. Juni 1950** wurde der 25-jährige Kühlerbauer H. H. aus Nordhausen in der Wiedigshofer Flur erschossen aufgefunden.

Das Sterbebuch von Tettenborn enthält die Angabe, dass

- am **30. Mai 1947** der 14-jährige Schüler Heinz R. durch einen Brustschuss zu Tode gekommen ist.

Den rücksichtslosen Gebrauch der Schusswaffe durch sowjetische Grenzposten belegt auch der folgende tragische Erlebnisbericht.

Auf dem Weg in die Heimat getötet

„Nachdem der Krieg nun schon fast sechs Monate vorbei war, wollten wir, meine Mutter (44 Jahre), meine Stiefschwester (22 Jahre) und ich (11 Jahre), die wir aus dem Rheinland ins Mansfelder Land evakuiert worden waren, endlich wieder zurück in unsere Heimat. Am 17. Oktober 1945 machten wir uns mit unserem Gepäck, das wir auf einem kleinen Handwagen und auf dem Fahrrad meiner Schwester mit uns führten, auf den Weg. Dieser führte uns per Bahn zunächst nach Ellrich, wo wir am späten Abend ankamen. In einem Gasthof fanden wir Unterkunft für die Nacht. Am anderen Tag, den 18. Oktober 1945 traf sich um die Mittagszeit eine Gruppe von 30 bis 40 Leuten, die, wie wir, zum Bahnhof Walkenried wollte. Gemeinsam marschierten wir auf der Straße von Ellrich in Richtung Walkenried, als wir von zwei sowjetischen

Posten noch vor der Demarkationslinie aufgehalten und in barschem Ton zur Umkehr aufgefordert wurden. Die Gruppe machte sofort kehrt und schlug den Weg wieder nach Ellrich ein. Den Schluss der Gruppe bildeten wir drei mit unserem Handwägelchen und Fahrrad. Plötzlich fiel ein Schuss und meine Mutter, an deren Hand ich ging, brach zusammen. Der Schuss hatte sie von hinten getroffen und war an der Brust wieder ausgetreten. Sie war auf der Stelle tot. Meine Schwester und ich waren wie gelähmt. Die anderen beeilten sich, wegzukommen. Meine Schwester und ich versuchten unsere Mutter auf unser Handwägelchen zu legen, um mit ihr nach Ellrich zurückzukehren. Die beiden sowjetischen Posten hinderten uns mit aufgepflanztem Bajonett daran, das zu tun, und jagten uns hinter den anderen her. Unsere tote Mutter mussten wir zurücklassen. Um sie holen zu können, gingen wir zur russischen Kommandantur in Ellrich und baten um Hilfe. Dort erklärte man uns, dass unsere Mutter nicht erschossen, sondern an einem Herzinfarkt verstorben sei. Zwischenzeitlich war ein sowjetisches Kommando mit Schaufeln, das uns auf einem Lkw entgegen gekommen war, zum Tatort gefahren und hatte unsere Mutter, wie wir später erfahren haben, dort im Straßengraben verscharrt. Während ich vorerst sehr nette Aufnahme bei dem Ortspolizisten Werner Wiegand fand, kam meine Schwester wieder im Gasthof unter. Tage später holten britische Militär-Lkws die sich auf der sowjetischen Seite stauenden und in ihre Heimat zurückwollenden Evakuierten, darunter auch uns beide, ab und brachten uns in ein Lager, wo wir, wie in solchen Fällen üblich, entlaust wurden. Vom Bahnhof Walkenried haben wir dann die beschwerliche Reise nach Hause angetreten.

Erst am 31. Mai 1946, also sieben Monate nach ihrem Tod, ist die Leiche meiner Mutter in der Nähe der Stelle, wo sie erschossen wurde, verscharrt aufgefunden worden. Sie wurde ausgegraben, eingesargt und auf dem Friedhof von Ellrich beigesetzt."

(Erlebnisbericht von der Tochter des Opfers, Frau Gertrud Hogen, Freialdenhoven)

Strittiger Grenzverlauf im Bereich der Kutzhütte

Nachdem die sowjetischen Kommandos am 23. Juli 1945 unter anderem auch die Kutzhütte geräumt hatten, wurde diese, ein auf dem Gelände der Gemeinde Branderode zwischen Neuhof und Walkenried liegendes Gipswerk, am **2. August 1945** wieder durch die Sowjets besetzt. Offensichtlich war bei der Festlegung des Gebietstausches das Gelände der Kutzhütte nicht hinreichend berücksichtigt worden. Die Sowjets sperrten die Straße nach Neuhof und

26

Walkenried mit Stacheldrahtverhauen und veranlassten die Evakuierung der Bewohner nach Branderode. Da sie offensichtlich nicht an einer Wiederinbetriebnahme des Gipswerkes interessiert waren, gaben sie die Kutzhütte zur Plünderung frei. Von den Einwohnern der nahen, sowjetisch kontrollierten Ortschaften, Branderode, Obersachswerfen und Liebenrode wurden Motoren, Geräte, Kohle u.a. aus dem Werk abtransportiert. Durch Intervention der britischen Militärbehörden gelang es dann, vermutlich durch Tausch gegen einen Gebietsteil im Raum Duderstadt, die Kutzhütte endgültig in ihr Interessengebiet einzugliedern. Am 16. September 1945 verließ das sowjetische Kommando die Kutzhütte und die Bewohner kehrten an ihre Wohnstätte zurück.

(nach F. und W. Reinboth: Walkenrieder Zeittafel, 1999)

Zeittafel 1945

1. bis 3. Juli 1945	Die amerikanischen Streitkräfte verlassen Thüringen und den Südharz
2. Juli	Besetzung von Walkenried durch britische Truppen
4. bis 5. Juli	Besetzung von Branderode, der Kutzhütte, Obersachswerfen, Clettenberg, Neuhof, Tettenborn durch sowjetische Truppen
3. bis 23. Juli	Bad Sachsa ohne Besatzung
7. Juli	Einstellung des Eisenbahnverkehrs zwischen Walkenried und Ellrich
8. Juli	Britische Truppen besetzen Bahnlinie zwischen Walkenried und Osterhagen, ziehen sich am 10. Juli wieder zurück
12. Juli	Abkommen über Eingliederung von Bad Sachsa und Tettenborn in das britische Interessengebiet
23. Juli	Die sowjetischen Truppen verlassen Tettenborn, Neuhof, die Kutzhütte, das Vorwerk Wiedigshof, die Juliushütte. Britisches Militär übernimmt die geräumten Ortschaften
23. Juli	Eingliederung von Bad Sachsa und Tettenborn in den Kreis Osterode
2. August	Sowjetische Truppen besetzen erneut die Kutzhütte und evakuierten die Bewohner
16. September	Die Kutzhütte wird endgültig Teil des britischen Interessengebietes

Das Jahr 1946

Entgegen dem Verbot des Alliierten Kontrollrates passierten nach wie vor täglich mehrere tausend Menschen illegal in beiden Richtungen die Demarkationslinie im Südharz. Einzeln oder in kleinen oder größeren Gruppen suchten die Menschen, die ihre wenig verbliebene Habe in Rucksäcken, Koffern und Kartons, auf Fahrrädern oder auf Kinder- und Handwagen mit sich führten, manchmal noch die Kinder an der Hand, einen sicheren Weg durch Wald und Feld zum nächsten Bahnhof auf der anderen Seite. Zu den Grenzgängern gehörten natürlich auch die Bewohner der Grenzregion, die vielfach auf der anderen Seite Verwandte, Freunde und oftmals Besitz hatten. Viele Menschen überwanden die Demarkationslinie, um bei der allgemein herrschenden schlechten Versorgung Lebensmittel jeglicher Art für ihre Familien auf der anderen Seite zu ergattern. Verwandte und Bekannte auf dem Land, aber auch die Fischer an der Küste waren das vorrangige Reiseziel. Zu den Grenzgängern kamen sehr bald Schmuggler und Schieber, die mit der Beschaffung von dringend benötigten Waren von der jeweils anderen Seite gute Geschäfte machten.

Das Überschreiten der Demarkationslinie ohne Genehmigungspapiere war nach wie vor verboten. Die militärischen Grenzposten beider Seiten nahmen

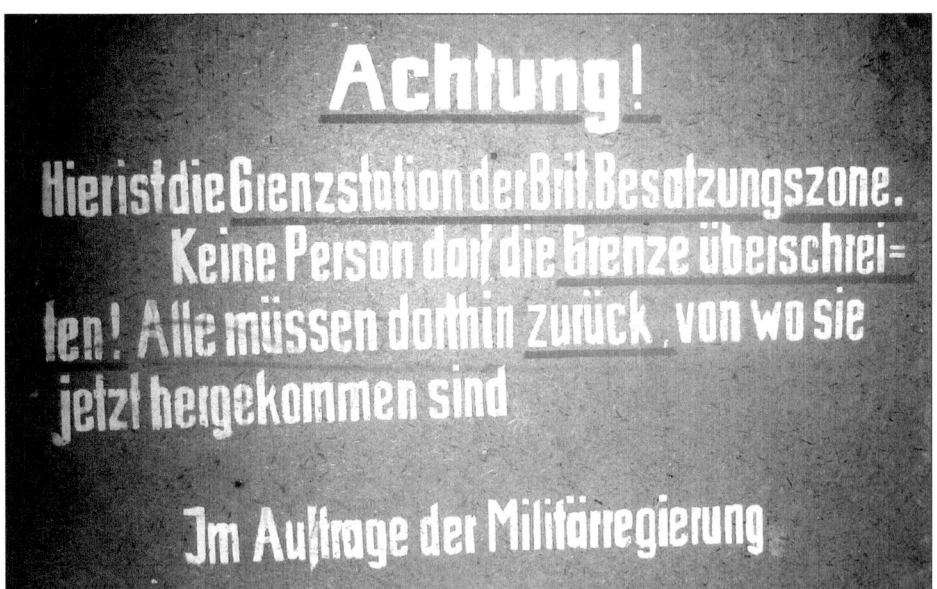

Verbotsschild der britischen Grenzstation in Walkenried
(Grenzlandmuseum Bad Sachsa)

Demarkationslinie (Foto: Militärhistorisches Museum der Bundeswehr Dresden)

die gefassten Grenzgänger fest und führten sie der deutschen Polizei zu. In den meisten Fällen wurden die Festgenommenen nur verwarnt und in ihre Zone zurückgeschickt. Mitgeführte Waren wurden, wenn sie den persönlichen Bedarf überschritten, beschlagnahmt. Von den sowjetischen Posten kam es weiterhin zu häufigen Ausschreitungen im britischen Interessengebiet, im Grenzgebiet gestellte Frauen wurden weiterhin oft vergewaltigt. Bei der Verfolgung von Verbrechen arbeiteten die Polizeibehörden beider Seiten damals noch zusammen.

Die Grenzwachen beider Zonen erlaubten zunächst den Landwirten, die Äcker auf der anderen Seite besaßen, den Grenzübertritt zu deren Bearbeitung. Auf östlicher Seite mussten sich die Bauern, die auf Feldern in Grenznähe arbeiten wollten, durch Feldscheine ausweisen. Westdeutsche Landwirte konnten mit entsprechenden Bescheinigungen die Grenze zur Bearbeitung ihrer Äcker in der SBZ überschreiten.

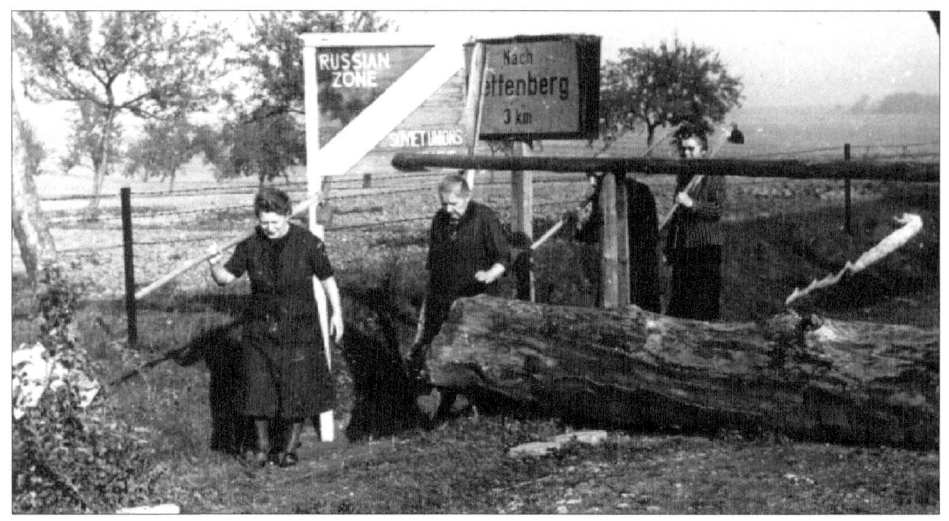

Landarbeiterinnen überqueren die Demarkationslinie zwischen Tettenborn und Klettenberg (Foto: Grenzlandmuseum Bad Sachsa)

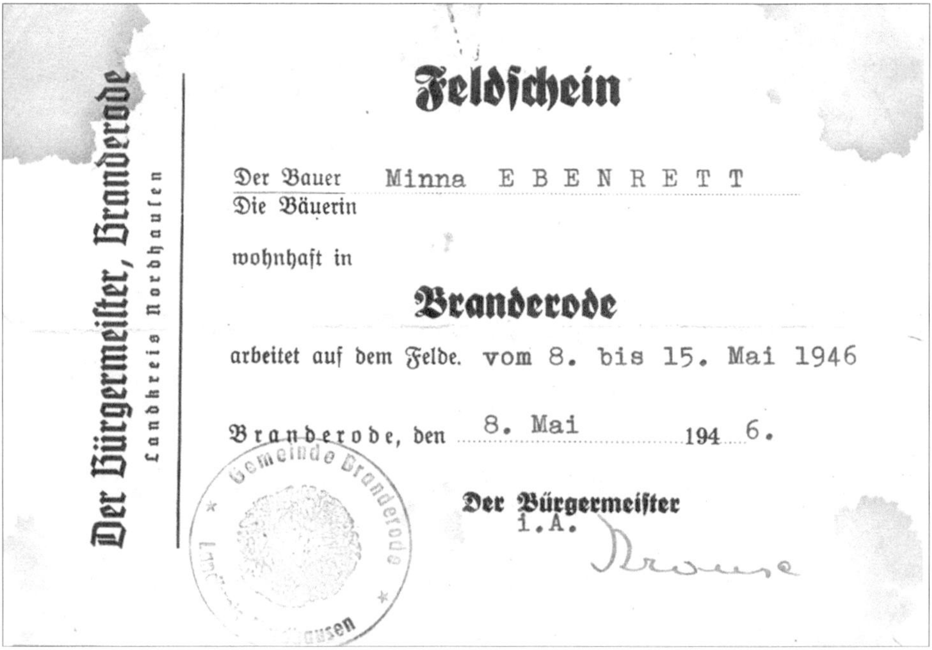

Der Bürgermeister, Branderode
Landkreis Nordhausen

Feldschein

Der Bauer / Die Bäuerin Minna EBENRETT

wohnhaft in

Branderode

arbeitet auf dem Felde. vom 8. bis 15. Mai 1946

Branderode, den 8. Mai 1946.

Gemeinde Branderode

Der Bürgermeister
i.A.
Krause

Feldschein der Gemeinde Branderode (Grenzlandmuseum Bad Sachsa)

Auf dem Weg zum Bahnhof Walkenried passierten viele der Grenzgänger den unmittelbar an der Demarkationslinie liegenden und bereits zum britischem Gebiet gehörenden Eisenbahntunnel, sowie die ebenfalls bereits auf britischem Gebiet liegenden Ansiedlungen der Juliushütte in der Nähe von Ellrich und des Wiedigshofes in unmittelbarer Nähe von Obersachswerfen.

Eisenbahntunnel in Richtung Walkenried, 350 m lang (Foto: P. Schmelter)

Am 30. Juni 1946 wurde auf Drängen der Sowjetischen Militäradministration durch Kontrollratsbeschluß die Demarkationslinie zwischen der sowjetischen und den westlichen Besatzungszonen vollständig gesperrt. Entsprechend den Kontrollratsdirektiven benötigten Personen, die aus dringenden Gründen in eine andere Zone reisen wollten, vom 29. Oktober 1946 an einen bei den alliierten Behörden zu beantragenden Interzonenpaß, der 30 Tage gültig war.

Juliushütte und Wiedigshof

Die beiden zu Walkenried gehörenden Örtlichkeiten „Juliushütte" und „Wiedigshof" spielten in den ersten Nachkriegsjahren für viele Grenzgänger eine wichtige Rolle, da sie auf dem Weg zwischen dem Bahnhof Walkenried und dem Bahnhof Ellrich unmittelbar an der Demarkationslinie lagen. Es erscheint daher angebracht, zu diesen beiden nachstehend einige Informationen zu geben.

Hilfreiche Unterstützung beim Gepäck-transport über die Grenze (Foto: E. Meyer)

Grenzgänger am Tunnel.
Sammlung Horst Gundlach

Die Juliushütte, die ihren Namen dem Fabrikanten Julius Bergmann verdankte, der etwa um 1884 unmittelbar vor den Toren Ellrichs eine Gipsfabrik errichtet hatte, war bis Kriegsende zu einer kleinen Siedlung mit Produktionsgebäuden, Wohnhäusern, Schuppen und Stallungen angewachsen. Es lebten dort zeitweilig über 100 Menschen. Die meisten der dort ansässigen Familien waren in der Holzmehlfabrik von Armin Trinks beschäftigt, die dieser nach Einstellung der Gipsproduktion in den verlassenen Gebäuden des früheren Gipswerkes etwa um 1936 gegründet hatte. 1944 mussten die Wohngebäude der Juliushütte für die Wachmannschaften des dort neu entstandenen, unmittelbar angrenzenden Konzentrationslagers „Erich" geräumt werden. Erst nach Kriegsende konnten die Familien in ihre früheren Wohnungen zurückkehren. Nach dem Rückzug der Amerikaner aus Thüringen besetzten die Sowjets für mehrere Wochen die Juliushütte, mussten sich dann aber hinter die vereinbarte Demarkationslinie zurückziehen. Den Bewohnern der Juliushütte, die sich im nahegelegenen Ellrich mit allem Lebensnotwendigen versorgten und deren Kinder dort zur Schule gingen, wurden diese Möglichkeiten durch die entstandene Demarkationslinie genommen.

Für viele der zahlreichen Grenzgänger war die Juliushütte oftmals der erste Rastplatz auf Westgebiet vor dem beschwerlichen drei Kilometer langen Fußmarsch zum Bahnhof Walkenried. Gegen ein geringes Entgelt, aber oft auch kostenlos, brachten die Bewohner der Juliushütte Gepäckstücke der Grenzgänger zum Bahnhof Walkenried. Wegen der zahlreichen Grenzgänger wurde vom Landespolizeiposten Walkenried schon im Januar 1946 ein Hilfspolizist auf der Juliushütte eingesetzt, der unter anderem auch die Kontakte von Bewohnern der Juliushütte mit sowjetischen Soldaten an der nahen Grenzlinie unterbinden sollte.

Da als Folge der Grenzziehung die verbliebenen etwa 100 Bewohner der Juliushütte auch von der Bahnverbindung nach Walkenried abgeschnitten waren, wurde am 27. Juni 1946 vom Bahnhof Walkenried ein Pendelverkehr zu einer provisorischen Haltestelle an der Juliushütte, die nur etwa 300 m von der Demarkationslinie entfernt lag, eingerichtet.

Wiedigshof, 1990 (Foto: H. Gundlach)

*Die Juliushütte um 1960
(Foto: P. Schmelter)*

Am 4. August 1955 brannte die Holzmehlfabrik ab. Da an einen Wiederaufbau nicht zu denken war, verließen die letzten verbliebenen Bewohner von 1960 an die Juliushütte und fanden im Ort Walkenried neue Unterkünfte. Die Gebäude verfielen allmählich und ihr trostloser Anblick wurde in den folgenden Jahren öfters von den Medien der DDR zur Propaganda gegen die BRD genutzt. Im Juni 1964 wurden dann auf Initiative der Bundes- und der Landesregierung die drei noch vorhandenen Wohngebäude, drei Fabrikschornsteine und die anderen Gebäudereste von der Bundeswehr gesprengt und das Gelände nach Beseitigung der Trümmer renaturiert.

Der heutige Ortsteil von Walkenried „Wiedigshof" hat seinen Ursprung in dem zur ehemaligen Domäne Walkenried gehörenden, gleichnamigen Vorwerk, das ungefähr drei Kilometer von Walkenried entfernt, direkt an der braunschweigisch-preußischen Grenze lag. Die entlang der alten Landesgrenze gezogene Demarkationslinie grenzte von 1945 an somit unmittelbar an das Gelände des Wiedigshofes. Für zahlreiche Grenzgänger war der Hof daher häufig Ausgangs- oder Zielpunkt für die illegale Grenzüberschreitung. In den ersten Nachkriegsjahren war der Hof öfters auch das Ziel von Übergriffen der in unmittelbarer Nähe stationierten sowjetischen Posten. In den Jahren 1953 bis 1956 wurde das Vorwerk des Stiftsgutes zusammen mit diesem aufgesiedelt; auf den ehemaligen Gutsflächen entstanden landwirtschaftliche Betriebe für Flüchtlinge aus den ehemaligen Ostgebieten.

Aus den Akten des Landespolizeipostens Walkenried 1946

Kreispolizeiamt   Ellrich, den **8.2.1946**
Ellrich

An
den Landespolizeiposten
in W a l k e n r i e d

Betr.: Aufgefundene Leiche des Herbert H.

Auf Ihr Schreiben vom 23.1 1946 – hier eingegangen am 7.2.1946 – wird Folgendes berichtet:

Es besteht hier kein Zweifel, dass Herbert H. beim unbefugten Grenzübergang von einer russischen Grenzstreife angeschossen worden ist.

Bei der Leichenbesichtigung wurde festgestellt, dass Spuren eines vorhergehenden Kampfes, Würgemerkmale, Druckstellen, Kratzwunden, Strangulationen usw. an der Leiche nicht vorgefunden wurden. Leichenstarre war eingetreten, aber noch nicht vollendet. Der Körper war völlig erkaltet. Die Kehrseite der Leiche zeigte die üblichen Lagerflecken der Haut, welche durch das Ansammeln des Blutes natürlich hervorgerufen werden. Im Rücken, und zwar auf der linken Seite, etwa 10 cm von der Wirbelsäule entfernt, zwischen der 6. u. 7. Rippe, befand sich ein Einpfennigstück großer Einschuß. Der Ausschuß, etwa ein Zehnpfennig großes Loch, befand sich in der Magengegend. Der Ausschuß liegt etwa 10 cm tiefer als der Einschuß. Der Blutverlust war nur gering, es konnte dieses am Zustand der Wäsche festgestellt werden. Es handelt sich einwandfrei um einen Weitschuß. Irgendwelche Personalpapiere befanden sich nicht bei der Leiche. Bei der Leiche befand sich ein Handkoffer mit Damen- u. Bettwäsche, sowie zwei Geldbörsen mit 33,37 RM Inhalt. Der Handkoffer stand etwa 8–10 Meter von der Leiche entfernt an einem Pfosten gelehnt. In dem Koffer befanden sich noch 13 Briefe, die höchstwahrscheinlich hier zur Post gegeben werden sollten.

H. wird sich, nachdem er angeschossen worden war, bis zur Feldscheune geschleppt haben. Dort hat er seinen Koffer abgestellt und sich ein Lager gesucht, wo er sich niedergelegt hat. Der Tod ist infolge der Schussverletzung und innerer Verblutung eingetreten. Ein Verbrechen kommt nach den getroffenen Feststellungen nicht in Frage und sind hierfür auch keine Anhaltspunkte vorhanden.

Was nun den Begleiter des H., den Kurt V., betrifft, so muß berichtet werden, dass nicht anzunehmen ist, dass dieser irgendwie mit dem Ableben des H. in Verbindung zu bringen ist. V. hat bestimmt die Grenze mit einer Waffe nicht überschritten. Beide werden beim Grenzgang, nachdem sie von der russischen Streife überrascht und beschossen wurden, sich getrennt haben. Die Nachforschungen zur Ermittlung des Aufenthaltes des V. sind sofort aufgenommen worden. Ich bitte auch dortseits Nachforschungen nach V. anzustellen, damit der Tatbestand einwandfrei geklärt werden kann. Im Erfolgsfalle bitte ich umgehend nach hier zu berichten.

Lpol.-Posten   Walkenried, den **18. Februar 1946**
Walkenried

Der Fleischer Stanislaus M., geb. am 8.5.1919 in T., Kreis R. wohnhaft in Walkenried, Juliushütte, erstattet folgende Anzeige:
„Am Freitagmorgen, den 15.2.46, ging ich gegen 5.30 Uhr von der Juliushütte fort, um an der Bahn entlang nach Walkenried zum Bahnhof zu gehen. In meiner Begleitung befanden sich eine Frau Z., Frau H. und Willi H. von der Juliushütte.
Als wir aus dem Tunnel herauskamen, tauchten plötzlich Rudolf Hr. mit seinem Bruder und einem Polen, der sich wochenlang bei Hr. unangemeldet aufhält, vor uns auf. Sie gaben an, dass sie auf jemand warteten, von dem sie angeblich am Abend zuvor überfallen sein sollten.
Als wir dann weitergingen, kamen sie jedoch hinter uns her und gingen ebenfalls zum Bahnhof. Wie ich beobachtet habe, sind sie bis Bad Sachsa gefahren und dort ausgestiegen.
Wie ich jetzt durch eine Frau G. erfahren habe, hätten diese betreffenden Personen geäußert, dass sie mich totgeschlagen hätten, wenn ich alleine gewesen wäre am fraglichen Morgen. Dieser Rudolf Hr. war im damaligen KZ-Lager als Wachmann von der SS, während ich in diesem Lager als Häftling gesessen habe."

Von Amts wegen wird Folgendes angezeigt:

In der Nacht zum 27. März 1946 wurde von bisher noch unbekannten Tätern bei dem Bauer Willi G., in Woffleben wohnhaft, ein Einbruchsdiebstahl ausgeführt. Es wurden aus dem Pferdestall zwei Zuchtstuten im Werte von etwa 10 000 RM. gestohlen. Die Täter sind vom Felde her durch die Gärten in das Gehöft von der Ostseite eingedrungen. Die Täter haben den Verschluß von der Stalltür gewaltsam entfernt und sind so in den Pferdestall eingedrungen. Im Stall haben die Täter die Anbindeketten von den Ringen gelöst und die Pferde aus dem Stall gezogen. In dem Gehöft befindet sich ein schmaler Gang, welcher nach dem Garten führt. Durch diesen Gang haben die Täter die Pferde nach dem Garten geführt. Hinter dem Garten fließt die Zorge entlang. Durch das Wasser sind anscheinend die Pferde nicht gegangen. Die Täter haben deshalb ein Feld vom Gartenzaun des Gastwirts Oskar B. entfernt und sind so in den Garten des B. gekommen. Im Grundstück des B. haben die Täter dann zwei Tore geöffnet und sind mit den Pferden ins Freie gekommen. Die Täter haben sich dann, wie an den Spuren festgestellt werden konnte, in Richtung Gudersleben entfernt.

Beschreibung der Pferde: ......

Sofort nach Erstattung der Anzeige wurden umfangreiche Nachforschungen nach den beiden Pferden angestellt. Sämtliche Polizeiposten wurden telefonisch von dem Diebstahl in Kenntnis gesetzt. Trotz der sofort aufgenommenen Nachforschungen konnte über den Verbleib der beiden Pferde nichts in Erfahrung gebracht werden. Es ist anzunehmen, dass beide Pferde über die nahegelegene Grenze ins englisch besetzte Gebiet gebracht worden sind.

Landpolizeiposten Walkenried   Walkenried, den **20.6.1946**

Tob. Nr. 242/46

An

Chef der Polizei des Kreises Goslar

in Goslar

Betr.: Bericht über Grenzzwischenfall in Walkenried

Am 19.6.1946, gegen 20.30 Uhr, erschienen drei russ, Offiziere auf Motorrädern am Eingang des Ortes Walkenried und erkundigten sich bei verschiedenen Einwohnern nach der derzeitigen engl. Besatzung. Daraufhin fuhren sie in Richtung nach Unterzorge weiter und sind anscheinend von dort aus nach Ellrich ins russ. besetzte Gebiet zurückgefahren.

Dieser Vorfall wurde heute morgen dem für Walkenried zuständigen Kommandanten der brit. Einheit gemeldet, der sofort insofern Gegenmaßnahmen getroffen hat, als künftig laufende Streifen nach den Grenzpunkten entsandt werden.

Das Eindringen der Russen ist wohl darauf zurückzuführen, weil der Grenzort Walkenried seit etwa 14 Tagen ohne engl. Besatzung ist und die Russen dies inzwischen in Erfahrung gebracht haben dürften.

(Hermann G.)

Meister d. Landpolizei

Landespolizeiposten Walkenried   Walkenried, den **25. Juni 1946**

Anzeige wegen Vergewaltigung durch einen russischen Posten

Geschädigt: Die Hausangestellte Irmgard F., geb. ...1925, wohnh. ....b/Halle,

erstattet folgende Anzeige:

„Ich bin seit dem 3.3.1945 aus Schlesien evakuiert und wohne seit dieser Zeit bei Halle. Meine Mutter wohnt seit dieser Zeit in Saarbrücken. Da ich sie schon lange nicht gesehen habe, wollte ich sie besuchen.

Zu diesem Zwecke wollte ich am 24.6.1946 bei Ellrich über die Grenze gehen, um von Walkenried nach Saarbrücken zu fahren. In meiner Begleitung befanden sich zwei Männer und vier Frauen. Als wir etwa 1 ½ km von der Grenze entfernt waren, begegnete uns ein ca. 16-jähriger Junge, der uns die Richtung anwies. Wir folgten seinem Rate und sind zwei russ. Posten in die Hände geraten. Diese führten uns in ein Gebüsch, wo wir durchsucht und ausgeplündert wurden. Hierauf wurden alle anderen Personen fortgeschickt. Mich hat der russ. Posten zurückgehalten und mich unter Bedrohung mit der Waffe vergewaltigt. Nach der Vergewaltigung hat der Russe sein Messer gezogen und mich zur brit. Zone gejagt. Ich ging hier in Walkenried sofort zum Arzt Dr. Riechert zur Untersuchung. Dieser sagte mir, ich solle bei der Polizei eine Anzeige erstatten.“

„Durch Eindringen Feindesmacht in der Wohnung erschossen"

So lautete die Todesursache in der Sterbeurkunde, die der Standesbeamte von Tettenborn am **16. November 1946** für einen jungen Mitbewohner des grenznahen Dorfes ausstellen musste.

„Tettenborn war nach etwa vierwöchiger Besatzung durch die Rote Armee zusammen mit Bad Sachsa im Zuge eines Gebietsaustausches Ende Juli 1945 der britischen Zone zugeordnet worden. Die neue Demarkationslinie verlief nun nur wenige hundert Meter hinter dem Anwesen des Landwirtes Friedrich K. an der Straße nach Mackenrode. Diese Straße war in Höhe des Wasserbehälters, der den sowjetischen Soldaten als Unterstand diente, durch einen Schlagbaum gesperrt. Einige Einwohner Tettenborns hatten mit Hilfe von Alkohol-, Lebensmittel- und sonstigen Geschenken zu den sowjetischen Bewachern der Grenze ein freundliches Verhältnis aufbauen können. Die Sowjets nahmen es dann mit den Kontrollen nicht so genau, sodass zahlreiche Menschen und natürlich auch Waren des täglichen Bedarfes auf direktem Wege in die andere Besatzungszone gelangen konnten. Ernsthafte Übergriffe der sowjetischen Soldaten auf das Tettenborner Gebiet gab es bis zum 16. November 1946 nicht.

Am Abend dieses kalten Tages bereiteten sich die Bewohner des Hauses K., zu denen neben der Landwirtsfamilie noch zwei weitere Familien gehörten, auf die Nacht vor, als gegen 21 Uhr an die Tür geklopft wurde. Beim Öffnen der Tür drangen zwei bewaffnete sowjetische Soldaten in das Haus ein, trieben die Bewohner und auch die aus dem Schlaf gerissenen Kinder in das unbeheizte Wohnzimmer, wo sie von einem der Soldaten, der mit einer MP bewaffnet war, bewacht wurden. Ein Anderer war mit dem Hausmädchen nach oben gegangen, durchwühlte sämtliche Zimmer und warf – offensichtlich aus Enttäuschung, nicht das Richtige gefunden zu haben – die Schrankkästen die Treppe hinunter in den Flur. Als das Hausmädchen von oben um Hilfe schrie und der unten verbliebene Soldat dadurch abgelenkt wurde, konnte er von dem Landwirt K. und dem Schneider B. entwaffnet und aus dem Haus getrieben werden. Ebenso erging es dann dem zweiten, der dem Schneider B. aber noch eine Stichverletzung an der Hand zufügen konnte.

Die verschreckten Bewohner wollten die zuständige Polizei von dem Vorfall informieren, wozu sie das Telefon der Gastwirtschaft B. benutzen mussten. Dort war an diesem Abend Tanz für die Dorfjugend, an dem auch der zwanzigjährige Jungbauer Karl K. teilnahm.

Nachdem nun der Überfall bekannt geworden war, strömte die gesamte Dorfjugend zu dem Anwesen der K. Wenige Minuten später wurde das Haus mit MPs beschossen. Der Altbauer Friedrich K., dessen eine Schulter schon durch eine Kriegsverletzung in Mitleidenschaft gezogen war, wurde durch einen Schuss an der anderen Schulter erheblich verletzt. Die Dorfjugend und die Bewohner flohen durch das Fenster eines rückwärtigen Zimmers. Der Jungbauer und ehemalige Soldat Karl K. erwiderte mit der erbeuteten russischen MP das Feuer, um den Flüchtenden Rückendeckung zu geben. Er wurde von den eindringenden sowjetischen Soldaten mehrfach in Brust und Bauch getroffen und in der Küche, wohin er sich zurückgezogen hatte, durch einen Kopfschuss getötet.

Der Polizeibericht vermeldet, dass nach 20 Minuten, nachdem der Gastwirt B. die Polizei informiert hatte, diese mit einem englischen Kommando am Tatort eintraf. Nach Augenzeugenberichten soll es dann noch zu Schießereien mit den sich zurückziehenden sowjetischen Soldaten gekommen sein. Unklar ist nach wie vor das Motiv für den gezielten Überfall auf das Anwesen der Familie K. Sehr wahrscheinlich ist das Haus verwechselt worden. Gerüchten zufolge wollten die sowjetischen Grenzer ihren Anteil an einem mit einem Tettenborner Landwirt gemeinsam erlegten Wildschwein eintreiben, um den sie offensichtlich betrogen worden waren."

(...nach einem Erlebnisbericht von Regina Starke,
der Schwester des Erschossenen, Tettenborn)

Zeittafel 1946

27. Juni 1946	Aufnahme des Pendelverkehrs zwischen Bahnhof Walkenried und neu eingerichteter Haltestelle Juliushütte
30. Juni	Sperrung der Grenze zwischen der sowjetischen und den westlichen Besatzungszonen durch Kontrollratsverordnung auf Drängen der SMAD
1. Juli	Der Restkreis Blankenburg (Braunlage, Hohegeiß, Zorge, Walkenried, Wieda, Neuhof) wird selbständiger Landkreis mit Braunlage als Kreisstadt
29. Oktober	Einführung des Interzonenpasses
16. November	Überfall russischer Grenzposten auf das Anwesen der Familie K. in Tettenborn und Erschießung des Jungbauern
November	Anordnung der SMAD zum Aufbau einer Grenzpolizei
1. Dezember	Offizielle Dienstaufnahme der ersten Grenzpolizei-Kommandos des Landes Thüringen (? in Mackenrode)

Die Jahre 1947 bis 1949

Die Jahre 1947 bis 1949 waren durch eine Verschärfung der Spannungen zwischen den westlichen Alliierten und der Sowjetunion gekennzeichnet. Marksteine dieser Entwicklung waren: das Scheitern der Außenministerkonferenzen über die Zukunft Deutschlands von Moskau (März/April 1947) und London (November/Dezember 1947), das Verlassen der Kontrollratssitzung durch den sowjetischen Vertreter am 20. März 1948, die – infolge des Fehlens des sowjetischen Vertreters – einseitige Verkündung einer Währungsreform in den Westzonen (18. Juni 1948), die Berlin-Blockade durch die Sowjetunion (19. Juni 1948 bis 12. Mai 1949) sowie die Gründung der Bundesrepublik Deutschland im Mai und der Deutschen Demokratischen Republik im Oktober 1949. Die einstigen Vorstellungen der vier Alliierten über den Erhalt eines einheitlichen deutschen Staates waren damit gescheitert und die Teilung Deutschlands vollzogen.

Die Zusammenarbeit der Sowjetunion mit den westlichen Siegermächten im Alliierten Kontrollrat gestaltete sich von Tag zu Tag schwieriger. Die Sowjetunion hatte bereits 1945 damit begonnen, in ihrer Besatzungszone ein Verwaltungsregime nach eigenem Vorbild aufzubauen. Die als Reformen deklarierten Maßnahmen wie die „Boden-, Industrie- und Bildungsreform" hatten zusammen mit dem Zwangssystem im politischen und wirtschaftlichen Bereich zur Folge, dass viele Bewohner der Sowjetischen Besatzungszone (SBZ) sich diesem System auch weiterhin durch Flucht in die westlichen Besatzungszonen zu entziehen versuchten. Bedingt durch die wirtschaftliche Not auf beiden Seiten der Demarkationslinie, aber insbesondere nach der Währungsreform in den Westzonen, blühte der illegale Warenaustausch über die trotz militärischer Überwachung noch weitestgehend offene Grenze. Der Kontrollrat hatte zwar auf Drängen der Sowjets bereits 1946 für private Reisen in die anderen Besatzungszonen so genannte Interzonenpässe eingeführt. Da die sowjetischen Militärbehörden diese jedoch nur in einem sehr beschränkten Maß ausstellten, sahen sich viele Bewohner der SBZ veranlasst, doch den illegalen Weg über die „grüne Grenze" zu nehmen.

Ab dem 10. November 1947 verkehrten nach langer Pause wieder Güterzüge zwischen Walkenried und Ellrich. Aus der sowjetischen Zone wurden Düngemittel und Holz ein-, aus der britischen Zone Steinkohle ausgeführt. Die zolltechnische Abfertigung der Güterzüge in und aus Richtung Ellrich erfolgte in Walkenried. Als Folge der Berlinblockade vom 19. Juni 1948 bis zum 12. Mai 1949 wurde auch der interzonale Gütertransport über den Bahnhof Walkenried wieder eingestellt. Erst ab den 3. Oktober 1949 rollten wieder Güterzüge über die Demarkationslinie. Der nachstehende Bericht der Polizei-Station Walkenried vom **28. Februar 1948** an den Polizeikreis Goslar vermittelt einen Eindruck von den damals herrschenden Verhältnissen in Walkenried:

Betr.: Beschlagnahmtes Gut

In der Woche vom 22.2.–28.2.1948 sind folgende Lebensmittel, bzw. andere Waren beschlagnahmt und an das Ernährungs- bzw. Wirtschaftsamt in Braunlage abgeführt worden:

a)
Nährmittel		344	kg
Fischwaren.		382	kg
Brote		37	Stck.
Fischöl		4	Flsch. und 1 Kanister
Alkohol		33 Flsch.	
Fleischwaren	5 Gläser etwa 5 kg		
Fett		2 Pfd.	

b) Besondere Meldung über andere beschlagnahmte Waren:

48 Paar Damenstrümpfe und andere div. Teile an Textilien. Ferner 10 Bund Därme, 108 Stck. Küchenmesser, 160 Stahlbesen, 4 Fahrraddecken, 3 Schläuche. 1 Kanister Gummilösung, div. Teile an Porzellan, wie Tassen, Teller, Milchtöpfe usw. Ferner vier Lkw und drei Pkw.

c) von wie viel Personen:

Die Waren wurden von etwa 100 Personen beschlagnahmt.
Kontrolliert wurden 750 Personen.

d) Bericht über Zunahme und Abflauen des Grenzgängerverkehrs:

Der illegale Grenzgängerverkehr hat in seinen Ausmaßen auch der Vorwoche gegenüber etwas zugenommen. Die Zählung hat ergeben, dass innerhalb von 24 Stunden von Ost nach West

a) illegal etwa 1785 Personen

b) legal etwa 25 Personen

Von West nach Ost a) illegal etwa 1550 Personen

b) legal etwa 35 Personen

gegangen sind.

Unter Zugrundelegung dieser Zahl schätzungsweise in der Berichtswoche

von Ost nach West etwa 12 000 Personen,

von West nach Ost etwa 11 000 Grenzgänger gegangen.

Die unberechtigte Ausfuhr von Lebensmitteln und sonstigen Waren ist höher als in der Vorwoche, welches auf eine erhöhte Gepäckkontrolle zurückzuführen ist.

In Bezug auf die Straßensperren ist noch keine Änderung eingetreten.

Der Güteraustauschverkehr per Eisenbahn von der brit. in die russ. Zone und umgekehrt geht regelmäßig weiter.

Die Aufstellung der Grenzpolizei des Landes Thüringen

Im März 1946 wurde in der Abteilung Schutzpolizei der Landespolizeistelle in Weimar auf Befehl der sowjetischen Militäradministration für Thüringen (SMAT) ein Schutzpolizei-Sonderkommando gebildet, das vom 1. Dezember 1946 an als Referat „Grenzpolizei Thüringen" weitergeführt wurde. Im Bereich der Landespolizei-Inspektion Thüringen Mitte-Nord I (zuständig für den Stadt- und Landkreis Nordhausen) wurden bereits im November 1946 im Bereich der Demarkationslinie die ersten Kommandos eingerichtet, so z.B. in Mackenrode. Diese VP-Kommandos unterstanden operativ der sowjetischen Kommandoführung des betreffenden Ortes, administrativ dem Innenminister und Ministerpräsidenten des Landes. Die jungen, meistens aus der Arbeiter- und Bauernklasse stammenden Grenzpolizisten hatten zunächst keine spezielle Grenzausbildung, besaßen anfangs nicht einmal eine einheitliche Uniform und waren in den Grenzorten privat untergebracht. Ab November 1946 wurden sie mit alten Wehrmachtswaffen, Karabinern und Pistolen ausgerüstet, später erhielten sie einheitlich in blau gefärbte Wehrmachtsuniformen. Die Dienstränge entsprachen denen der Volkspolizei. Spätestens seit 1948 entstanden für die Grenzpolizei kasernenartige Unterkünfte, meistens in Form von Baracken. Zum Land Niedersachsen hatte die Grenzpolizei des Landes Thüringen die Demarkationslinie auf einer Länge von 124 Kilometern zu sichern.

Vom 1. Juni 1947 an gliederte sich die Grenzpolizei Thüringen in zwei Grenzpolizei–Abteilungen mit Sitz in Mühlhausen (Abt. I) und in Rudolstadt (Abt. II). Der Abteilung Mühlhausen unterstanden in drei Abschnitten 6 Grenzpolizei-Kommandanturen mit jeweils 10 bis 15 Grenzpolizei-Kommandos. Für den Bereich Nordhausen war die zuständige Kommandantur in Niedersachswerfen I/1, wo auch das zuständige sowjetische Truppenkommando seinen Sitz hatte. Die Grenzkommandanturen mit ihren Kommandos wurden von sowjetischen Gardeoffizieren aus Weimar auf die Einhaltung der SMAT-Anordnungen laufend überprüft. Diese betrafen nicht nur den Be- und Zustand der Waffen und Munition, sondern auch das Berichtswesen, sowie die vorgeschriebene Unterbringung von jeweils zwei Polizisten in einem Zimmer und deren Versorgung. Im Laufe des Jahres 1947 wurden Kommandos, die offensichtlich zunächst andere Aufgaben zu erfüllen hatten, umgesetzt und die zu weit von der Demarkationslinie stationierten Kommandos näher an die Grenze verlegt.

So wurde das Kommando Mackenrode Anfang 1947 erst nach Stöckey und am 1. April 1947 nach Limlingerode verlegt. Die Wache wurde im so genannten Hexenhäuschen, einem kleinen Gebäude gegenüber der Gaststätte „Zur Linde", untergebracht; die Grenzpolizisten fanden Unterkunft im heutigen Dorfgemeinschaftshaus.

Am 25. September 1947 nahm der Gruppenposten (Pol.-Kommando) Branderode seinen Dienst auf. Das Kommando Werna wurde wegen fehlender Diensträume etwas später nach Sülzhayn verlegt. Am 28. Oktober 1947 wurde der Dienstbetrieb auf dem Brocken aufgenommen.

Im April 1948 erfolgte die Verlegung des Kommandos Trebra nach Stöckey, des Kommandos Bischofferode nach Lüderode (Weißenborn) und des Kommandos Brehme nach Jützenbach.

Entlang der Demarkationslinie im Bereich des Südharzes gab es 1948 sowjetzonale Grenzpolizei-Kommandos mit einem Kommandoführer und neun Grenzpolizisten (1/9) in den Ortschaften Rothesütte – Sülzhayn – Ellrich – Gudersleben – Liebenrode – Branderode – Klettenberg – Limlingerode - Stöckey – Weilrode – Jützenbach und Teistungen.

Die zwischenzeitlich als Grenzpolizeigruppen geführten ehemaligen Abteilungen wurden am 1. April 1948 aufgelöst und 8 Grenzpolizei-Bereitschaften gebildet. Davon waren im Bereich des Südharzes eine in Beneckenstein und eine in Worbis stationiert. Bereits im September 1948 existierten in Thüringen 10 GP-Bereitschaften, die GB V und IX in Nordhausen, die GB VIII in Mühlhausen und die GB X in Sondershausen. Jede der kaserniert untergebrachten Bereitschaften hatte einen Bestand von 250 Grenzpolizisten und gliederte sich in 4 Züge mit jeweils 3 Gruppen. Die kasernierte Unterbringung erfolgte in geeigneten Gebäuden, wie Gaststätten und Hotels, und in neu erbauten Baracken. Ab August 1948 wurden die Grenzkommandos personell verstärkt.

Mit Befehl vom 15.11.1948 wurde die Leitung der Grenzpolizei und der Polizei-Bereitschaften (GP/B), die bisher jeder Landespolizeibehörde zugeordnet war, zentral der Deutschen Verwaltung des Inneren in der sowjetischen Besatzungszone (DVdI) übertragen. Nachgeordnet waren die zuständigen Landesbehörden weiterhin für die Grenzpolizei ihres Landes zuständig. Mit der Zentralisierung der Leitung war eine Neuordnung der Grenzpolizei verbunden.

Im Raum des Südharzes wurde Ende 1948 / Anfang 1949 die 1. Grenzbereitschaft (1. GB) in Ellrich aufgebaut. Der Stab war zunächst in der Ziegelei Königstuhl untergebracht und später in die Stadt Ellrich verlegt worden. Der 1. Grenzbereitschaft unterstanden die Kommandanturen in Beneckenstein,

Gudersleben und Worbis. Denen nachgeordnet waren im Bereich des Südharzes die Kommandos in Rothesütte (4. Grenzkommando), in Niedersachswerfen (5. GK), in Limlingerode (6. GK), in Bockelnhagen (7. GK) und in Jützenbach (8. GK). Ende 1947 waren an der gesamten Demarkationslinie in Thüringen 1348 Grenzpolizisten im Einsatz.

Die Grenzpolizisten waren zunächst mit alten Wehrmachtswaffen, dem Karabiner 98k und Pistolen, bewaffnet worden. Ihre Aufgabe war es, den illegalen Personen- und Warenverkehr über die Demarkationslinie zu verhindern. Auf Flüchtende, die sich der Festnahme entziehen wollten, wurden in merklichem Umfang Warnschüsse abgegeben. In der Woche vom 1. bis 10. Oktober 1947 waren das allein im Bereich Niedersachswerfen 79 Warnschüsse, wobei 1 Fahrzeug und 2 Personen angeschossen wurden. Im Durchschnitt wurden pro Woche ca. 2.000 Grenzverletzer festgenommen. Die mitgeführten Waren wurden größtenteils beschlagnahmt und der Versorgung der Bevölkerung zugeführt. Von den festgenommenen Grenzgängern wurden die aus dem englisch besetzten Gebiet dorthin zurückgeschickt, die aus der Sowjetzone mussten in ihre Heimatorte zurückkehren. Politisch verdächtige Personen wurden dem sowjetischen NKWD (sowjetische politische Geheimpolizei), als kriminelle oder als Wirtschaftsverbrecher angesehene Personen den zuständigen Volkspolizeidienststellen übergeben.

In einem Bericht über das Gebiet um Ellrich schreibt der Chef des Schutzpolizei-Sonderkommandos Weimar am 24. Juni 1947:

„Ellrich ist schon seit Bestehen des Schutzpolizei-Sonderkommandos der Brennpunkt an der Demarkationslinie. Tausende von Demarkationslinien-Verletzern wechseln täglich im Bereich Ellrich über die Demarkationslinie. Allein im letzten Monat wurden 7654 Personen vorläufig festgenommen. Das waren ca. 50 % aller 13 255 Festnahmen im Abschnitt zu Niedersachsen, von Ilsenburg bis Holungen. Es wurden 24 kriminelle Grenzgänger festgenommen und der Kripo Nordhausen übergeben, 4 politische Grenzgänger (Kuriere mit Propagandamaterial, ehemalige Angehörige der NS-Organisationen u.a.) wurden der zuständigen NKWD-Dienststelle übergeben.

Weiterhin kam es zu Ausplünderungen und Überfällen auf Grenzgänger. So wurde eine Bande von drei männlichen Personen im Wald von Gudersleben gestellt. Diese zogen bei der Ausweiskontrolle Pistolen und flüchteten im Schutz der Dunkelheit in die Westzone.

Aus diesen Beispielen geht hervor, dass gerade der Bereich Ellrich der wichtigste Punkt im gesamten Gebiet der Schutzpolizei-Sonderkommandos ist. Es sollte daher ein Gruppenposten in Ellrich eingerichtet werden.“

Verhör von gestellten Grenzgängern durch sowjetischen und VP-Offizier
(Foto: Militärhistorisches Museum der Bundeswehr Dresden)

Waffenbrüder an der Grenze (Foto: H. Weingardt)

Die sowjetzonalen Grenzpolizisten hatten offensichtlich auch die Befugnis, gegen marodierende Angehörige der sowjetischen Streitkräfte vorzugehen. So wurden am 18. November 1947 gegen 17.00 Uhr zwei russische Soldaten des russischen Postens Mackenrode festgenommen, weil sie Demarkationslinien-verletzer ausgeplündert hatten. Die beiden russischen Soldaten wurden dem Truppenkommando in Niedersachswerfen übergeben, ebenfalls die Ausge-plünderten zwecks Vernehmung.

Ehem. Wache des Kommandos Limlingerode (Foto: H. Gundlach)

Ehem. Unterkunft der Grenzpolizisten (heute Dorfgemeinschaftshaus in Limlingero-de) (Foto: H. Gundlach)

Die britische Überwachung der Demarkationslinie

Auf der westlichen Seite oblag die Überwachung der Demarkationslinie, nachdem das britische Militär sich von dort zurück gezogen hatte, bis etwa Ende 1949 den Landespolizeiposten der Grenzorte, die den jeweiligen Landespolizei-Kreisführern in Goslar und Osterode unterstanden. Die Landespolizei-Posten wurden durch britische „Land-Commissioners", „Regional-Commissioners" und „Kreis-Residenz-Officers" kontrolliert. Im Bereich der Demarkationslinie im Südharz bestanden Landespolizeiposten in Zorge, Walkenried, Neuhof, Tettenborn, Osterhagen, Bartolfelde, Barbis und Pöhlde. Rund um die Uhr führten die zehn bis zwölf Polizisten des jeweiligen Postens ihre Streifen in vierstündigem Schichtwechsel entlang der Zonengrenze aus. Da die Polizeikräfte der Aufgabe, den illegalen Personen- und Warenverkehr zu verhindern, zahlenmäßig nicht gewachsen waren, beschloss die britische Militärregierung die Grenzüberwachung neu zu organisieren. Sie übertrug diese Aufgabe dem „Zollgrenzschutz – Britische Zone". Vom März 1949 an lösten die speziell dafür geschulten Grenzdienst-Beamten (ab Februar 1950 „Zollgrenzdienst") nach und nach die Polizisten in der Aufsicht an der Grenze zur sowjetischen Besatzungszone ab. Zur Inspektion des Grenzdienstes Northeim gehörten von nun an im Südharz die Zollkommissariate Braunlage, Walkenried, Bad Lauterberg und Duderstadt. Die bisherigen Grenzpolizisten wurden, meistens an anderen Orten, mit den üblichen Aufgaben der Ordnungspolizei betraut.

Im Bereich des Südharzes gab es eine einzige von der britischen Militärregierung eingerichtete Grenzkontrollstelle für den legalen Übergang mit Interzonenpass zwischen der britischen und der sowjetischen Besatzungszone, die am 28. Juli 1949 in Dienst gestellt worden war. Diese befand sich in Walkenried und unterstand dem gleichnamigen Zollkommissariat. Einige DDR-Bürger, die im Besitz eines kleinen Grenzübertrittsscheines waren und zum Teil in westdeutschen Betrieben arbeiteten, durften nach gründlicher Kontrolle durch die Volkspolizei die Grenze passieren. Ihr im Westen erarbeiteter Lohn musste nach der Währungsreform im Verhältnis 1:1 in Mark der Deutschen Notenbank umgetauscht werden.

Der illegale Grenzverkehr hielt, da von DDR-Seite Interzonenpässe nur zögerlich ausgestellt wurden, auch in den Jahren 1947 bis 1949 unvermindert an. Infolge der zunehmenden Postendichte nahm das Risiko, auf sowjetisch besetztem Gebiet festgenommen zu werden, ständig zu. Die Festgenommenen wurden meistens nur verwarnt, zum Teil aber auch zu einigen Tagen Haft verurteilt. In schwerwiegenden Fällen, wie beim Versuch, Konstruktionsunterlagen, Maschinen oder wertvolle Waren in den Westen zu schaffen, wurden die Festgenommenen mit längerer Haft bestraft. Aber auch auf westlicher Seite wurden illegale Grenzgänger festgenommen. Nachgewiesen professionelle Schmuggler erhielten Haftstrafen, die mitgeführten Waren wurden beschlagnahmt.

Mord an einem Grenzgänger in Zorge

Am **14. April 1947** wurde bei Zorge der aus Hamburg angereiste Grenzgänger B. mit einem Beil ermordet aufgefunden. B. war auf dem Weg nach Berlin, um in seinem durch Bomben zerstörten Haus noch nach Resten seiner Habe zu suchen. Auf der Fahrt mit der Eisenbahn nach Walkenried lernte er einen freundlichen jungen Mann aus Zorge kennen, der sich erbot, ihn gegen Bezahlung über die Grenze zu bringen. Da an diesem Sonntag kein Bus von Walkenried nach Zorge fuhr, legten sie den Weg dorthin zu Fuß zurück.

Im Zimmer des jungen Mannes erfrischte sich B. und man verabredete sich zu einem gemeinsamen Abendessen in einem Zorger Lokal. Gegen acht Uhr brachen sie von dort aus zur Grenze auf. Dem jungen Mann fiel kurze Zeit später ein, dass er seiner Schwiegermutter in Nordhausen ein Beil bringen wollte. Er ging kurz zu seiner Unterkunft zurück und holte das Beil. Gemeinsam gingen sie dann über den großen Staufenberg zur Grenze. Infolge des vorher reichlich genossenen Alkohols und auch wegen der Dunkelheit verfehlte der junge Mann den Weg. Nach einiger Zeit erreichten sie eine Ortschaft, die B. zunächst für Sülzhayn hielt. An einigen Gebäuden erkannte er aber, dass sie wieder in Zorge angekommen waren. Wütend über den langen vergeblichen Fußmarsch und über die vermeintliche Täuschung beschimpfte B. den jungen Mann und verlangte sein Geld zurück. Der gereizte und durch den Alkohol enthemmte junge Mann nahm sein Beil vom Rucksack und schlug damit mehrmals auf B.s Kopf. Bei einem weiteren Schlag wurde die abwehrende Hand B.s zerschmettert. Als B. am Boden lag, schlug der Täter weitere Male auf ihn ein. Nachdem sich seine Erregung etwas gelegt hatte, entkleidete er den Ermordeten, schleppte den Leichnam über die Straße und warf ihn in das Flüsschen Zorge. Daraufhin nahm er die Papiere des Ermordeten, zerriss sie und warf die Fetzen in einen nahen Garten. In B.s Kleidern und Schuhen überquerte der Täter später die Grenze, um zum Geburtstag seiner Frau nach Nordhausen zu fahren, wo diese mit den zwei Kindern lebte.

Am nächsten Tag wurde von der Polizei die bestialisch zugerichtete Leiche und daneben die Tatwaffe gefunden. Einige Tage später konnte das zuvor in Zorge verkaufte Beil als das Eigentum eines Rudolf P. identifiziert werden. Die Suche nach P. verlief zunächst erfolglos. Aber schon nach einer Woche konnte er durch die Aufmerksamkeit eines jungen Zorger Einwohners festgenommen werden. Er wurde wegen des Mordes an B. zu einer Haftstrafe von zwölf Jahren verurteilt.

Zu diesem Zeitpunkt ahnte noch niemand etwas von den schrecklichen Verbrechen, die P. aus Sexualtrieb und zwei Komplizen aus Habgier an überwiegend weiblichen Grenzgängern verübt hatten. In der Haft bekannte er sich zu zahlreichen Morden, die ihm aber nicht alle zweifelsfrei zugeschrieben werden konnten. Sich selbst bezeichnete er als „größter Totmacher".

In seinen Aufzeichnungen, denen er den zynischen Titel „Mein Kampf" gegeben hatte, beschreibt er den in seinem Beisein von einem Komplizen am 15. oder 16. März 1946 in der Nähe von Sülzhayn begangenen Mord an einer unbekannten jungen Frau. Diese hatte die beiden Männer im „Dorfkrug" von Sülzhayn kennen gelernt und nahm dankbar deren Angebot an, sie über die Grenze zu bringen. Unterwegs wurde sie von dem Komplizen Pleils, der an der geringen Habe der Frau interessiert war, mit einem Fallschirmmesser von hinten erstochen. Danach stürzte sich P. auf die leblose junge Frau, um seinen Sexualtrieb zu befriedigen. Gemeinsam trugen sie die Tote in ein Gebüsch, aus dem sich P. bald wieder entfernt hatte, um sich vom Blut zu reinigen. Kurze Zeit später kam sein Komplize aus dem Gebüsch, in der einen Hand den kleinen Koffer mit den Habseligkeiten und in der anderen den abgeschnittenen Kopf der jungen Frau. Den Torso ließen sie auf sowjetischem Besatzungsgebiet liegen, den Kopf warfen sie später auf englischem Besatzungsgebiet weg. Erst im April 1948 wurde der abgeschnittene Kopf im Walde oberhalb Zorges gefunden, aber dort liegen gelassen. Spielende Kinder warfen ihn schließlich in die Zorge, sodass (wahrscheinlich bis heute) nicht zweifelsfrei geklärt werden konnte, ob der Kopf und der bereits früher auf der anderen Seite der Grenze gefundene Torso zusammenpassten.

An einem sonnigen Tag, dem 19. Juli 1946, kam P. von einer Schwarzmarktfahrt aus Hamburg, wo er mehrere Flaschen „Nordhäuser Klaren" für viel Geld verkauft hatte, auf dem Bahnhof Bad Sachsa an. Mit einem Bummelzug fuhr er dann nach Walkenried weiter. In der Bahnhofswirtschaft, wo er schon stark alkoholisiert noch ein Bier trinken wollte, setzte er sich an einen Tisch, an dem schon ein junges Mädchen saß, und sprach sie an. Sie erzählte ihm, dass sie auf der Suche nach ihrer Familie sei, von der sie nicht wisse, ob sie die Bombenangriffe überlebt habe. In ihrer Verzweiflung äußerte sie, keine Lust mehr am Leben zu haben und am liebsten sterben zu wollen. P. bot sich an, sie über die Grenze nach Ellrich mitzunehmen, von wo aus sie mit dem Zug nach Leipzig weiterfahren könne. Dort vermutete die junge Frau ihre Familie. Sie willigte ein, holte ihren Rucksack, den sie bei einem Bauern abgestellt hatte, und gemeinsam machten sie sich auf den Weg durch die Wälder nach Ellrich. Kurz vor der mit Holzpfählen gekennzeichneten Zonengrenze schlug P. mit seinem Beil mehrmals auf das schreiende und sich wehrende Mädchen ein und erstickte ihre Schreie mit einem Lappen, den er ihr in den Mund schob. Er war nun am Ziel seiner triebhaften Wünsche. Reue kannte er nicht, schließlich habe sie ohnehin sterben wollen, wie er später in seinem Tagebuch schrieb. (Über den Verbleib der Leiche hat der Verfasser keine Hinweise finden können.)

P. prahlte noch mit weiteren Morden an Grenzgängerinnen, die er allein oder mit seinen beiden Komplizen begangen haben wollte. Zu seinen Opfern gehörte auch die junge Ehefrau Christa S., die er als „hilfreicher" Grenzführer am 7.11.1946 in volltrunkenem Zustand und im Sexualrausch mit einem Hufeisen in der Nähe der Juliushütte erschlagen hatte.

Die Suche an den von P. angegebenen Orten wurde für die ermittelnden Beamten in den meisten Fällen zur schrecklichen Gewissheit über die von P. und seinen Komplizen begangenen Morde.

Am 17. November 1950 wurden P. und seine beiden Komplizen, die er verraten hatte, wegen mehrfachen Mordes und schweren Raubes zu lebenslänglicher Zuchthausstrafe verurteilt. Am 15. Februar 1958 nahm P. sich in der Zelle das Leben.

(...nach „Bad Sachsaer Nachrichten" 1950 und Unterlagen des Niedersächsischen Hauptstaatsarchivs Wolfenbüttel)

Abenteuerlust

„Wie in jedem Jahr, so verbrachten meine beiden jüngeren Schwestern und ich auch 1947 unsere Sommerferien auf dem Bauernhof unserer Großtante in einem kleinen Dorf am Fuße des Kyffhäusers. Meine Großmutter betreute uns allein, weil unsere Mutter in einem sowjetischen Internierungslager und unser Vater noch in englischer Kriegsgefangenschaft war. Sie wusste uns bei ihrer Schwester gut aufgehoben, hatten wir dort doch die Möglichkeit, uns richtig satt zu essen und mal etwas anderes zu erleben. Mein Großonkel bewirtschaftete den von seinem Vater übernommenen Hof, dessen Anbaufläche er als Begünstigter der Bodenreform auf etwa 40 Hektar hatte erweitern können. Aber immer wieder mangelte es an Ersatzteilen für die Erntemaschinen und auch an Bindegarn für den Mähbinder. Bekannte und Verwandte aus dem Westen sorgten für die Beschaffung der fehlenden Dinge und erhielten dafür begehrte Nahrungsmittel.

Auf dem Hof lebte auch die Mutter meines Großonkels, die häufig Besuch von ihrer Stiefschwester, Else M., erhielt. Diese hatte sich ganz auf den Schmuggel über die „grüne Grenze" eingestellt. So kam sie auch während unserer Ferien zu Besuch. Da ich gerne Verwandte in Hamburg besuchen wollte, bat ich sie, mich bei ihrer für den nächsten Tag geplanten Grenzüberquerung mitzunehmen. Meine Großtante war damit einverstanden. Also ging es am nächsten Tag mit der Bahn nach Ellrich und von dort aus mit einem Bus nach Sülzhayn. Hier hatte Else M. in einer Gärtnerei ihren Anlaufpunkt. Die Tochter des Gärtners betätigte sich als Grenzführerin. In der Gärtnerei erklärte mir Frau M., dass sie nicht mitkommen könne; es gehe aber alles in Ordnung. Sie hatte für mich den Obolus bei der Grenzführerin entrichtet.

Vom Garten der Gärtnerei aus konnte man den Weg einsehen, auf dem die Volkspolizisten von ihrer Streife zurückkamen. Als sie in Richtung Dorf verschwunden waren, machten wir uns durch den Garten auf den Weg. Außer mir, damals 13 Jahre alt, gehörten zu der Gruppe noch zwei Frauen und ein Mann. Der Weg nach Zorge schien kein Ende nehmen zu wollen, über Berg und Tal, quer durch den Wald erreichten wir schließlich die mit Pfählen markierte Grenze. Wir ließen uns auf dem Weg oberhalb der „Hundertmorgen-Wiese", der schon in der britischen Zone lag, erschöpft nieder, um unser Vesperbrot zu essen. Nachdem unsere Führerin uns noch den Weg nach Zorge gezeigt hatte, verabschiedete sie sich und machte sich auf den Heimweg. Kurze Zeit später rannte sie in einiger Entfernung von unserer Gruppe über die Grenze auf die Hundertmorgen-Wiese und rief uns zu, schnell zu verschwinden, da eine Streife der Volkspolizei käme. Wir nahmen unsere Sachen auf und rannten die Wiese hinab, als hinter uns der Ruf ertönte: „Halt, Volkspolizei! Stehen bleiben oder wir schießen!" Die beiden Frauen und ich warfen uns hinter einen Erdhügel und rührten uns nicht. Die Volkspolizisten, die sich auf dem Weg, also schon auf britischem Gebiet, befanden, forderten uns auf, zurückzukommen, andernfalls würden sie schießen. Ihre Aufforderung unterstrichen sie dadurch, dass sie ihre Karabiner durchluden. Die Frauen wollten der Aufforderung folgen und entledigten sich ihres Tauschgutes – kunstseidene Damenstrümpfe, die im Westen Mangelware waren. Inzwischen war unsere Führerin den Weg unterhalb der Wiese entlang zu dem Posten der Grenzpolizei bzw. des Zolls am Rande von Zorge gelaufen und kam mit zwei bewaffneten Beamten zurück. Als das der Mann aus unserer Gruppe sah, der sich hinter einem Busch versteckt hatte, rief er den Volkspolizisten zu, dass westdeutsche Grenzer kämen. Daraufhin zogen sich die Volkspolizisten zurück. Die herbeigeeilten Beamten erklärten uns noch den Weg zum Bahnhof, dann traten sie ihren Kontrollgang an.

Leider gab es von Zorge aus nach Walkenried keine Bahnverbindung mehr. Mit einem Pferdefuhrwerk gelangte ich dann nach Walkenried, wo ich mir von dem Geld, das mir meine Großtante mitgegeben hatte, zunächst eine Fahrkarte nach Kassel kaufte. Da ich zunächst nach Marburg zu einem Cousin meiner Mutter wollte, musste ich auf dem Kasseler Bahnhof wiederum eine Fahrkarte kaufen. Mein Geld reichte jedoch nur bis zwei Stationen vor Marburg. Der Bahnbeamte warnte mich noch vor den amerikanischen Streifen im Kasseler Hauptbahnhof, die jeden Verdächtigen festnehmen und über die Grenze zurückschicken würden. Von dem Bahnhof aus, wo ich aussteigen musste, erreichte ich nach einem längeren Fußmarsch schließlich in Marburg das Institut, in dem mein Verwandter als Assistent tätig war. Er war alles andere als begeistert über mein Auftauchen und sorgte dafür, dass ich bald mit einem Lkw nach Hamburg mitfahren konnte. In Hamburg wurde ich von einem zweiten Cousin meiner Mutter und seiner Familie sehr nett aufgenommen. Zum ersten Mal in meinem Leben sah ich einen so großen Hafen mit Schiffen aus aller Welt.

Es waren für mich unvergessliche Tage, die ich in Hamburg erleben durfte.

Aber schließlich musste ich wieder zurück. Meine Verwandten bezahlten mir die Fahrt nach Walkenried und versorgten mich mit Reiseverzehr. Besonders erfreut war ich über eine Tüte Karamellbonbons, die aber nicht lange vorhielt. In meinem kleinen Koffer hatte ich einige der im Osten so begehrten Glühbirnen, über die ich meine Wäsche gelegt hatte. Die alte Aktentasche enthielt, in meinen Schlafanzug versteckt, einige Tafeln Schokolade für meine Schwestern. Nach der Ankunft in Walkenried machte ich mich auf den mir bekannten Weg nach Zorge und hoffte, dort meine Grenzführerin zu treffen.

Nach einem längeren Fußmarsch kam ich dann in Zorge an. Von meiner Führerin war nichts zu sehen und ich entschloss mich, allein über die Grenze zurückzugehen. Als ich den Weg über der Wiese verlassen wollte, um durch den Wald zu gehen, stolperte ich fast über zwei westdeutsche Grenzer, die gut getarnt im hohen Gras lagen. Nachdem ich ihnen von meiner Absicht, nach Sülzhayn zu laufen, berichtet hatte, beschlossen sie, mich bis fast nach Sülzhayn zu bringen. Wir überquerten die Grenze und wieder ging es bergauf und bergab, bis die ersten Häuser von Sülzhayn zu sehen waren. Sie erklärten mir, dass nun wohl nichts mehr passieren könne, ich aber sehr vorsichtig sein solle, und verabschiedeten sich. Ich musste noch einen Hang hinabsteigen und hatte schon meinen Anlaufpunkt, die Gärtnerei, vor Augen, als aus dem Wald ein Volkspolizist kam, der offensichtlich Pilze gesammelt hatte. Er fragte mich, woher ich käme. Da ich ihm das nicht sagen wollte und mir nichts Besseres einfiel, erwiderte ich: „Von dort" und zeigte in Richtung des Waldweges. Darauf wurde er sehr wütend, zog die Pistole und forderte mich auf, die Hände zu heben, was ich auch tat. Mit der einen Hand das Köfferchen tragend, die andere in die Luft gestreckt, so musste ich vor ihm hergehen; er trug meine Aktentasche. Nach einigen Metern begegnete uns ein Mann mit seinem Sohn. Er wies auf mich und sagte zu seinem Sohn: „Sieh dir das genau an, so gehen heute schon wieder Deutsche mit Deutschen um. Da will sich wieder einer einen Stern verdienen.

In der Unterkunft des Volkspolizei-Kommandos wurde ich verhört und musste meinen Personalausweis abgeben. Schließlich sperrten mich die Volkspolizisten, ohne mein Gepäck zu kontrollieren, in eine Waschküche, in der schon einige Erwachsene saßen. Nach einiger Zeit wurden wir vor das Haus geführt, wo ein Pferdegespann stand, um uns nach Ellrich zu bringen. In der dortigen Kommandantur hatte man auf dem Hof einen Lautsprecher installiert, aus dem das Lied „Du bist die Rose vom Wörthersee" erklang.

Wenn ich heute dieses Lied höre, erinnert es mich immer noch an meinen ersten illegalen Grenzübertritt.

Ehemaliges Dienstgebäude des Kommandos Ellrich der Grenzpolizei Thüringen am Schwanenteich (Foto: H. Gundlach)

In Ellrich wurden wir wieder in eine vergitterte Waschküche gesperrt. Als ich während der späteren Vernehmung nach dem Inhalt meiner Gepäckstücke gefragt wurde, sagte ich, darin sei nur schmutzige Wäsche. Ich war sehr froh, dass sie nicht kontrolliert wurden. Schließlich durfte ich zum Bahnhof gehen, bekam aber die Auflage, mich auf dem Kreispolizeiamt meiner Heimatstadt Langensalza zu melden. Das tat ich dann auch, ohne dass mir daraus der geringste Ärger entstanden ist. Glücklich, weil ich mein Schmuggelgut gerettet hatte, kam ich wieder zu meinen Verwandten und konnte meine Schwestern mit der mitgebrachten Schokolade erfreuen.

Dass meine Abenteuerreise nicht so ganz ungefährlich war, musste ich später erkennen, als mich die Mitteilung erreichte, dass Else M. einige Monate später an der Grenze von der Volkspolizei erschossen worden war."

(Erlebnisbericht von Horst Gundlach, Bad Sachsa)

Bittbrief an die Polizeistation Walkenried

Halle, **26.10.47**

„Ich bin Aussiedlerin aus Aussig (Sud. Land). Wir sind im Juli 1945 früh um 5h aus dem Bett mit der Hundepeitsche rausgejagt worden. Mussten in 10 Min. die Wohnung verlassen und durften nur 50 RM und 30 Kilo Handgepäck mitnehmen. Wie uns da zumute war, weiß nur jemand, der das selbst durchgemacht hat. So wurden wir von tschechischen Soldaten, die uns unterwegs noch vieles abnahmen, aus der Heimat gejagt. Wir brachten wochenlang auf der Landstraße zu, durften überall nur 24 Stunden bleiben. Ganz erschöpft kamen wir in Halle an, wo mein Mann wieder zur Bahn kam u. wir Lebensmittelkarten und Wohnung erhielten, das war vor 2 Jahren. Heuer im Frühjahr fand mein Mann seine Schwester durch den Suchdienst. Die Freude meines Mannes war groß, denn sie war mit ihrem Mann in Prag interniert u. er glaubte sie nicht mehr am Leben zu finden. Er schrieb ihr in seinem Urlaub, mal zu ihr nach Hamburg zu kommen. Um sich mit ihr auszusprechen, auch zu fragen, wie seine lb. Mutter unterwegs starb. Seit Monaten wartet nun mein Mann, dass er Urlaub bekommt, denn meine Schwägerin wollte uns ein Paar Fische mitschicken, die wir ja jahrelang nicht mehr kannten. Endlich war es soweit, dass mein Mann fahren konnte. Wir konnten ja nicht alle mit, denn so viel Fahrgeld hatten wir nicht. Mein Mann verdient 156 RM monatl. Meine zwei Kinder warteten nun auf die Rückkehr meines Mannes wie auf den Weihnachtsmann. Auch wollte ich den Leuten etwas schenken, die mir mit so viel Kleinigkeiten täglich aushalfen, denn ich besitze weder eine Tasse, Schüssel

noch Eimer. *Alles was ich ansehe ist geliehen. Aber die Enttäuschung war groß als mein Mann heim kam. Man hatte ihm in Walkenried an der Grenze um 7 h früh am 24.10. alles abgenommen. Man müsste doch einen Unterschied machen, wenn die Leute in Arbeit stehen und 1 Mal im Jahr für seine Fam. bei Verwandten etwas holt. Anders ist es bei Leuten, die ohne Arbeit sind und dauernd fahren können. Wir trennten uns von dem letzten noch, was wir von den Sachen noch retteten. Unsere Eheringe und unsere ganzen Sparpfennige gegen 500 RM. Nun ist auch das weg. Bitte wäre es denn nicht möglich, dass wir unsere Sachen wiederhaben könnten. Ich tue es ja nur wegen der Kinder, dass die auch mal wieder etwas in die Knochen kriegen. Was ja bei Fisch der Fall ist. Ich könnte bis Weihnachten etwas davon haben. Mein Mann hatte 2 Eimer Salzheringe und 50 Bücklinge. Bitte haben sie doch ein Herz mit den Menschen, die schon so viel durchgemacht und alles verloren. Unser Herrgott im Himmel soll es Ihnen und Ihrer Familie lohnen. Auf eine gütige Antwort wartet*

> *Frau Marie ....*"

(Antwort der Polizei Walkenried vom 5.11.47, dass nur 1 Eimer zurückgegeben wird!)

Bericht des Polizeipostens Walkenried 1947

Polizeibezirk Braunschweig-Land   Walkenried, den **29.11.47**
Polizeistation Walkenried

An den
Polizeibezirk Braunschweig-Land
Polizeikreis Goslar
in G o s l a r

Betr.:
Beschlagnahmtes Gut
Bezug: Tagesbefehl Nr. 8 vom 4.8.47, Ziff. 8

In der Woche vom 23. bis 29.11.1947 sind folgende Lebensmittel, bzw. andere Sachen beschlagnahmt und an das Ernährungs- bzw. Wirtschaftsamt in Braunlage übergeben worden:

a)

Nährmittel	333,5	kg
Fischwaren	351,5	kg
Brote	19	Stück
Fleisch- u. Fettwaren	12,5	kg
Öl	6	Flaschen
Alkohol	5	Flaschen
Hefe	7,5	kg

b) von wie viel Personen:

Die Waren wurden etwa von 120–150 Personen beschlagnahmt. Insgesamt wurden 300 Personen kontrolliert.

c) Besondere Meldung über andere beschlagnahmte Sachen:

Fahrraddecken	4 Stück
Hufnägel	8 Pakete
Kleinere Mengen an Email u. Glaswaren	

d) Bericht über Zunahme bzw. Abflauen des Grenzgängerverkehrs:

Der unechte Grenzgängerverkehr hat in der Berichtswoche eine weitere Verminderung erfahren, welches u.a. auf die schlechten Witterungsverhältnisse zurückzuführen ist. Die Zählung hat ergeben, dass etwa 8 000 Grenzgänger vom Bahnhof Walkenried in Richtung Northeim gefahren sind. Von Northeim angekommene Grenzgänger sind etwa 7 000 in die russisch besetzte Zone zurückgewandert. Die Kontrolle der Grenzgänger auf unberechtigte Ausfuhr von Lebensmitteln und sonstiger Schieberwaren konnte in der Berichtswoche nicht immer durchgeführt werden, weil die Polizeibeamten auf höheren Befehl zum Absperren der Straßen, die über die Zonengrenze führen, verwandt werden mussten.

Kraftfahrzeuge, die nach dem Aufreißen der Straßen dennoch von Ellrich aus über die Zonengrenze einfahren, sind bisher nicht sicher gestellt worden, weil deren Fahrer in den mitgeführten Interzonenpässen Ellrich–Walkenried als Grenzübergang eingetragen haben. Kraftfahrzeuge mit Kennzeichen der brit. Zone, die in die russisch besetzte Zone einfahren wollten, sind zurückgewiesen worden. Seit etwa 10 Tagen findet ein Güteraustauschverkehr mit der Eisenbahn auf der Strecke Ellrich–Walkenried statt. Es verkehren täglich mehrere Güterzüge in beiden Richtungen. Während aus der russisch besetzten Zone Düngemittel und Holz eingeführt werden, verbringen die Züge Steinkohlen in die russisch besetzte Zone.

Behinderung bei der Rückreise

Mitte **Juni 1948** war die 43-jährige Ehefrau Elfriede M. (Name geändert) auf dem Rückweg aus dem Westgebiet in ihre Heimat nach Waldheim in der Ostzone. Wenige Tage vorher hatte sie zusammen mit ihrem 17-jährigen Sohn im Schutze der Nacht, von Bleicherode kommend, die Zonengrenze bei Osterhagen illegal überschritten. Sie wollte ihren Sohn zu ihrem im Westen lebenden Ehemann und diesem für den Aufbau einer neuen Existenz dringend benötigte Büromaschinen und Fachbücher bringen. Die schweren Teile der zwei auseinander genommenen Schreib- und Rechenmaschinen und die Bücher trugen sie bei dem beschwerlichen Weg über die Grenze auf dem Rücken. Wenige Tage später trat Frau M. allein den Rückweg an und berichtete später Ehemann und Sohn in einem Brief über ihre damaligen Erlebnisse. Der handgeschriebene Brief wird mit Erlaubnis der Familie im Folgenden wiedergegeben:

„Meine Reise bis Osterhagen ging glatt vonstatten, dort traf ich auf Personen, 3 Herren und ein junges Mädchen, das übrigens aus G. war, denen ich mich anschloss. Durch den Wald sind wir, allerdings auf einem anderen Weg, gut gekommen und wenn wir genau so gegangen wären wie hinzu, hätten wir es vielleicht auch geschafft, obwohl das nicht gesagt ist. Na jedenfalls waren zwei Querköpfe dabei und so sind wir vor Limlingerode von zwei Grenzern geschnappt worden. Ich muss Euch das mal genau erzählen, es würde jetzt zu lang werden. Die beiden jedenfalls haben uns durchgelassen und ein dritter hat uns dann mitgenommen. Am anderen Morgen mussten wir mit nach Weißenborn, wo wir verhört und einer Leibesvisitation unterzogen wurden. Dann haben wir unser Geld zurückbekommen und konnten abzwitschern. Wir waren noch zu dritt. Etappenweise, mal ein Stück im Lkw, dann wieder per pedes und dann sogar im Pkw sind wir am Nachmittag bis Bleicherode gekommen. Frau W. hat uns dann eine fabelhafte Suppe gekocht, damit wir wieder etwas zu uns kamen und auch Kaffee und wir sind dann gegen 5.00 Uhr nachmittags von Bleicherode bis Halle gekommen und brauchten in Nordhausen nicht umzusteigen. Ich war dann mit dem jungen Mädchen noch allein. In Halle erreichten wir noch den Zug Magdeburg-Leipzig, der allerdings sehr voll war und sind durchs Fenster eingestiegen. Die Nacht haben wir auf dem Leipziger Hauptbahnhof zugebracht. Freitag früh 4.21 bin ich dann nach Döbeln gefahren und war ¾ 8 zu Hause. Von Bleicherode bis Waldheim habe ich 186,– RM Fahrgeld gebraucht.

Nachdem ich in Limlingerode, Stöckey und Weißenborn und sonst überall die vielen Grenzer gesehen habe, mutet es mich mehr denn je wie ein Wunder an, dass wir durchgekommen sind, ohne eine Menschenseele zu treffen, lieber Dieter. Es ist wirklich, als ob uns der Herrgott geleitet hätte."

Grenzdienst in Tettenborn

*„Im **September 1948** wurde der gesamte Lehrgang der niedersächsischen Polizeischule Hannoversch-Münden aus der halbjährigen Ausbildung heraus zum Dienst an der Zonengrenze abgeordnet. Mein Einsatzort war die Polizeistation Tettenborn, die im Obergeschoss des damaligen Gemeindehauses untergebracht war.*

Ehemaliges Gemeindehaus Tettenborn; oben links Polizeidienststelle (Foto: G. Pfeiffer)

Diese Polizeistation war mit zehn bis zwölf Beamten besetzt, die im vierstündigen Wechsel Streife entlang der Zonengrenze zu gehen hatten. Unsere Aufgabe war es, die Grenzgänger zu kontrollieren, das Schmuggelgut zu beschlagnahmen und im Fahndungsbuch stehende Personen festzunehmen. Ein beliebtes Schmuggelgut waren Heringe, aber natürlich auch andere Dinge des täglichen Bedarfes. Kleinere Mengen haben wir in der Regel übersehen. Trotzdem roch unsere Dienststelle häufig wie ein Fischladen.

Wir trugen tiefdunkelblaue Uniformen mit Armstülpen und waren mit Colts, Bauart Smith & Wesson, sowie mit einem hölzernen Schlagstock ausgerüstet.

Da ich die Gegend von früheren Aufenthalten als Hilfskraft in der Landwirtschaft her kannte, wurde ich als Einzelstreife eingesetzt. Mein erster Streifengang führte mich am 18. September 1948 zur Straßensperre an der Straße von Tettenborn nach Klettenberg. Die Straße war mit einem Balken, der auf zwei Holzpfählen an beiden Straßenrändern befestigt war, und einem darunter gelegten Baumstamm gesperrt. An beiden Seiten schloss sich ein einzelner, meist heruntergetretener und zum Teil von Gras überwachsener Stacheldraht an. Die etwa vier bis fünf Meter auseinander stehenden und unmarkierten Pfosten waren aus einfachem Holz.

Beim Näherkommen bemerkte ich zwei Posten der ostzonalen Volkspolizei in ihren dunkelblauen, den unseren ähnlichen Uniformen. Wie groß war meine Überraschung, als ich in einem der Posten meinen alten Schulkameraden Kurt G. erkannte. Wir fielen uns vor Freude in die Arme. Es gab viel zu erzählen und die beiden luden mich schließlich zu einem Umtrunk nach Mackenrode in die Gaststätte „Zur Linde" ein. Nur widerstrebend folgte ich ihrer Einladung, um das Wiedersehen zu begießen. Zu dritt marschierten wir dann den Trampelpfad an der Grenze entlang zur „Linde", wo es nicht nur bei einem Glas Bier blieb. Schließlich nahmen sie mich noch in ihre Dienststelle mit, die in einem Gebäude in Mackenrode untergebracht war. Hier gab es zunächst ein Donnerwetter vom Postenführer Helmut B., der seine Untergebenen für verrückt erklärte, dass sie einen westdeutschen Polizisten gekapert hätten.

Nachdem alles aufgeklärt war, begrüßte er mich und hieß mich herzlich willkommen. Danach kehrte ich nach Tettenborn zurück. Es war für alle Beteiligten ein ungewöhnlicher Tag und sicher einer der wenigen, an denen ein westdeutscher Polizist in Uniform und bewaffnet sich auf ostdeutscher Seite aufgehalten hat.

Am nächsten Tag traf ich Kurt, der zur gleichen Zeit wie ich zum Streifengang eingeteilt war, an der Grenze wieder. Nunmehr war es an mir, Kurt zu einem Besuch in die „Deutsche Eiche" nach Tettenborn einzuladen. Bei „Bergmann's" war das Erstaunen natürlich groß, denn einen Ostgrenzer in voller Uniform und mit dem Karabiner K 98 bewaffnet, konnte man sich hier kaum vorstellen. Kurt und ich haben uns noch häufig an der Grenze getroffen, auch die Verbindung zum Postenführer Helmut riss bis zu meiner Lehrgangsfortsetzung im Januar 1949 nicht ab. Danach haben wir uns leider aus den Augen verloren."

(Erlebnisbericht von Gerhard Pfeiffer, Bad Sachsa)

Walkenried 1948

Der nachstehende Bericht schildert die seinerzeit im Grenzgebiet Walkenried herrschenden Verhältnisse.

„Was anfangs Schauplatz unvorstellbaren Elends gewesen war, wurde in der Folgezeit Umschlagsort des Schwarzhandels. Räubereien, Diebstahl und selbst Mord waren an der Tagesordnung, Unterschlagung und Betrug standen in Blüte. Walkenrieds Polizeirevier war längst auf 20 Mann Besatzung angewachsen, und dennoch war die Flut am Zonengrenzübergang kaum zu stoppen, Gesetzesübertretungen ebenso wenig. Neun Morde verfolgten die Beamten allein in den Jahren 1945 bis 1949 in der Walkenrieder Gemarkung.

Ordnungshüter aller Organisationen bekamen die Situation nur sehr langsam in den Griff. Mit schärferen Kontrollen schufen sie zwar wieder Ordnung in Walkenried, dem Strom der Grenzgänger gegenüber aber waren sie machtlos. So wurden allein 1948 in Walkenried 1 102 333 Menschen und fast 24 000 Kraftwagen kontrolliert. Dabei wurden sichergestellt: acht Pferde, 20 Ferkel, 36 306 Kilogramm Fischwaren, 6 852 Kilogramm Fleisch und Wurst, große Mengen Brotgetreide, 7,5 Millionen Zigaretten, 3 600 Zigarren, 2 100 Flaschen Schnaps, mehr als 10 000 Flaschen Wein, 304 Kilogramm Bohnenkaffee, ein Lager mit Herrenkonfektion und Bekleidungsstücken, zwei Motorräder, 569 Autodecken, 1 146 Fahrraddecken, 142 Fahrräder, 2 517 Sensen und 29 Rundfunkgeräte neben vielem anderen.“

(aus: „Stacheldraht“. Schriften zur deutschen Frage. Band 15. Verlag Gerhard Rautenberg, 1966)

Die Währungsreform

Nachdem der sowjetische Oberbefehlshaber am 20. März 1948 die Sitzung des Alliierten Kontrollrates verlassen hatte, war die ursprüngliche Absicht, gemeinsam eine neue Staatsordnung für Deutschland zu schaffen, hinfällig geworden. Die westlichen Alliierten arbeiteten daher separat für ihre Besatzungszonen Richtlinien zum Aufbau eines demokratischen Staatswesens aus. Eine wichtige Voraussetzung dafür war die Einführung einer neuen Währung als Ersatz für die noch immer, auch in der sowjetischen Zone, geltende Reichsmark. Am 20. Juni 1948, einem Sonntag, erfolgte in den Westzonen der Umtausch in die neue Währung der Bank Deutscher Länder mit neu gedruckten Banknoten.

Die sowjetische Besatzungsmacht reagierte darauf am gleichen Tag mit der Blockade sämtlicher Zufahrtswege nach Berlin und führte in ihrer Zone am 23. Juni 1948 zwangsläufig auch eine Währungsreform durch. In Ermangelung neuer Banknoten wurden dort zunächst die alten Reichsbanknoten mit Klebemarken versehen, die nur die jeweilige Wertziffer und das Jahr 1948 trugen. Wenig später kamen dann die Banknoten der Deutschen Notenbank in Umlauf. Der Umtauschkurs betrug in beiden Währungsgebieten im Schnitt eine neue gegen zehn alte Mark. In den Westzonen hatte der damalige Direktor des Wirtschaftsrates Ludwig Erhard am Tag der Währungsreform die Preiskontrollen und die Rationalisierung verschiedener Gebrauchsgüter aufgehoben. Das hatte zur Folge, dass sich am Tag nach der Währungsreform die dortigen Schaufenster und Regale mit Waren aller Art füllten, die bisher selbst auf Bezugschein nicht zu erhalten waren. In der sowjetischen Besatzungszone änderte sich das ohnehin schmale Warenangebot nicht. Die Möglichkeit, nunmehr überhaupt bestimmte Waren erwerben zu können, führte trotz des für die Bewohner der Sowjetzone sehr ungünstigen Umtauschkurses zu keinem merklichen Rückgang der illegalen Grenzüberschreitungen in die Westzonen. Auf lange Reisen im Westen mit der Bahn, die für die Ostdeutschen ja erheblich teurer geworden waren, konnten sie vielfach verzichten, da auch im westdeutschen Grenzgebiet nahezu alle interessierenden Waren vorhanden waren. Selbst unmittelbar westlich der Demarkationslinie in der Juliushütte sollen von geschäftstüchtigen Walkenrieder Kaufleuten in den noch vorhandenen Baracken Läden eingerichtet worden sein.[2]

Um die illegale Einfuhr von im Westen entwerteter Reichsmark in die sowjetische Zone, wo diese noch einige Tage gültig war, zu verhindern, musste die Demarkationslinie von der östlichen Grenzpolizei besonders intensiv überwacht werden. Reichsbanknoten im Nennwert von einigen Millionen wurden beschlagnahmt. Aber auch auf westlicher Seite wurden um den 20. Juni 1945 herum die Übergänge in die Sowjetzone gesperrt. Norwegisches Militär kontrollierte im Bereich der Juliushütte und des Vorwerkes Wiedigshof die Grenzgänger. Personen mit Pass der britischen Zone wurden zurückgewiesen, solche mit russischem Zonenpass in deren Zone entlassen. In Wiedigshof waren sechs norwegische Soldaten und ein Schützenpanzer stationiert.[3]

2) M. Bornemann: Ellrich und Walkenried – Brennpunkte im innerdeutschen Grenzverkehr 1945 bis 1952; „unser Harz" Nr. 10, 2004/52, S. 183 ff
3) Akten der Landespolizei und des Innenministeriums Thüringen; Thüringisches Staatsarchiv Weimar

Der Zoll an der Demarkationslinie im Südharz

Die Vorstellung, den illegalen Warenverkehr über die Demarkationslinie wirksamer mit erfahrenen Zollbeamten eindämmen zu können, veranlasste die britische Militärregierung, die Grenzaufsicht gegenüber der sowjetischen Zone vom 1. März 1949 an nach und nach ihrer Zollverwaltung zu übertragen. Das dafür benötigte Personal rekrutierte sich aus erfahrenen Zollbeamten, die von den internationalen Grenzen abberufen wurden, aus wieder eingestellten Zollbeamten und aus jungen Berufsanfängern, die zuvor in Kurzlehrgängen ausgebildet wurden. Die ursprüngliche Bezeichnung „Grenzdienst" wurde vom Februar 1950 ab durch die Bezeichnung „Zollgrenzdienst" ersetzt.

Die Leitung des im Mai 1946 in der britischen Zone wieder gegründeten Zollgrenzdienstes war der „Chefinspektion des Zollgrenzdienstes" in Cuxhaven übertragen worden. Dem Leiter dieser Behörde unterstanden „Inspekteure des Zollgrenzdienstes". Während im August 1949 die Kontrolle an den Auslandsgrenzen der Zollleitstelle übertragen worden war, verblieb der an der Demarkationslinie eingesetzte Zollgrenzdienst vorerst weiter unter der ausschließlichen Leitung des britischen Frontier Control Service (FCS). Für die Überwachung der Demarkationslinie im Harz und im südlichen Harzvorland war die „Inspektion des Zollgrenzdienstes Goslar" zuständig, die schon kurze Zeit nach ihrer Einrichtung in die Inspektionen „Goslar Nord" und „Goslar Süd" geteilt wurde. Aus den beiden Inspektionen gingen im April 1949 die Hauptzollämter Braunschweig-Ost und Northeim hervor. Dem Hauptzollamt Northeim unterstanden die Grenzkommissare Braunlage, Walkenried, Bad Lauterberg, Duderstadt und Bremke. Das Grenzzollkommissariat Walkenried nahm im Zusammenhang mit der Wiederaufnahme des grenzüberschreitenden Schienengüterverkehrs Walkenried-Ellrich offiziell am 3. Oktober 1949 seine Tätigkeit auf. Bereits am 28. Juli 1949 war der Grenzübergangspunkt an der Straße nach Ellrich eröffnet worden.

Zu Beginn des Jahres 1952 wurden die Hauptzollämter, die bisher dem britischen FCS (Frontier Control Service) unterstanden, der Oberfinanzdirektion Hannover und damit der Bundeszollverwaltung unterstellt. Das Hauptzollamt Northeim wurde am 22. Juli 1965 nach Göttingen verlegt und unter der Bezeichnung „Hauptzollamt Göttingen" weitergeführt. Nach wie vor unterstanden dieser Behörde die Zollkommissariate Braunlage, Walkenried, Bad Lauterberg, Duderstadt und Bremke. [4]

Die Zollkommissariate waren entlang des zu überwachenden Grenzabschnittes in Grenzaufsichtsstellen (GASt) unterteilt, die jeweils mit etwa 12 Beamten einen Grenzabschnitt von fünf bis sieben Kilometer Länge zu überwachen hatten. Zum Zollkommissariat Bad Lauterberg gehörten zunächst die Grenzaufsichtsstellen (GASt) in Bartolfelde, Osterhagen, Nüxei und Tettenborn. Das Zollkommissariat Walkenried gliederte sich in die GASt Neuhof, Walkenried-Nord, -Mitte und -Süd, Wiedigshof, Juliushütte, Zorge-Nord, -Mitte und -Süd. Die in Hohegeiß bestehenden GASt unterstanden dem Zollkommissariat Braunlage, dessen Dienstbereich bis Eckereinlauf reichte.

Die Diensträume der Grenzaufsichtsstellen waren in der Regel im Keller von Wohnhäusern, in denen die Zollbeamten wohnten, untergebracht. Sie waren praktisch nur Anlaufstellen für die Beamten, die dort aus dem Dienstbuch ihren vom zuständigen Postenführer festgelegten Streifenauftrag sowie ihre dort deponierten Waffen entgegennahmen. Bei zu großem Abstand zwischen zwei benachbarten Grenzaufsichtsstellen wurde häufig ein sogenannter Teildienstkasten (TDK), ebenfalls im Keller eines Zollwohnhauses, eingerichtet.

(Als „Dienstkasten" wurde das in den GASt stehende Schreibpult mit aufklappbarer Platte bezeichnet, unter der, in dem dort vorhandenen Kasten das Dienstbuch untergebracht war.)

Außer der Überwachung der Demarkationslinie oblag dem Zollgrenzdienst auch die Abfertigung des Personen- und Warenverkehrs an den auf britische Veranlassung eingerichteten Grenzkontrollstellen. Im Bereich des Südharzes gab es bis zur Schließung durch die DDR-Behörden auf östlicher Seite, Ende Mai 1952, eine solche Grenzkontrollstelle an der Straße Walkenried–Ellrich und im Bahnhof Walkenried eine solche für den interzonalen schienengebundenen Güterverkehr. Am 1. Juni 1958 wurde die Zollabfertigung für den Güterverkehr schließlich in den Bahnhof Herzberg verlegt.

Der Streifendienst der Zollbeamten, der in der Regel sechs Stunden dauerte, wurde fast ausschließlich zu Fuß oder im ebenen Gelände auch mit dem Fahrrad durchgeführt, bei Schnee auch auf Skiern. Er begann im Dienstgebäude mit der schriftlichen Bestätigung des vorgeschriebenen Streifenganges und seines Zeitplanes und der Übernahme der Waffen und endete mit der Bestätigung der Durchführung und der Deponierung der getragenen Waffen im Waffenschrank der Dienststelle. Besondere Vorkommnisse während des Streifenganges wurden, um die nachfolgenden Streifen zu informieren, in einem gesonderten Buch genau vermerkt. Doppelstreifen mussten eine Maschinenpistole mitführen, ansonsten trugen die Beamten nur eine Pistole. Nachts beschränkte sich die Streifentätigkeit nur auf örtliche und ortsnahe Straßen. In unmittelbarer Nähe zur Grenze verrichteten meistens Doppelstreifen ihren

Dienst; bei Personalmangel auch hin und wieder nur einzelne Beamte. Ab Mitte der sechziger Jahre führten die Streifen Funkgeräte mit sich und waren so ständig mit der Funkleitstelle des zuständigen Kommissariats verbunden. In der Ausübung ihres Dienstes wurden die Grenzstreifen durch Beamte des zuständigen Zollkommissariates, die mit Pkws ausgestattet waren, vor Ort betreut.

Den Beamten des Zollgrenzdienstes war, nachdem 1952 durch die Abriegelung des östlichen Grenzgebietes Kontrollen des Warenverkehrs hinfällig geworden waren, als vorrangige Aufgabe verblieben, Grenzverletzungen durch DDR-Grenzposten zu verhindern und deren Tätigkeit im Bereich der Grenze zu beobachten. An den Stellen, wo ein Einblick in die Grenzsperren der DDR möglich war, hatten sich die Zollbeamten zunächst regendichte Schutzdächer gebaut, an deren Stelle dann später selbstgebaute Schutzhütten traten. Deren Gestaltung konnte von jeder GASt individuell vorgenommen werden. Diese Zollhütten, von denen aus das DDR-seitige Grenzgebiet eingesehen werden konnte, boten den vor Ort weilenden Beamten hinreichenden Wetterschutz. Oftmals waren in den Hütten auch kleine Öfchen vorhanden, die in der kälteren Jahreszeit meistens mit gesammeltem Holz gefeuert wurden.

Zu jedem Kommissariat gehörten auch einige, meistens zehn bis zwölf Diensthunde. Die als Schutz- und/oder Fährtenhunde ausgebildeten Tiere, meistens Schäferhunde, waren einzelnen Beamten in den GASts fest zugeordnet. Die Hunde mussten sowohl im Bereich der Beamtenwohnung als auch bei den GASt in Zwingern untergebracht werden. Die Ausbildung von Hund und Hundeführern erfolgte in zwei- bis vierwöchigen Lehrgängen in der Hundeschule des Zolls in Bleckede. Die für ihren Dienst bestätigten Hunde wurden unter Anleitung eines Beamten des zuständigen Zollkommissariates in sogenannten Hundeübungen ständig trainiert.

Die Überwachung der Grenze zur DDR oblag zunächst allein dem Zollgrenzdienst. Etwa ab Mitte 1951 wurde dann die Überwachung der innerdeutschen Grenze durch zusätzliche Streifen des neu gegründeten Bundesgrenzschutzes (BGS) verstärkt. Nach anfänglichen Unklarheiten über die jeweilige Kompetenz von Zoll und BGS wurde der Streifendienst später untereinander abgestimmt.

4) Eulitz, W.: Geschichte des Zollgrenzdienstes, Schriftenreihe des Bundesministeriums der Finanzen; Heft 6, S. 239–277)

Postierungspunkt des Zollgrenzdienstes oberhalb des Bahnhofes von Ellrich (Foto: P. Schmelter)

Ehemaliger Postierungspunkt des Zollgrenzdienstes auf dem Langenberg oberhalb von Ellrich (Foto: H. Gundlach)

Kautabak als Tauschware

An dan
Chef des Wirtschaftsamtes
in Braunlage.

Betr.: Sicherstellung von Kautabak.

Unterzeichnete bittet höflichst um Zurückgabe, den von der Polizei
in Walkenried am 1o.4.1948 sichergestellten Kautabak und begründet
ihre Bitte wie folgt:
Bin Flüchtling, stehe allein und bin nur auf mich angewiesen. Mein
Sohn, welcher sechs Jahre alt und krank ist, befindet sich im Krankenhaus, und ich muß ihn in den nächsten Tagen nach Hause nehmen.
Für die Kosten muß ich selbst aufkommen. Außerdem kaufte ich mir,
da ich nichts besitze, einige Möbelstücke und Haushaltsgegenstände,
welche ich von dem Erlöß des verkauften Priems bezahlen wollte.
Den Kautabak kaufte, resp. borgte ich von Arbeitern, welche im
Hanewacker Nordhausen beschäftigt sind, und ihn als Deputat erhalten
Ich bitte deshalb mir den Kautabak, in welchen mein ganzes Vermögen
ist und welchen ich teilweise Schulde zurückzugeben.
Daß ich den Kautabak ehrlich kaufte, bezw. borgte, um damit meine
Schulden und das Krankenhaus von dem Erlös zu decken, bezeugen
eidesstattlich sämtliche Abgeber des Priems an mich. Ich setzte
alles auf eine Karte, um weiter mein Dasein, welches so wie so
traurig ist, weiter zu fristen.
Bitte deshalb nochmals, mir den ehrlich und schwer erworbenen Priem
zurückzugeben, da sonst ein weiteres Leben für mich gefördet ist.

Margarete Schmidt

Auf Grund der Notlage der festgenommenen Frau, der eidesstattlichen Erklärungen der Mitarbeiter der Fa. Hanewacker in Nordhausen und einer Bescheinigung des Kreispolizeiposten Niedersachswerfen wurden, wie der handschriftliche Vermerk auf der nachstehenden Verwarnung belegt, 3 kg Priem zurückgegeben.

Polizei-Bezirk Braunschweig Land
Polizei-Station Walkenried   Walkenried, den
                                        12.4.1948
                Verwarnung !

Ich bin auf Anordnung des engl.Kreiskommandanten in
Braunlage, dahingehend ernstlich verwarnt worden, dass
ich beim nochmaligen Betreten des engl.Zonengebietes
festgenommen und ihm vorzuführen bin.
Ich habe diesen Hinweis verstanden und werde die
Anordnung befolgen.

*Verwarnung wegen Betreten der brit. Zone, April 1948
(aus Akten des Landespolizeipostens Walkenried)*

66

Begegnung am Schlagbaum (Foto: ZGD)

VP-Grenzposten an der Demarkationslinie
(Foto: Militärhistorisches Museum der Bundeswehr Dresden)

20-jähriger Ellricher von Grenzpolizisten erschossen

Am Reformationstag 1949 hatte der 20-jährige Gerhard D., nach Angaben aus dem Kreis seiner Familie, Besuch von zwei, bei der Wismut in Aue tätigen Freunden. Nach einem gemeinsamen Nachmittagsspaziergang, der von der Göckingstraße über den Bahnübergang nach Gudersleben und entlang der Pontelstraße führte, soll Gerhard D. nach Überquerung des Bahnüberganges zur Stadt vor dem Haus „Am Burgberg Nr. 9" durch einen Schuss aus der Waffe eines Grenzpolizisten tödlich in den Rücken getroffen worden sein.

Im Sterbebuch der Stadt Ellrich ist vermerkt, dass D. am **31. Oktober 1949** vor dem Hause „Am Burgberg 12" um 15.50 Uhr verstorben ist. Als Todesursache wird genannt: „diagonaler Brustdurchschuß mit Lungenverletzung, Verblutung". Da sich in dem genannten Haus „Am Burgberg 12" eine Dienststelle der Grenzpolizei befand, ist wohl auszuschließen, dass die auf Grenzstreife befindlichen Grenzpolizisten in dieser Richtung geschossen haben. Da sich auf dem ehemaligen KZ-Gelände damals noch alte und sogar neu erbaute Gebäude befanden, dürfte auch kaum freies Schussfeld in Richtung des Hauses „Am Burgberg 12" bestanden haben.

Am 2. November 1949, also zwei Tage nach dem tragischen Tod von D. berichtete die „Braunlager Zeitung":

„Am 31.10.1949 zwischen 16 und 17 Uhr wurde beim Grenzübertritt zwischen Walkenried und Ellrich der 18 Jahre alte D. aus Ellrich von einem Volkspolizisten erschossen. D., der sich in einem Geschäft auf der Juliushütte Bücklinge gekauft hatte, befand sich auf dem Rückweg nach Ellrich. Der Vorfall spielte sich auf sowjetischem Besatzungsgebiet ungefähr 20 Meter von der Zonengrenze entfernt ab."

Es ist anzunehmen, dass die drei jungen Leute nicht spazieren gegangen sind, sondern tatsächlich auf der Juliushütte gewesen waren. Der Grund, warum sie der Aufforderung, stehen zu bleiben, nicht gefolgt sind und den Warnschuss ignoriert haben und weiter geflüchtet sind, dürfte vermutlich darin bestanden haben, dass die beiden Begleiter von D. bei der Wismut tätig waren. Bei ihrer Festnahme wären sie mit für sie unabsehbaren Folgen den sowjetischen Dienststellen übergeben worden. Die Wismut AG, die für die sowjetische Atomwaffenproduktion Uran zu liefern hatte, unterlag strengsten Sicherheitsmaßnahmen. Der Aufenthalt in der britischen Besatzungszone hätte die beiden Wismut-Kumpel der Spionage verdächtig gemacht.

Nach der schweren Verletzung von D. haben die beiden Freunde ihn wahrscheinlich bis zur Dienststelle der Grenzpolizei „Am Burgberg 12" geschleppt, wo zuerst Hilfe zu erwarten war, und haben ihn vor dem Haus abgelegt, wo D. seinen schweren Verletzungen erlag. Die beiden Begleiter sind in Richtung Bahnhof geflohen.

Welche Vorgeschichte der tragische Tod des jungen Mannes tatsächlich hatte, lässt sich aus heutiger Sicht nicht mehr feststellen!

Der unsinnige Tod von D. durch den Schuss aus der Waffe eines Grenzpolizisten führte in Ellrich zu einer allgemeinen Empörung unter der Bevölkerung. Die Beisetzung D.s fand unter großer Anteilnahme der Ellricher Einwohner und unter den wachsamen Blicken der Volkspolizei statt.

(von H. Gundlach)

Festnahme durch russische Grenzposten

„Am Reformationstag 1949, ich war gerade 15 Jahre alt, hatten wir bei uns in der Neuen Mühle bei Cleysingen unsere Oma aus der Stadt zu Besuch. Gegen Abend hatte ich sie nach Hause zu begleiten. Meine Mutter forderte mich mit den Worten auf: „Nimm den Karton mit den Eiern mit und bringe ihn zur Juliushütte; wir brauchen neue Fahrradbereifung, im Dunkeln und bei dem kalten Wetter werden keine Grenzer am Burgberg sein"! Nachdem ich mich von der Oma verabschiedet hatte, ging ich den von mir häufig eingeschlagenen Weg in Richtung Juliushütte. Dieser führte über den Pfad zum Burgberg-Cafe hinauf, dann zur ehemaligen SA-Siedlung hinüber und dann im Spurt über das freie Feld und die Eisenbahngleise und man war in der Juliushütte und im Westen. Auch diesmal waren gegen den Horizont keine Grenzstreifen zu sehen. Nach wenigen Metern auf freiem Feld ertönte das Kommando: „Stoj! Idi sjuda!"(Halt, komm her!). Zwei russische Posten hatten, unter einer Zeltbahn getarnt, auf dem kalten Boden gelegen und standen mit ihren Waffen im Anschlag direkt vor mir. Meine Ausreden halfen nichts. Der Karton mit den Eiern gab Anlass, mich als „Spekulant" zu beschimpfen. Ich musste mich in ein Erdloch hocken und mich ruhig verhalten. Nach Stunden in der lausigen Kälte legte einer der beiden Posten seine Waffe auf mich an und sagte: „Peng, peng, Kamerad kaputt!" Dass es nicht um mich ging, sondern nur die Nachricht vom Tod eines anderen war, habe ich erst später, als ich von der Erschießung D.s erfuhr, erkannt.

Kurz vor Mitternacht kam eine Streife der Grenzpolizei vorbei, die ich inständig bat, mich doch mitzunehmen. Sie entgegneten nur: „Das dürfen wir nicht; wenn die dich gefangen haben, geben sie dich auch nicht an uns weiter." Nach Mitternacht zogen die beiden Russen mit mir in ihr Quartier, das sich im ehemaligen Kleinbahnhof befand, der als offizielle Grenzübertrittsstelle diente. Dort wurde ich auf dem kalten Dachboden eingesperrt. Das fahle, durch ein kleines Fenster einfallende Licht reichte für eine Wahrnehmung des Raumes nicht aus. Die Zeit schien, trotz der zu hörenden Schläge der Kirchturmuhr, stehen geblieben zu sein. Plötzlich vernahm ich ein vertrautes Pfeifen. Mein Vater hatte mich gesucht und nun hier zu seiner Erleichterung lebend gefunden. Nachdem ich am Abend nicht zurückgekommen war, hatten meine Eltern Verwandte in der Bahnhofstraße angerufen, bei denen ich mein Fahrrad abzustellen pflegte. Als diese bestätigten, dass das Fahrrad noch da sei, aber bekannt geworden wäre, dass ein Junge erschossen worden sei, machte sich mein Vater sofort auf, um Gewissheit über mein Ausbleiben zu erlangen. Zufällig traf er auf die Grenzpolizei-Streife, die ich um Mitnahme angesprochen hatte. Durch diese erfuhr er, dass ich mich im kleinen Bahnhof bei den Russen befinden würde. Seine Verhandlungen um meine Freilassung mit dem russischen Posten am nahen Grenzübergang führten zu nichts und er musste wieder gehen.

Gegen 3.00 Uhr hörte ich unter mir rumoren. Ich tastete mich die Treppe hinunter und klopfte vorsichtig an der verschlossenen Tür. Ein verdutzt schauender Russe öffnete diese und nahm mich, der ich vor Kälte bibberte, mit nach unten in den ehemaligen Schalterraum; im Obergeschoss schliefen die russischen Grenzposten. Mit den in einer Ecke hingeworfenen westlichen Zeitungen machte er für mich Feuer im Ofen und zeigte mir weiteres Brennmaterial und verschwand. Einsperren konnte er mich nicht, da die Türen im Erdgeschoss keine Schlösser mehr hatten. Einem Bedürfnis folgend ging ich vorsichtig nach draußen. Das Gelände war mit einem hohen Lattenzaun umgeben und ringsum mit Flutlicht hell beleuchtet. Ein Wachtposten war nicht zu sehen. Beiderseits der Schienen lagen gegen den Zaun geworfene Kohlenbriketthaufen, die sich für ein Überwinden des Zaunes förmlich anboten. Bald schlich ich mich wieder nach draußen und kroch vorsichtig auf dem Kohlenhaufen zum Zaun, den ich dann überwandt. Dann rannte ich weg, zunächst in Richtung Westen, um aus dem Flutlicht herauszukommen und erreichte dann gegen 4.00 Uhr die Wohnung meiner Oma. Dort lieh ich mir ein Fahrrad und kam schließlich wieder bei meinen Eltern an, die die Nacht in heller Aufregung verbracht hatten."

(Erlebnisbericht von Eberhard Kolle, Mannheim)

Zeittafel 1947 bis 1949

1. April 1947	Verlegung des VP-Kommandos Mackenrode von Stöckey nach Limlingerode
Juni	Die deutsche Polizei der britischen Zone wird zusätzlich mit Überwachung der Demarkationslinie beauftragt
September	Das britische Militär zieht sich von der direkten Grenzüberwachung zurück
25. September	Dienstbeginn des VP-Kommandos Branderode
28. Oktober	Dienstbeginn des VP-Kommandos auf dem Brocken
10. November	Beginn der interzonalen Gütertransporte über die Strecke Walkenried-Ellrich, zolltechnische Abfertigung in Walkenried
Jahresbeginn 1948	Aufstellung des Zollgrenzdienstes in der britischen Zone
1. April	Umbildung der beiden VP-Grenzpolizei-Abteilungen in 8 Grenzpolizei-Bereitschaften, im Bereich des Südharzes in Beneckenstein und Worbis
14. April	Ermordung eines Grenzgängers in Zorge durch den Massenmörder P.
13. Mai	Verfügung der SMAD, dass für den Besuch der SBZ zusätzliche Aufenthaltsgenehmigungen erforderlich sind
20. Juni	Einseitige Währungsreform in den Westzonen
19./20. Juni	Beginn der sowjetischen Blockade der Zufahrtswege nach Berlin, Sperrung des Grenzüberganges Walkenried-Ellrich
20. Juni	Norwegische Truppen riegeln auf britischer Seite die Zufahrtswege in die SBZ ab
23. Juni	Währungsreform in der sowjetischen Zone
ab August	Personelle Verstärkung der VP-Grenzpolizei-Kommandos
September	Personelle Verstärkung der Landespolizei der britischen Zone mit Polizei–Schülern
22. September	Bildung der Hauptabteilung Grenzpolizei/Bereitschaften GP/B auf Länderebene bei der Deutschen Verwaltung des Inneren
ab Oktober	Einführung einheitlicher dunkelblauer Uniformen, polizeilicher Dienstgrade bei der Grenzpolizei der SBZ

15. November	Unterstellung der HA GP/B der Länder der zentralen DVdI; Umwandlung der Grenzpolizei-Abteilungen in zentral geführte Grenz-Bereitschaften
Ende 1948/ Anfang 1949	Aufstellung der 1. Grenzbereitschaft in Ellrich
1. März 1949	Die Grenzüberwachung der britischen Zone geht nach und nach auf den Zoll-Grenzdienst über; die Landespolizei ist nur noch für ordnungspolizeiliche Aufgaben zuständig
12. Mai	Ende der Berlin-Blockade; Wiederaufnahme des Straßenverkehrs Walkenried-Ellrich
23. Mai	Gründung der Bundesrepublik Deutschland
28. Juli	Eröffnung der offiziellen Grenzübergangsstelle Ellrich
September	Beginn des Baues von eigenen Gebäuden für die GP-Kommandos
18. September	Anordnung der amerik. und brit. Militärregierung, Warenverkehr über die Zonengrenze nur über wenige Grenzübergangsstellen zulässig
3. Oktober	Wiederaufnahme des grenzüberschreitenden Schienenverkehrs mit Zollabfertigung in Walkenried Einrichtung des Zollkommissariats in Walkenried
7. Oktober	Gründung der Deutschen Demokratischen Republik
12. Oktober	Überleitung der Aufgaben der DVdI auf das Ministerium des Inneren der DDR
31. Oktober	Erschießung von Gerhard D. aus Ellrich durch DDR-Grenzpolizisten

Die Jahre 1950 bis 1952

Der Kalte Krieg zwischen den Westmächten und der Sowjetunion ging im Juni 1950 in Asien in einen heißen Krieg über, als das kommunistische Nordkorea die Grenze am 38. Breitengrad überschritt, um Südkorea zu erobern. Unter UN-Flagge und unter UN-Oberbefehl befreiten die UN-Streitkräfte Südkorea und rückten bis an die Grenze zur Mandschurei vor. Im November griffen Truppen der Volksrepublik China in die Kämpfe ein und erzwangen den Rückzug der UN-Einheiten bis zum 38. Breitengrad. Erst im Februar 1953 kam es zu einem Waffenstillstandsabkommen. Der Koreakrieg beherrschte in diesen Jahren die Weltpolitik.

Die auch für Mitteleuropa drohende Kriegsgefahr wirkte sich auch auf die beiden deutschen Staaten aus, die beide noch mit dem Aufbau ihrer staatlichen Ordnung befasst waren. Die DDR stellte sich ganz auf die Linie der Sowjetunion ein und unterstützte mit Massenprotesten deren Haltung. Die Bundesregierung, deren Handlungsspielraum sowohl innen- als auch außenpolitisch noch stark eingeschränkt war, unterstützte verbal die Maßnahmen der UN im Koreakrieg.

Die politischen Kräfte in der BRD hatten bisher den Aufbau eigener Verteidigungsstreitkräfte vehement abgelehnt. Unter dem Eindruck des Koreakrieges und der wachsenden Spannungen, sowohl zwischen den ehemaligen Kriegspartnern als auch zwischen den beiden deutschen Staaten, setzte ein Umdenken ein. Obwohl die Alliierte Hochkommission, die nach dem Scheitern einer konstruktiven Zusammenarbeit im Kontrollrat für die Westzonen gebildet worden war, noch einen Monat vor Ausbruch des Koreakrieges ein Gesetz zur Verhinderung der deutschen Wiederaufrüstung erlassen hatte, beantragte die britische Regierung im Europarat den Aufbau einer Europa-Armee mit deutscher Beteiligung. Nachdem sich auch die französische Regierung und die Nato für eine Einbeziehung der BRD in die europäischen Verteidigungsabsichten ausgesprochen hatten, änderte sich unter der wachsenden Bedrohung durch die Sowjetunion die einst ablehnende Haltung der Bundesregierung und der Bevölkerung zur Wiederbewaffnung. Im Oktober 1950 wurde das „Amt Blank" (benannt nach dem Beauftragten der Bundesregierung) geschaffen, das sich mit der Vorbereitung zur Aufstellung westdeutscher Streitkräfte zu befassen hatte.

Ab Frühjahr 1951 wurde in der BRD nach Zustimmung der Hohen Kommissare mit dem Aufbau einer Bundespolizei, des Bundesgrenzschutzes (BGS), begonnen. Erst im Februar 1952 nahm der BGS seinen Streifendienst an der

BGS sichert Holzabfuhr (Foto: BGS)

BGS sichert Ernteeinbringung (Foto: BGS)

Zonengrenze auf, die von nun an gemeinsam mit dem Zollgrenzdienst überwacht wurde. Eine der ersten Aufgaben des BGS an der Zonengrenze war der Schutz der in Grenznähe tätigen Personen gegen Übergriffe oder Verschleppung durch die sowjetzonale Grenzpolizei.

Im Juli 1952 beschloss die 2. Parteikonferenz der SED in Ostberlin den Aufbau des Sozialismus. Als erste Maßnahme wurden die bestehenden Länder aufgelöst und an ihrer Stelle 14 Bezirke gebildet. Danach wurde unter massivem Druck mit der Kollektivierung der Landwirtschaft begonnen – Gründung von Landwirtschaftlichen Produktionsgenossenschaften (LPG) – und offiziell der Aufbau nationaler Streitkräfte auf der Grundlage der bereits bestehenden Verbände der kasernierten Volkspolizei in die Wege geleitet. Es folgte die Kollektivierung von Handwerk (Handwerksgenossenschaften), Handel und Gewerbe. Alle diese Maßnahmen führten zu einer großen Unruhe unter der Bevölkerung. Der erste Fünfjahr(es)plan der DDR, der dem Aufbau der Schwerindustrie Vorrang vor der Konsumgüterindustrie einräumte, führte im Winter 1952/53 zusätzlich zu ernsthaften Versorgungsschwierigkeiten.

Mit der Gründung der DDR wurde die Grenzpolizei der ostdeutschen Länder dem neu gebildeten Ministerium des Inneren (MdI) unterstellt. Die Beaufsichtigung der Grenzpolizei durch die Sowjets blieb aber bis 1955 weiter bestehen. Im Dezember 1951 erfolgte bei der Landesbehörde der Deutschen Volkspolizei Thüringen in Weimar die Aufstellung eines Abteilungsstabes der Grenzpolizei. Ab Januar 1951 erhielt die Grenzpolizei einheitliche Mützenkokarden und Kragenspiegelsterne mit schwarz-rot-gelber Färbung sowie das Buchstabenschild „G" am linken Ärmel der noch blauen Uniform. Am 16. Mai 1952 wurde die Grenzpolizei aus der Hauptabteilung Volkspolizei des MdI der DDR herausgelöst und als Deutsche Grenzpolizei (DGP) dem Ministerium für Staatssicherheit (MfS) unterstellt. Die DGP erhielt von nun an olivgrüne Uniformen und die gleiche militärische Rangordnung wie die kasernierte Volkspolizei.

Bereits am 27. Mai 1952 erließ das MfS die „Polizeiverordnung über die Einführung einer besonderen Ordnung an der Demarkationslinie". Auf Grund des anhaltenden Flüchtlingsstromes, der ein Ausbluten der DDR an Fachkräften zur Folge gehabt hätte, riegelte die DDR die Demarkationslinie zur BRD systematisch ab. Es wurde eine fünf Kilometer tiefe Sperrzone festgelegt, mit einer 500 Meter tiefen, an die Demarkationslinie anschließenden Schutzstreifen und darin einem 10-m-Kontrollstreifen direkt an der Grenzlinie. Die Bestimmungen des kleinen Grenzverkehrs wurden aufgehoben; die Grenze durfte nur an den vorgesehenen Kontrollpunkten und mit gültigem Interzonenpass passiert werden. Von nun an war den Bauern der Zugang zu ihren Feldern und den Arbeitern der Zugang zu ihren bisherigen Arbeitsplätzen auf der anderen Seite verwehrt. Im Zuge der Grenzsperrmaßnahmen, die sofort in Angriff genommen wurden, siedelten die DDR-Behörden in einer überfallartigen Aktion (Deckname „Ungeziefer") so genannte unzuverlässige Personen aus dem Grenzgebiet aus. Der Schienen- und Straßenverkehr über die Grenze wurde bis auf wenige Übergänge durch Sperranlagen nahezu völlig unterbunden. Davon war auch der Straßenübergang Walkenried–Ellrich betroffen.

Pflügen des 10-m-KS mit Traktor (Foto: ZGD)

Der 10-m-Kontrollstreifen wurde durch intensiven Einsatz von Traktoren und Pflügen ohne Rücksicht quer durch bestehende Getreideschläge, Wiesen, Obstplantagen und Gärten, sowie durch Baumfällmaßnahmen im Waldbereich angelegt. Unmittelbar an der Grenze stehende Wohnhäuser, Scheunen und sonstige Gebäude wurden gesprengt. In fluchtgefährdeten Bereichen wurde vor dem 10-m-Kontrollstreifen ein 1,20 Meter hoher Stacheldrahtzaun auf Holzpflöcken errichtet. Aus Stangenholz nach russischem Vorbild gebaute Beobachtungstürme und Erdbunker ergänzten die Absperrmaßnahmen.

Pflügen des 10-m-KS mit Pferden durch DGP (Foto: P. Schmelter)

Streife der DGP am 10-m-Kontrollstreifen (Foto: Militärhistorisches Museum der Bundeswehr Dresden)

Streife der DGP am 10-m-KS (Foto: ZGD)

BGS-Grenzjäger am Grenzzaun (Foto: BGS)

78

BGS-Grenzjäger an der Grenzlinie (Foto: BGS)

Die sowjetischen Kommandos wurden allmählich von der Grenze zurückgezogen. Zunächst aber wechselten sich Kommandos der Sowjets und der DGP abschnittsweise in der Bewachung der Grenze ab. So waren im Bereich des Südharzes in Zwinge, Weilrode und Mackenrode sowjetische, in Bockelnhagen und Limlingerode DGP-Kommandos stationiert. Die oberste Kommandogewalt blieb vorerst bei den Sowjets.

Motorisierte BGS-Streife (Foto: BGS)

Zwischenfall in der Kutzhütte

Am **4. Juli 1950** nahmen im Bereich der Kutzhütte mehrere sowjetische Offiziere und Angehörige der Volkspolizei anhand von Karten eine Grenzbegehung vor, sie überquerten die Demarkationslinie und besichtigten unberechtigt auch das auf dem Gebiet der britischen Zone liegende Gipswerk der Firma Börgardts in Walkenried. Nachdem der herbeigerufene Zollgrenzdienst die ungebetenen Gäste aufgefordert hatte, sich hinter die Grenze zurückzuziehen, folgten diese der Aufforderung, erklärten aber, in wenigen Tagen zurückzukommen. Sofort machte sich Panik unter der Bevölkerung, auch unter jener der benachbarten Grenzorte breit. Die Firma Börgardts, die den Verlust ihrer Werksanlagen zur Herstellung von Gipsprodukten befürchtete, telegrafierte am 6. Juli an den Wirtschaftsminister Dr. Fricke in Hannover: „Gipswerk Kutzhütte durch sowjetische Besatzung gefährdet, erbitten Schutz." Da der Wirtschaftsminister nicht zuständig war, wurde die Angelegenheit an die Staatskanzlei und von dieser an das Innenministerium weitergeleitet. Dieses sandte ein Telegramm an den Grenzdienst mit dem Hinweis, dass die Kutzhütte an einem bestimmten Tag von den Sowjets besetzt werde und kein Widerstand zu leisten sei. Als dann am 14. Juli 1950 zeitweilig der aus der DDR gelieferte Strom im Werk ausfiel, die Firma Börgardts die Büros räumte und Maschinen abtransportieren ließ und die Post die Telefonanlagen in der Kutzhütte Hals über Kopf ausbaute, erreichte die Panik ihren Höhepunkt. Einige Bewohner der Kutzhütte verließen ihre Wohnungen und brachten sich und ihre Habe in Sicherheit. Die Straße von Neuhof zur Kutzhütte wurde am 7. Juli 1950 den ganzen Tag über von Beamten des Zollgrenzdienstes besetzt und für den Verkehr gesperrt. Die aufgeheizte Stimmung unter den Mitarbeitern und den Bewohnern der Kutzhütte beruhigte sich erst gegen 15 Uhr durch das Erscheinen mehrerer britischer Offiziere, die versicherten, dass man von englischer Seite nicht daran denke, die Kutzhütte aufzugeben. Am späten Nachmittag traf von der Regierung in Braunschweig nachstehendes Telegramm ein: „An die Bevölkerung von Walkenried, insbesondere an die Bewohner der Kutzhütte! Die Demarkationslinie, wie sie seit 1945 bestand – insbesondere auf der Kutzhütte – bleibt bestehen. Die Bevölkerung wird aufgerufen, Ruhe zu bewahren und in ihren Wohnungen auf dem Gelände der Kutzhütte zu verbleiben. Allen widersprechenden Gerüchten ist schärfstens entgegen zu treten."

Nach Bekanntgabe des Telegramms erklärte Oberst Allen im Namen der Britischen Hohen Kommission, dass die Kutzhütte wie bisher britisches Besatzungsgebiet bleibe. Diese Erklärung wurde durch den Aufmarsch britischer

Truppen auf der Straße Neuhof–Kutzhütte, den die nachstehenden Bilder zeigen, bekräftigt.

Eine Kette von Missdeutungen über die nicht belegten Absichten der sowjetischen Besatzungsmacht durch die Mitarbeiter und Bewohner der Kutzhütte sowie durch das unverständliche Verhalten einiger Behörden führte zu der unbegründeten Panik.

(zusammengestellt aus Bad Sachsaer Nachrichten vom 6.7., 8.7. und 15.7.1950; Archiv Stadt Bad Sachsa)

Aufmarsch britischer Truppen auf der Straße zur Kutzhütte
(Foto: Herkunft unbekannt)

Britischer Spähwagen im Bereich der Kutzhütte
(Foto: Herkunft unbekannt)

Das Verhältnis zwischen Grenzpolizisten und Grenzgängern

Zwischen den Grenzern auf östlicher und westlicher Seite gab es, zumindest dann wenn keine Vorgesetzten an der Grenze waren, lockere Kontakte. Man sprach miteinander, tauschte Zigaretten und patrouillierte oft auf denselben Wegen, insbesondere bei Schnee. Beider Aufgabe war es zunächst, den illegalen Waren- und Personenverkehr zu unterbinden und die von den gestellten Grenzgängern mitgeführten Waren zu beschlagnahmen.

In Thüringen und wahrscheinlich auch in den anderen Ländern der DDR wurden – um die Motivation der Beamten zu erhöhen – zehn Prozent der beschlagnahmten Waren zur Prämierung der Grenzpolizei verwendet. Der Großteil der beschlagnahmten Waren wurde jedoch der Versorgung der Bevölkerung zugeführt.

Festgenommene Grenzgänger wurden jeweils dorthin zurückgeschickt, woher sie gekommen waren. Der Umgang zwischen Grenzern und Grenzgängern war sehr unterschiedlich. Vielfach ließen die Grenzer beider Seiten ertappte Grenzgänger, die keine größeren Warenmengen mit sich führten, laufen. Kleine Geschenke, wie Zigaretten und Alkohol, wurden als Dank dafür immer gern angenommen. Andererseits gab es auf Seiten der DDR-Grenzer auch solche, die sich streng an ihre Befehle hielten, also Grenzgänger festnahmen oder bei Flucht – oft mit tödlichem Ausgang – sogar auf sie schossen. Für einen aus Sicht der ostzonalen Behörden „besonderen Fang" wurden sie belobigt und prämiert. Gegen nachsichtige Grenzer wurde, wenn sie ihre Befehle nicht befolgt hatten, hart durchgegriffen.

Die offiziellen Mitteilungen der Abteilung Grenzpolizei Thüringen belegen eindrucksvoll das unterschiedliche Verhalten der ostdeutschen Grenzpolizisten gegenüber Grenzgängern sowie die darauf erfolgten Reaktionen ihrer vorgesetzten Dienststellen.

Auch auf westdeutscher Seite wurden von den gestellten Grenzgängern die mitgeführten Waren beschlagnahmt und insbesondere Lebensmittel, die auf Befehl der britischen Besatzungsmacht nicht ausgeführt werden durften, dem örtlichen Handel zur Versorgung der Bevölkerung zur Verfügung gestellt. Da die Not in allen Besatzungszonen groß war, bedeutete die Beschlagnahme der im Tausch erworbenen oder geschenkten Waren einen oft unermesslichen Verlust für die Betroffenen. Die westdeutschen Grenzpolizei-Dienststellen erreichten immer wieder Bitten um wenigstens teilweise Rückgabe der beschlagnahmten Waren. Obwohl von den westdeutschen Grenzpolizisten in

Abteilung Grenzpolizei
Thüringen

Weimar, den 31. Oktober 1950
Schm./Ma.

Mitteilung für den Dienstgebrauch in der Grenzpolizei Nr. 24/50

Betr.: **Umsichtiges Verhalten bei der Festnahme von zwei westlichen Zöllnern, durch Grenzpolizisten der Grenzbereitschaft Ellrich.**

Während ihrer Streife am 15. September 1950 sahen die beiden Grenzpolizisten

VP-Oberwm. Krappitz
VP-Wm. Rößner
Kommando Ilsenburg

zwei westliche Zöllner, welche sich der Demarkationslinie näherten.

Die beiden Grenzpolizisten begaben sich sofort in Deckung, um von den Zöllnern nicht gesehen zu werden. Nach kurzem Verweilen an der Demarkationslinie überschritten diese Zöllner die D-Linie und begaben sich somit auf das Gebiet der Deutschen Demokratischen Republik.

Bei der Deckung der beiden Grenzpolizisten angekommen, wurden die Zöllner von dem vorspringenden VP-Oberwm. Krappitz mit vorgehaltenem Karabiner festgenommen und entwaffnet. VP-Wm. Rößner sicherte aus seiner Deckung die Tätigkeit seines Streifenführers.

Wiederholt versuchten die Zöllner, die Grenzpolizisten zu bewegen, sie doch laufen zu lassen. Oberwm. Krappitz und Wm. Rößner ließen sich nicht darauf ein, sondern brachten die Festgenommenen zum Kommando.

Auf dem Wege zum Kommando, welcher teilweise unmittelbar an der Demarkationslinie verläuft, versuchten die Zöllner wiederum freizukommen. Jedoch verstanden es auch hier die Grenzpolizisten von dem Anliegen keine Notiz zu nehmen und forderten die Zöllner zu noch schnellerem Laufen auf, um ein vorzeitiges Bekanntwerden der Festnahme auf westlicher Seite zu vermeiden. Die Zöllner wurden ordnungsgemäß auf dem Kommando übergeben.

Als Anerkennung für ihr umsichtiges Verhalten bei der Festnahme und dem Transport werden die Grenzpolizisten

VP-Oberwm. Krappitz
VP-Wm. Rößner
Kommando Ilsenburg

mit je **DM 100,—** prämiiert.

1. Stellvertreter PK
gez. Römer, VP-Inspekteur

Leiter der Abteilung Grenzpolizei
gez. Jopp, VP-Inspekteur

Mitteilung der Grenzpolizei Thüringen (Thüringisches Hauptstaatsarchiv Weimar)

Mitteilung für den Dienstgebrauch in der Grenzpolizei Nr. 36/50

Betr.: **Vorbildliche Wachsamkeit und gute polizeiliche Arbeit von Grenzpolizisten der Grenzbereitschaft Ellrich.**

Die VP-Angehörigen
VP-Obw. H a n s B l u m e
und **VP-Wm. A r n o K e t t n e r**
von dem **Grenzkommando Obersachswerfen** erfuhren am 2. 10. 1950 im Laufe eines Gespräches mit einer Zivilperson, daß angeblich am 30. 9. 1950 in Walkenried von den Angestellten des Zollschutzes der Westzone einige Kisten mit Druckmaschinen, die von einem Pferdefuhrwerk unter Kartoffelkraut versteckt über die D-Linie gebracht sein sollten, sichergestellt seien.
Die o. g. VP-Angehörigen, die erkannten, daß diese Angaben evtl. von Wichtigkeit sein könnten, erstatteten ihrem Kommandoleiter Meldung über das Gehörte.
Von der sofort verständigten Grenzkommandantur Gudersleben nahmen der Leiter der GKPSt.,
VP-Obkomm. M o h r
und **VP-Mstr. S c h r e i b e r**
die Ermittlungen sofort auf. Diese ergaben, daß der ehemalige Naziaktivist und Druckereibesitzer ███ mit Hilfe des LDP-Vorsitzenden von Obersachswerfen, ███ und des Landwirts ███ der seine Zugmaschine und sein Pferdegespann zur Verfügung stellte, seinen Betrieb von Nordhausen nach Frankfurt/Main verlagern wollte.
Zugmaschine und Pferdegespann wurden eingezogen, die Wirtschaftsverbrecher ███ und seine Helfer ███ und ███ der Staatsanwaltschaft übergeben.
Durch die Wachsamkeit bzw. durch die schnelle Ermittlungsarbeit der vorgenannten VP-Angestellten wurde der Deutschen Demokratischen Republik wertvolles Gut erhalten.
Als Anerkennung für ihre Wachsamkeit bzw. für ihre gute kriminalpolizeiliche Arbeit werden prämiiert:

VP-Obwm. H a n s B l u m e	mit DM 100,—
VP-Wm. A r n o K e t t n e r	mit DM 100,—
VP-Obkomm. M o h r	mit DM 100,—
VP-Mstr. S c h r e i b e r	mit DM 100,—

1. Stellvertreter PK
gez. R ö m e r , VP-Inspekteur

Leiter der Abteilung Grenzpolizei
gez. J o p p , VP-Inspekteur

001 11 50

Mitteilung der Grenzpolizei Thüringen (Thüringisches Hauptstaatsarchiv Weimar)

Abteilung Grenzpolizei
Thüringen

Weimar, den 24. November 1950
Schm/Ma.

152

Mitteilung für den Dienstgebrauch in der Grenzpolizei Nr. 44/50

Betr.: Schwere dienstliche Verfehlungen von Grenzpolizisten der Grenzbereitschaft Ellrich.

Am 30. Juli 1950 wurde durch **Grenzpolizisten des Kommandos Limlingerode** der Grenzführer ███ aus Mackenrode mit zwei weiteren Personen beim versuchten illegalen Grenzübertritt festgenommen.

Bei der Vernehmung des ███ wurde festgestellt, daß er und noch weitere Zivilpersonen mit Wissen von Grenzpolizisten des **Kommandos Limlingerode** des öfteren illegal die D-Linie passierten. Für dieses **Dienstvergehen ließen sich die beteiligten Grenzpolizisten** des Kommandos Limlingerode in Form von Geld bis zur Höhe von

      100,— DM,
      Lebensmitteln und Zigaretten

bestechen. Gegen die Schuldigen wurde am 12. Oktober 1950 von der Großen Strafkammer Mühlhausen in Ellrich ein Schauprozeß veranstaltet.

Es wurden verurteilt:

  a) **die Zivilpersonen** ███
     zu 1 Jahr und 6 Monaten Zuchthaus, Einziehung des Mehrerlöses von 850,— DM und 500,— DM Geldstrafe;
     H e l m
     zu 10 Monaten Gefängnis;

  b) **die ehemaligen Grenzpolizisten:**
     ███ zu 1 Jahr Gefängnis;
     ███ zu 8 Monaten Gefängnis;
     ███ zu 1 Jahr Gefängnis;
     ███ zu 2 Jahren Gefängnis;
     ███ zu 9 Monaten Gefängnis;
     ███ zu 7 Monaten Gefängnis.

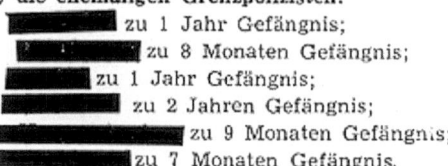

Mitteilung der Grenzpolizei Thüringen (Thüringisches Hauptstaatsarchiv Weimar)

Der oben aufgeführte Vorgang beweist, daß es dem Gegner unserer demokratischen Ordnung gelungen war, Grenzpolizisten des Kommandos Limlingerode ideologisch zu beeinflussen und sie zu Handlangern von wirtschaftsschädigenden Elementen zu machen. Die genannten Grenzpolizisten haben das Vertrauen der werktätigen Bevölkerung der Deutschen Demokratischen Republik auf das schwerste mißbraucht und das Ansehen der gesamten Volkspolizei geschädigt. **Für den Erhalt von einigen Mark und teilweise nur einiger Zigaretten müssen die oben erwähnten ehemaligen Grenzpolizisten das Ehrenkleid, die Uniform, mit Gefängniskleidung tauschen.**

Der oben aufgezeigte Vorgang soll allen Grenzpolizisten Veranlassung sein, die übernommenen Dienstpflichten genau zu nehmen und durch Wachsamkeit und Diszipliniertheit das Vertrauen der werktätigen Bevölkerung zu rechtfertigen.

1. Stellvertreter PK	Leiter der Abteilung Grenzpolizei
gez. R ö m e r , VP-Inspekteur	gez. J o p p , VP-Inspekteur

Mitteilung der Grenzpolizei Thüringen (Thüringisches Hauptstaatsarchiv Weimar)

der Regel nicht die gesamten mitgeführten Waren beschlagnahmt wurden, gab man bei Bescheinigungen durch örtliche Organe in der Sowjetzone, z.B. für erkrankte Kinder, auch hin und wieder beschlagnahmte Lebensmittel zurück.

Aber auch in der Sowjetzone ansässige Unternehmen versuchten, dringend benötigte Ersatzteile auf dem Tauschwege aus den Westzonen zu erhalten. Selbst Nordhäuser Kautabak und natürlich Nordhäuser Korn waren damals im Westen beliebte Tauschartikel.

Auch unter den russischen Grenzsoldaten gab es immer welche, die ihren Auftrag nicht so ernst nahmen. Eine Flasche Schnaps oder Zigaretten waren oftmals hilfreich, um die Grenze passieren zu können oder um der Festnahme zu entgehen. Hin und wieder ließ man die ertappten Grenzgänger aber auch ohne Gegenleistung laufen. Der nachstehende Erlebnisbericht bestätigt das.

Der Weg nach Nordhausen

„Mein Schwiegervater, der aus Nordhausen stammte, wollte unbedingt von Bad Sachsa nach Nordhausen, um bei Freunden dort befindliche Dokumente zu holen. Gemeinsam marschierten wir von Bad Sachsa in Richtung Niedersachswerfen, mit der Absicht von dort mit der Harzquerbahn nach Nordhausen

zu fahren. Zwischen Branderode und Obersachswerfen stand plötzlich ein russischer Soldat vor uns. „Wo du hin?" „Nach Nordhausen!" „Was dort?" „Besuch machen!" „Also gut, ihr aber auflesen Blätter von Straße." Er drehte sich um und ließ uns gehen. Ich sagte: „Opa, komm weiter und nimm, so wie ich, von der Straße Blätter auf und steck sie in die Tasche!" So gingen wir, Blätter aufhebend und wieder wegwerfend, weiter in Richtung Niedersachswerfen und hörten bald mit dem Blättersammeln auf. Von Niedersachswerfen, das wir unangefochten erreichten, fuhren wir dann mit der Harzquerbahn nach Nordhausen."

(Erlebnisbericht von G. Michel, Bad Sachsa)

Besondere Vorkommnisse im Bereich der 5. Grenzbereitschaft

Am **29. Mai 1950** in den Abendstunden wurden durch das sowjetische Kommando in Mackenrode im Bereich der Kommandantur Gudersleben auf DDR-Gebiet vorläufig festgenommen:

Zollsekretär G., Erich, geb. 22.11.04, wohnh. Röblingen;

Zollanwärter W., Hans-Dietrich, geb. 29.12.24, wohnh. Halle.

Beide wurden auf Anordnung der sowjetischen Dienststelle in Ellrich-Süd inhaftiert.

Am **22. Juni 1950** gegen 9.30 Uhr befanden sich die VP-Wachtmeister K. und G. vom Kdo. Obersachswerfen auf Streife im Bereich des Schlagbaumes Wiedigshof. Sie sichteten drei Grenzgänger, die die DL bereits von West nach Ost überschritten hatten. Als die Grenzverletzer die Streife bemerkt hatten, liefen sie entlang der DL zurück ins englische Gebiet. K. wollte die Leute noch vor dem englischen Gebiet stellen, lieh sich von einem Arbeiter ein Fahrrad und fuhr in Richtung „Weiße Brücke", während der Obw. mit dem Auto die Brücke erreichte und sich zu Fuß in einen Feldweg begab. Die Brücke liegt unmittelbar an der DL. K. forderte die Flüchtenden auf, stehen zu bleiben. Beim Durchladen der Waffe löste sich vorzeitig ein Schuß und verletzte Horst H. aus Nordhausen tödlich. Der Getroffene lief noch etwa 5 m weiter und brach auf englischem Gebiet zusammen. Die nach 10 Minuten erschienenen Zöllner verweigerten weitere Veranlassungen, sowie dem herbeigerufenen Arzt die Untersuchung. K. wurde vorläufig in Haft genommen. Weitere Ermittlungen durch Grenzkriminalpolizei in Verbindung mit Mordkommission in Nordhausen.

Am **25. Juni 1950** wurde von dem Standposten Ellrich-Ziegelei der Westzonenpolizist S., Josef aus Walkenried festgenommen. Dieser überschritt die DL, um mit den Standposten die Verfolgung eines Verbrechers zu besprechen. Die VP-Wm. S. und H. ließen sich darauf nicht ein und verbrachten ihn ins Kommando. Der Westpolizist S. führte Pistole mit 6 Schuss, Gummiknüppel, Koppel und Dienstausweis Nr. 5394 b bei sich.

Am **9. Juni 1952** gegen 22.40 Uhr wurde durch eine Grenzstreife vom Kdo. Ellrich festgestellt, wie die Eltern des Besitzers der Maschinenfabrik Busse mit Handgepäck republikflüchtig werden wollten. Der Besitzer der Fabrik wohnt in Zorge. Da die versuchte Republikflucht von starker westlicher Streifentätigkeit gedeckt wurde, alarmierte die Grenzstreife die Einsatzgruppe des Kdos Ellrich durch Abgabe eines Karabinerschusses sowie einer roten und einer weißen Leuchtkugel. Die A-Gruppe war in 7 Minuten da. Die beiden festgenommenen T. führten in ihrem Gepäck noch 1 174 Mark der DNB mit sich.

Am **18. November 1952** wurde auf den Beobachtungsposten auf dem Dach der ehemaligen Berufsschule in Ellrich aus westlicher Richtung ein Schuss abgegeben, vermutlich vom ZGD. Die sowjetische Dienststelle wurde benachrichtigt.

Am **28. November 1952** gegen 18,15 Uhr wurden im Kdo.-Bereich Silkerode
   K., Hildegard, geb. 1919 in Bockelnhagen, wohnh. Bockelnhagen,
   K., Elvira, geb. 1926 in Bockelnhagen, wohnh. Bockelnhagen,
festgenommen. Hatten sich an der Grenze mit Tanten getroffen und Gewürze gegen eine Ente und ein Hähnchen getauscht.

Am **11. Dezember 1952** gegen 16.30 Uhr verübten zwei Zöllner eine Provokation im Kdo.-Bereich Limlingerode. Gegen 16.00 Uhr befand sich eine Grenzstreife des Kdo. Limlingerode an der DL. Durch Knurren des Hundes aufmerksam geworden, bemerkten sie zwei Zöllner ca. 5 m neben dem K10. Ein Zöllner rief: „Schießt doch den Hund über den Haufen". Die VP-Streife setzte ihren Weg fort. Ein Zöllner rief: „Kommt doch mal rüber, wir wollen uns unterhalten". Die Grenzstreife ging in ein Waldstück, um die Zöllner zu beobachten. Durch einen Hustenanfall eines der Streifenposten wurde die Streife erneut bemerkt. Einer der Zöllner sagte: „Wenn du Husten hast, musst du Arznei nehmen; ihr habt doch den Schrank voll". Die Streife gab keine Antwort. Schließlich kam ein Zöllner bis an den Kontrollstreifen und sagte: „Wenn die nicht rüberkommen, gehe ich und unterhalte mich mit ihnen". Darauf antwortete der andere: „Mach den Blödsinn nicht und gehe nicht rüber zu den Hunden, du weißt doch, was die mit dir machen, denn sie gehen doch nur auf Menschenjagd aus". Die Zöllner gingen dann in Richtung Nüxei weiter.

Aus dem Westen kommend wurden von der Grenzpolizei von 1950 bis 1952 mehrere Personen festgenommen. Dabei handelte es sich überwiegend um Rückkehrer von Reisen nach illegalem Grenzübertritt, rückkehrwillige Republikflüchtige und Arbeitssuchende, die dem VPKA Nordhausen übergeben wurden.

(nach Berichten der DGP)

Wanderer zwischen zwei Welten

Am Schlagbaum –
Der Interzonengrenzübergang Walkenried

Walkenried. Es ist nicht so ganz einfach, die Zonengrenze an dem offiziellen Übergang Walkenried–Ellrich am Südharz zu passieren. Es gehört nicht nur ein Interzonenpaß, den man jetzt verhältnismäßig schnell und leicht bekommt, dazu, sondern viel wichtiger sind die Aufenthaltsgenehmigungen des Bürger meisters und des Landrats des Bestimmungsortes in der sowjetischen Besatzungszone. Ohne diese „Dokumente" hebt sich der Schlagbaum auf russischer Seite nicht. Ihre Beschaffung ist zeitraubend und umständlich. – Eine junge Frau, die diese Papiere nicht hatte, nur den Interzonenpass und ein Telegramm, dass ihre Mutter im Sterben liege, wurde ohne weiteres zurückgeschickt.

Durchgehende Züge verkehren nur zur Leipziger Messe, sonst liegt die Strecke zwischen Walkenried und Ellrich tot. Die Reisenden können mit ihrem oft umfangreichen Gepäck mit einem primitiven Omnibus für 60 Pfennige noch die knapp drei Kilometer lange Strecke vom Bahnhof bis zum Schlagbaum fahren, dann aber müssen sie die noch einmal so lange Strecke bis zum Bahnhof Ellrich zu Fuß zurücklegen. Es verkehren zwar wöchentlich vier durchgehende Interzonenbusse, aber bei ihnen muß der volle Fahrpreis in Westgeld entrichtet werden.

Am diesseitigen Schlagbaum, ungefähr 200 Meter vor der eigentlichen Grenze, ist ein kleines Gebäude errichtet worden, vor dem die Fahne der Bundesrepublik und der Union-Jack wehen. Zwei Beamte des Grenzschutzes stempeln hier erstmalig die Interzonenpässe ab, was eine reine Formalität zu sein scheint. Gelegentlich wird das Gepäck kontrolliert. Warum und worauf bleibt unklar. Angeblich dürfen keine „Waren mit Handelswert" mitgenommen werden. Die Dehnbarkeit des Begriffes dient nicht gerade der Beruhigung der Grenzgänger.

*Ehemalige Grenzkontrollstelle Walkenried an der Straße nach Ellrich
(Foto: Niedersächsisches Hauptstaatsarchiv Hannover)*

*Grenzkontrollstelle des sowjetischen Militärs, von 1950 bis 1952 der Volkspolizei im
ehem. Stadtbahnhof Ellrich (Foto: Herkunft unbekannt)*

Dann muß man bei jedem Wetter etwa einen Kilometer Landstraße marschieren, bis man an den russischen Schlagbaum kommt. Unterwegs schon setzt durch Schilder und Plakate die „Aufklärung" ein, rote Fahnen sieht man vor einer ganzen Anzahl Gebäuden wehen. Am Schlagbaum ist ein russischer Soldat mit Maschinenpistole postiert. Hier werden einem die Papiere abgenommen, und sofern sie vollständig sind, hebt der Schlagbaum sich, und der Reisende muß zur Gepäckkontrolle. Diese befindet sich in einem ehemaligen Bahnhofsgebäude der jetzt von der Zonengrenze zerschnittenen und daher stillgelegten Eisenbahnlinie Ellrich–Zorge. In einem kahlen, nur mit Propagandasprüchen, Plakaten und einem Stalinbild versehenen Raum muß man auf seine Abfertigung warten. Je nach der Zahl der Grenzgänger dauert das bis zu zwei Stunden – meist weniger –, ehe man von einem Volkspolizisten namentlich aufgerufen wird. Bei diesem Aufruf wird verschiedentlich von der Anrede „Herr" oder „Frau" Gebrauch gemacht, oft erinnert aber die Barschheit an vergessen geglaubte Zeiten. Die Kontrolle ist gründlich und, obwohl zeitweilig fünf bis sechs Beamte gleichzeitig beschäftigt sind, dementsprechend zeitraubend. Besonders gefahndet wird nach Ostgeld, das gegen Quittung entschädigungslos eingezogen wird. „Waren mit Handelswert" dagegen scheinen als Einfuhrgut beliebt zu sein. Westgeld muss man gegen eine Schreibgebühr von 50 Pfennig (in DM West zu entrichten) hinterlegen oder im Verhältnis 1:1 umtauschen. Die regelmäßige Angabe, kein Geld bei sich zu haben, stößt immer auf Unglauben. – Die Volkspolizisten zeigen sich sehr besorgt, wie man denn ohne Geld in der Ostzone weiterkommen wolle. Auf dem Rückweg ist ein Umtausch 1:1 übrigens nicht möglich, und auch die Besorgnis der Beamten, wie man in der Westzone weiterkomme, offenbar gering. Allerdings haben dann die meisten eine durchgehende Fahrkarte nach ihrem Zielbahnhof im Bundesgebiet schon mit Ostmark bezahlt und bei sich.

Besteht Verdacht – und der besteht mehr oder weniger bei jedem –, dann fällt die Gepäckkontrolle besonders gründlich aus. Was gefunden wird, wird eingezogen. Meist kann man aber trotzdem die Reise fortsetzen – wenn es dann noch möglich sein sollte. Manchmal werden die Erwischten jedoch auch zurückgeschickt. Gelegentlich finden sogar Leibesvisitationen statt, doch ist das ziemlich selten. Anscheinend werden sie von besonderen Einsatzgruppen mit entsprechend geschultem Personal, zu dem auch weibliche Beamte gehören, vorgenommen. Westzeitungen, auch wenn sie als Einwickelpapier dienen, werden abgenommen und bilden einen stimmungsvollen Haufen in einer Ecke des nüchternen Raumes. Er wird nur von einer Inschrift geschmückt, die besagt, dass man für die Einheit unseres Vaterlandes kämpfen solle.

(Bad Sachsaer Nachrichten vom **14.08.1950**)

Tödlicher Schuss auf einen Grenzgänger

„Wie schon so oft nach Kriegsende hatte mein Vater, der Handelsvertreter Oskar Roschlau aus Woffleben, Anfang April 1952 wieder einmal illegal die Zonengrenze in Richtung Westen überschritten, um in Walkenried ein Päckchen abzuholen. Im Grenzgebiet des Südharzes kannte er sich durch zahlreiche Grenzüberschreitungen gut aus und verstand es, den Streifen der sowjetzonalen Grenzpolizei immer auszuweichen. In den frühen Morgenstunden des 11. April 1952, gegen vier Uhr, war er in Begleitung eines Bekannten auf dem Rückweg und befand sich schon auf ostzonalem Gebiet im Raum Gudersleben, als die beiden von einer Doppelstreife der ostzonalen Grenzpolizei bemerkt wurden. Der Postenführer forderte sie zum Stehenbleiben auf und gab einen Warnschuss ab. Der Begleiter meines Vaters folgte der Aufforderung, während mein Vater in Richtung Westen flüchtete. Darauf riss der zweite Posten seinen Karabiner hoch und schoss hinter ihm her. Er traf meinen Vater von hinten in den Kopf. Mein Vater, damals schon im sechzigen Lebensjahr, war sofort tot. Stunden später wurde der Leichnam mit einem weißen Kopfverband von Angehörigen der Grenzpolizei bei uns zu Hause in Woffleben abgeliefert. An der Beisetzung nahmen nahezu alle Einwohner unseres Ortes teil und verhinderten die beabsichtigte Teilnahme von zwei Angehörigen des Kommandos Gudersleben, als diese mit einem Kranz im Ort erschienen."

(Erlebnisbericht von Alfred Roschlau, Woffleben)

Anmerkung: Der Todesschütze, ein ehemaliger Oberwachtmeister der Grenzpolizei, wurde 1997 vom Landgericht Mühlhausen wegen Totschlages in einem minderschweren Fall zu einer Bewährungsstrafe von 18 Monaten verurteilt. Das Gericht wies darauf hin, dass der Angeklagte auch nach den damals geltenden Dienstvorschriften nicht hätte schießen dürfen. Hinsichtlich des Strafmaßes würdigte das Gericht das ehrliche Geständnis des Angeklagten.

Die Sperrzone

Am **27. Mai 1952** erließ die DDR-Regierung die „Polizeiverordnung über die Einführung einer besonderen Ordnung an der Demarkationslinie". In wenigen Metern Abstand von der Demarkationslinie wurde quer durch Felder und Wälder der gepflügte und geeggte Zehn-Meter-Kontrollstreifen entlang der gesamten Grenze zwischen der DDR und der BRD angelegt. Von der Grenzlinie aus wurden in Richtung Landesinnere der 500 Meter tiefe Schutzstreifen und die fünf Kilometer tiefe Sperrzone eingerichtet, in denen der Aufenthalt besonderen grenzsichernden Auflagen unterworfen wurde.

Die Bestimmungen für den kleinen Grenzverkehr, die bis dahin eine Berufs-
ausübung in Industrieunternehmen und die Bearbeitung landwirtschaftlicher
Flächen auf der jeweils anderen Seite der Demarkationslinie zuließen, wurden
aufgehoben. Der größte Teil der bisher bestehenden Übergangsstellen für den
Straßen- und Schienenverkehr wurde gesperrt und mit Hindernissen verbaut.
Dazu gehörte auch der Grenzübergang Ellrich-Walkenried. Den ostzonalen
Tagespendlern wurde damit der Zugang zu ihren Arbeitsplätzen in den westlichen Werken, z.B. in der Gipsindustrie, für immer versperrt. Die Landwirte
beider Seiten konnten von nun an auch nicht mehr zu ihren auf der anderen
Seite der Demarkationslinie liegenden Ländereien gelangen. Ein Überschreiten der Demarkationslinie war von nun an nur noch an wenigen weit auseinander liegenden Kontrollstellen der Deutschen Grenzpolizei und nur mit
gültigem Interzonenpass möglich.

Über einige Auswirkungen der auf DDR-Seite vollzogenen Maßnahmen wird
im Folgenden berichtet.

Schlagbaum blieb geschlossen

Walkenried. Mit Tränen in den Augen stand dieser Tage ein Mann aus Westfalen vor dem Schlagbaum des ehemaligen Zonengrenzüberganges. Aus Ellrich hörte er das Läuten der Glocken, das seine verstorbene Mutter auf ihrem
letzten Weg begleitete. Obwohl er einen vorschriftsmäßigen Interzonenpaß
besaß, hatte ihn die Volkspolizei nicht passieren lassen, weil Ellrich im
Sperrgebiet liegt.

(Bad Sachsaer Nachrichten vom **10.6.1952**)

Die Aktion „Ungeziefer"

Im Zuge der eingeleiteten Grenzsperrmaßnahmen siedelten die DDR-Behör-
den Anfang **Juni 1952** in einer überfallähnlichen Aktion „unzuverlässige"
Personen aus dem Grenzgebiet in Orte im Hinterland der DDR um. Ihr
Grundbesitz wurde enteignet. Einen Teil ihrer Habe wie Möbel, Hausrat, Klei-
dung und Lebensmittel durften sie mitnehmen. Maschinen, Geräte und Werk-
zeuge sowie Vieh und Saatgut mussten von den betroffenen Handwerkern und
Bauern hingegen zurückgelassen werden. Für die Leitung der verwaisten
Betriebe wurden Treuhänder eingesetzt. Im Zuge der folgenden politischen
Säuberung wurden auch aus den Verwaltungen und Schulen „unzuverlässige"
Mitarbeiter entlassen oder ins Kernland der DDR versetzt.

Der Gemeinderat Mackenrode, den 8.6. 1952

Mackenrode

Landkreis Nordhausen
Fernruf: Trebra 10

An den
Kreisrat des Landkreises Nordhausen
- z.Hd.d. Landrates Kühn)

N o r d h a u s e n

Betr.: Bericht über die durchgeführten Maßnahmen und deren
Auswirkungen im Rahmen der Ausweisungen in der Gemeinde Mackenrode.

Bezug: Anweisung des Landrates Kühn vom 27.5.1952

Am 6.6.1952 wurde der Bürgermeister hiesiger Gemeinde von
dem VP.-Truppenposten über die durchzuführende Aktion unterrichtet. Kurze Zeit später erschienen die Agitatoren der
Nationalen Front, sowie Vertreter des Kreisrates. Diese
hatten die Aufgabe, die infrage kommenden Betriebe durch eine
ordnungsmäßige Übergabe zu übernehmen. Der Raum des Gruppen-
postens wurde vorgesehen, um die einzelnen Personen vorzu-
laden, da dieser Raum Zentral in der Mitte des Dorfes gelegen
ist. Am gleichen Tage ab 14.oo Uhr wurden die betreffenden
Personen durch den Gemeindearbeiter vorgeladen. Nach Eintreffen, wurden sie von der Volkspolizei über den Zweck der
Vorladung unterrichtet und die Ausweisung ausgesprochen.
Im Allgemeinen kann gesagt werden, daß der große Teil diese
Eröffnung ruhig hingenommen hat. Besondere Vorkommnisse gab
es im Rahmen dieser Benachrichtigung nicht. Die zur Ausweisung
vorgesehen Personen wurden aufgefordert, bis zum 7.6.1952
4.oo Uhr ihr gesamtes Privatrigentum zusammen zu packen, da
zu diesem Zeitpunkt die Wagen eintreffen würden. Da die Wagen
aber erst um 5.45 Uhr eintrafen, konnte die Aktion erst dann
weitergeführt werden. In den Morgenstunden stellte sich heraus,
das von den vorgesehenen Personen, sechs mit ihren Familien
und ein Einzelner nicht mehr anwesend waren. Es handelt sich
hierbei um folgende Personen:

Günther Kempe, mit Frau Irene geb. Strauhs, Hauptstr.82
Herm. Kempe, mit Frau geb. Ida Riechel, Hauptstr.82
Arthur Helm, mit Frau Else, geb.Willke u.4 Kinder im Alter
von 6-15 Jahren, Hauptstr.80;
Willi Hahke, mit Frau Erika, geb.Hilbert,Hauptstr,24
Stephan Häutle, mit Frau Elfride,geb.Blanke u.1 Kind im Alter
von 7 Jahren,Hauptstr.2
Heinz Hentze, mit Frau Irma, geb.Neumann,Hauptstr.49
Paul Schich,Hauptstr.8

Etwa gegen 11.oo Uhr fuhr der letzte Wagen wieder fort, sodaß
zu diesem Zeitpunkt die Aktion abgeschlossen war.

Während und nach der Aktion war die Stimmung der Bölkerung
erregt und gedrückt. Dieses hatte wohl seine Ursache darin,
daß einmal das Gerücht herrschte, daß ganze Dorf sollte
geräumt werden und zum anderen, daß die Ausgewiesenen nach
Sibirien kommen würden.

bitte wenden!

Bericht über die Aussiedlungsaktion in Mackenrode (Grenzlandmuseum Bad Sachsa)

Den Ablauf der von der DDR-Führung angeordneten Aktion, die unter dem Decknamen „Ungeziefer" lief, verdeutlicht der vorstehend abgedruckte Bericht des Gemeinderates Mackenrode.

Die knappen Begründungen für die Zwangsumsiedlung aus dem Grenzgebiet lesen sich im Anhang zum Schreiben des Bürgermeisters von Mackenrode wie folgt:

- „Grenzführer, mehrfach VP-Angehörige bewirtet, um sie dann für sich auszunutzen"

- „Grenzführer, verschafft sich Westzeitungen, gibt sie VP-Angehörigen zum Lesen, war Sommer 1951 von SKK ca. 14 Tage festgenommen, seitdem sehr vorsichtig"

- „DDR-flüchtiger Vater Grenzführer und Schieber. Bestechung von VP-Angehörigen mit Lebens- und Genussmitteln sowie Geld, dafür zu 18 Monaten Gefängnis verurteilt"

- „Schwiegersohn bei lfd. Grenzgang von VP nach Anruf angeschossen und verstorben. Ehefrau Grenzgängerin. 4 Kinder wohnen im Westen. Negative Einstellung zur DDR. Umgang in reaktionären Kreisen"

- „Großbauer, ehemals SED-Angehöriger, zersetzend, dadurch 14 weitere Austritte, 33 bis 45 Bürgermeister und Blockleiter, negative Einstellung zur DDR und SU, den Wirtschaftsverbrechern W. & S. leistete er 1949/50 bei DDR-Flucht Vorschub, brachte mit seinem Trecker Inventar nach dem Westen."

Wie aus dem Schreiben ersichtlich ist, entzogen sich viele Familien der für den nächsten Tag angesetzten Evakuierung durch die Flucht über die nahe Grenze. Darüber berichtete die örtliche westdeutsche Presse wie folgt.

Flucht aus der Sowjetzone

Tettenborn. In der Nacht zum Sonnabend trafen hier acht Familien aus dem benachbarten Dorfe Mackenrode ein, die sich unter Zurücklassung ihrer gesamten Habe in die Westzone gerettet hatten. Wie bekannt wurde, sind in Mackenrode 20 Familien von der Volkspolizei aufgefordert worden, ihre Wohnungen zu räumen und sich mit einer Evakuierung einverstanden zu erklären. – Einigen Familien aus Ellrich gelang es am Sonnabend ebenfalls, die britische Zone zu erreichen und ihre Kühe, Pferde und Wagen mitzubringen. Für diese stand der Güterzug zur Zwangsevakuierung schon bereit. Wie die Flüchtlinge berichten, sind von der Evakuierung in der sowjetischen Fünf-kilometer-Sperrzone hauptsächlich Handwerker und Bauern betroffen. Aber auch Ärzte, Apotheker und sonstige Angehörige freier Berufe seien im Kreise Nordhausen mit ihren Familien nicht verschont geblieben. Man vermutet, dass die Transporte in Richtung Oder-Neiße-Linie gehen. Die Volkspolizei ist an der Südharzer Zonengrenze durch berittene tschechische Grenzpolizei verstärkt worden.

(Braunlager Zeitung vom **7.6.1952**)

Räumung in Beneckenstein

Hohegeiß. Die Räumung innerhalb der 5-km-Zone nimmt immer deutlichere Formen an und macht sich jetzt auch in dem noch innerhalb dieser Zone liegenden Beneckenstein bemerkbar, zu dem so viele verwandtschaftliche und gutnachbarliche Beziehungen hinüber gehen. Gestern erhielten zahlreiche Familien Nachricht von der Räumung und einige wenige konnten nach hier flüchten. Heute müssen 36 Familien die alte Heimat verlassen. Durch die scharfe Grenzsperre sind den Hohengeißern rund 189 Morgen Kartoffelland und 160 Morgen Wiesen für die Ernte verloren gegangen – für viele ein schwerer Verlust. Im gesamten Kreis sind es 246 ha bewirtschaftetes Land, von dem der größte Teil auf Walkenried (70 ha) und Neuhof (57 ha) entfällt. Die Kreisverwaltung unterstützt die Forderungen auf Schadenersatz.

(Bad Sachsaer Nachrichten vom **12.8.1952**)

Bericht eines Flüchtlings

„Ich war völlig überrascht, als am 6.6.52 gegen 17.30 Uhr zwei Volkspolizisten, ein sowohl mir wie auch dem Bürgermeister unbekannter Funktionär der Nationalen Front und der Bürgermeister von Bockelnhagen-Weilrode bei mir erschienen. Einer der beiden Volkspolizisten legte mir einen vorgedruckten Evakuierungsbefehl vor, der vom Volkspolizeikreisamt Nordhausen ausgefertigt war. Nach diesem Befehl hatte ich Weilrode innerhalb von 24 Stunden zu verlassen. Mein lebendes und totes Inventar sollte am 7.6.52 zwischen 4.00 und 6.00 Uhr vormittags mittels Lkw abgeholt werden. Ich lehnte die Unterschrift unter Hinweis auf die Verfassungswidrigkeit der Evakuierungsmaßnahme ab, und die Kommission nahm meine Weigerung zu Protokoll. Auf meine Frage nach dem Grund der Evakuierung wurde mir jedweder Bescheid verweigert. Am 7.6.1952 verließ ich Weilrode und begab mich zwischen 2.00 und 4.00 Uhr vormittags über die Zonengrenze in die Bundesrepublik."

Aus 17 grenznahen Orten des Kreises Nordhausen wurden 143 Familien mit insgesamt 521 Personen ausgewiesen. Der Ausweisung entzogen sich durch Flucht über die Grenze

aus Mackenrode	sechs Familien und eine Einzelperson
aus Ellrich	sechs Familien
aus Rothesütte	zwei Familien
aus Sülzhayn	eine Familie
aus Benneckenstein	zwei Familien
aus Jützenbach	zwei Familien.

(aus: „Damals in der DDR". Bericht Im Sperrgebiet von Eugen Meyer, MDR. DE)

Das Leben in der Sperrzone

Innerhalb von 48 Stunden nach Einführung der „besonderen Ordnung an der Demarkationslinie" am 27. Mai 1952 mussten sich die verbliebenen Bewohner der 5-km-Sperrzone bei den zuständigen Meldestellen der VP melden und erhielten einen Stempel mit der Inschrift „Wohnrecht in der Sperrzone und berechtigt, sich im Gebiet des Kreises ... bis ... aufzuhalten" in ihre Ausweispapiere.

VP-Kontrollstelle bei Schiedungen, 1952 (Foto: U. Dobrinski)

VP-Kontrollstelle bei Stöckey (Foto: R. Böhle)

VP-Beobachtungsturm im Sperrgebiet (Foto: H. Gundlach)

Die Aufenthaltsgenehmigung für das Sperrgebiet galt grundsätzlich nur für den jeweiligen Kreis, zu dem die Ortschaft gehörte. Um einen unmittelbar benachbarten Grenzort des Nachbarkreises besuchen zu können, benötigten selbst die Bewohner der Sperrzone eine besondere Genehmigung.

Außerhalb der Sperrzone ansässige DDR-Bürger brauchten für einen kurzfristigen und notwendigen Aufenthalt im Grenzgebiet einen Passierschein und unterlagen dort einer strengen Meldepflicht. Westdeutsche bekamen grundsätzlich keine Erlaubnis für die Einreise ins Sperrgebiet.

Der Verkehr in die Sperrzone wurde an den durch Schlagbäume gesperrten Zufahrtsstraßen durch Posten der Volkspolizei, für die kleine Kontrollbaracken errichtet worden waren, überwacht. Bewohner des Sperrgebietes, die außerhalb arbeiteten, mussten sich sowohl bei der Aus- als auch bei der Rückkehr einer Ausweiskontrolle unterziehen. Im Sperrgebiet selber achteten der Abschnittsbevollmächtigte der Volkspolizei, Streifen der Grenzpolizei und später auch der Grenztruppen sowie die aus der Bevölkerung rekrutierten Grenzhelfer auf unbekannte Personen und Fahrzeuge und führten entsprechende Kontrollen und gegebenenfalls Festnahmen durch.

Die Grenzer kontrollierten aber auch Gehöfte, Scheunen und freistehende Hütten, deren Türen, um Flüchtenden keinen Unterschlupf bieten zu können, verschlossen zu halten waren. Insbesondere Leitern durften nur für notwendige Arbeiten im Freien genutzt werden und waren ansonsten unter Verschluss zu halten. Bei Nichtbeachtung gab es strenge Verweise für die Betroffenen. Über einzuhaltende Sicherungsmaßnahmen wurde die Bevölkerung im Grenzgebiet laufend informiert und geschult. Verstöße gegen die geltenden Anordnungen konnten auch in späteren Jahren die Ausweisung aus dem Grenzgebiet zur Folge haben.

Das öffentliche Leben im 500-m-Schutzstreifen wurde noch viel stärker reglementiert. Die Bewohner erhielten von ihrer zuständigen VP-Dienststelle einen besonderen Stempel, der sie zum Aufenthalt im Schutzstreifen berechtigte, und von der Grenzpolizei die zusätzliche Genehmigung, dort zu wohnen. Sie durften ihre Wohnungen zwischen Sonnenuntergang und Sonnenaufgang nicht verlassen. Sämtliche Gaststätten, Kinos und andere öffentliche Einrichtungen wurden geschlossen; Versammlungen und Veranstaltungen bedurften der Genehmigung der Grenzpolizei. Das Überschreiten des 10-m-Kontrollstreifens direkt an der Grenze war streng verboten.

Der Schutzstreifen wurde allerdings, wenn Teile einer Ortschaft innerhalb der 500-m-Distanz zur Grenze lagen, wie z.B. in Mackenrode, in den meisten Fällen unter Verringerung seiner vorgesehenen Breite um die Ortschaft herumgeführt.

In jeder Ortschaft im Sperrgebiet gab es in der Regel wenigstens eine Verkaufsstelle des „Konsum" oder der „HO" (Handelsorganisation). Diese wurden im Vergleich zu Verkaufsstellen außerhalb der Sperrzone zeitweilig bevorzugt versorgt, zum Beispiel, wenn es bei Bedarfswaren zu Engpässen kam. Die wichtigsten Grundnahrungsmittel waren nahezu immer vorhanden.

Fast überall in den Orten im Grenzgebiet gab es auch eine Gaststätte. Familienfeiern mussten jedoch oftmals in Gaststätten außerhalb des Sperrgebietes durchgeführt werden, und zwar immer dann, wenn die Quote für Besucher mit Einreisegenehmigung bereits ausgenutzt war oder westliche Verwandte daran teilnehmen sollten. Die für solche Veranstaltungen geeigneten Gaststätten wurden so versorgt, dass die Familienfeiern in ansprechendem Rahmen stattfinden konnten.

Die erschwerten Lebensbedingungen im Grenzgebiet und insbesondere das Gefühl, eingesperrt zu sein, konnten durch die teilweise bessere Versorgung mit Bedarfsgütern und einen Lohnzuschlag von zehn Prozent sicher kaum ausgeglichen werden. Im Laufe der Zeit wurde die Situation jedoch zum Alltag und die Bewohner mussten sich letztendlich damit arrangieren.

Zeittafel 1950 bis 1952

7. Januar 1950	Die Grenzpolizei erhält einheitliche Effekten und Kennung „G" am Ärmel der Uniform
10. Juni	Die Grenzpolizei übernimmt die Kontrolle an den Grenzkontrollpassierpunkten
4. Juli	Panik im Bereich der Kutzhütte wegen irrtümlich erwarteter sowjetischer Besetzung
2. August	der Zoll der BRD übernimmt die Kontrolle an den Grenzübergangsstellen
15. September	Festnahme von 2 Zöllnern, die irrtümlich die DL überschritten hatten, durch Grenzpolizisten der GB Ellrich
September	Einführung eines kleinen Grenzübertrittsscheines für Personen, die im Osten wohnen und im Westen arbeiten
1. Januar 1951	Unterstellung der Grenzpolizei-Bereitschaften unter die Hauptverwaltung Deutsche Volkspolizei beim MdI
1. Februar	Eröffnung der ersten Offiziersschule der Grenzpolizei in Sondershausen
16. März	Aufbau des Bundesgrenzschutzes mit zunächst 10.000 Mann
9. Juli	Dem Zollgrenzdienst der BRD wird die Überwachung der gesamten Zonengrenze übertragen
Februar 1952	Aufnahme des regelmäßigen Streifendienstes des BGS an der Zonengrenze
März	Bezug der ersten Baracke für das Grenzpolizeikommando Limlingerode
15. Mai	Verlegung einer Hundertschaft des BGS nach Duderstadt
16. Mai	Die Grenzpolizei wird als „Deutsche Grenzpolizei" dem Ministerium für Staatssicherheit (MfS) unterstellt
20. Mai	Schließung des Straßenübergangs Ellrich-Walkenried
27. Mai	„Polizeiverordnung über die Einführung einer besonderen Ordnung an der Demarkationslinie" durch das MfS: 10-m-Kontrollstreifen + 500 m Schutzstreifen + 5 km Sperrzone
1. Juni	Offiziere der sowjetischen Grenztruppen nehmen Beratertätigkeit bei der DGP auf

Juli 1952	Auflösung der fünf Länder der DDR und Bildung von 14 Bezirken
6./7. Juli	Zwangsaussiedlung „unzuverlässiger" Personen aus dem Grenzgebiet (Tarnname „Ungeziefer")
August	Erstmals zuverlässige Bewohner des Grenzgebietes zu „Helfern der Grenzpolizei" ernannt
7. Oktober	Neue khakifarbene Uniformen für DGP und KVP, Einführung militärischer Dienstränge

Die Jahre 1953 bis 1960

Aufgrund der herrschenden Wirtschaftskrise entzog die DDR-Regierung den Ostberliner Grenzgängern, die weiterhin in den Westsektoren arbeiten durften, aber z.T. auch freischaffenden Rechtsanwälten, selbstständigen Kaufleuten, Hausbesitzern u.a. die seit 1937/38 an die Bevölkerung ausgegebenen Lebensmittelkarten. Um die Versorgungskrise zu meistern, ordnete die DDR-Regierung die Anhebung der Arbeitsnormen in den Betrieben um zehn Prozent an.

Am 5. März 1953 starb Stalin. Das SED-Regime initiierte zur Ehrung des „weisen Vaters der Werktätigen" einen unbeschreibbaren Stalinkult, der sich in der Schaffung großer Mengen von Büsten, der Massenproduktion seiner Schriften und der Umbenennung von Straßen, Betrieben und sogar Städten, z.B. Fürstenberg/Oder in Stalinstadt, äußerte. Der Forderung des Politbüros der KPdSU, den rigorosen Kurs zum Aufbau des Sozialismus in der DDR zu mildern bzw. aufzugeben, kam die SED-Führung nicht nach.

Um den Führungsanspruch im Zentralkomitee (ZK) der KPdSU gab es heftige Auseinandersetzungen, die sich auch auf das ZK der SED auswirkten. Unbeeinflusst von seiner internen Krise hielt das SED-Regime jedoch an den Normenerhöhungen fest. Erst nachdem die Bauarbeiter der Stalinallee in einer Demonstration mit über 10 000 Menschen die Senkung der Normen verlangten, reagierte das ZK mit der Rücknahme der angeordneten Normenerhöhung. Da war es jedoch schon zu spät. Am 17. Juni 1953 kam es nicht nur in Berlin, sondern im ganzen Land zum Aufstand gegen das Regime. Dieser Aufstand wurde schließlich von sowjetischen Streitkräften unter Einsatz von Panzern niedergeschlagen und es wurde der Ausnahmezustand ausgerufen. Die Militärkommandanten verhängten gegen einzelne Teilnehmer des Aufstandes

Todesurteile, die sofort vollstreckt wurden. Andere Teilnehmer wurden von der DDR-Justiz mit langjährigem Zuchthaus bestraft. Der politische und wirtschaftliche Druck auf die Menschen in der DDR wurde auch aufgrund der gemachten Erfahrungen des 17. Juni nicht kleiner. Noch mehr Menschen als bisher sahen wegen der herrschenden Bedingungen keine Zukunft mehr für sich in der DDR und flohen in die BRD. Die meisten von ihnen wählten den Weg durch das noch offene Tor Berlin, da der Weg über die Landesgrenzen in den Westen, bedingt durch die zunehmende Abriegelung, nur noch wenigen Ortskundigen möglich war.

Die Zuständigkeit für die Deutsche Grenzpolizei (DGP), die Ende 1953 bereits über einen Personalbestand von 34 000 Mann verfügte, wechselte in den Jahren 1953 bis 1961 mehrfach zwischen dem Ministerium für Staatssicherheit (MfS) und dem Ministerium des Inneren (MdI) hin und her. So wurde sie nach dem 17. Juni 1953 aus dem MfS, dem man Versagen vorwarf, ausgegliedert und dem MdI als selbstständige „Hauptverwaltung Deutsche Grenzpolizei" unterstellt. Von Mai 1955 bis Februar 1957 kam sie dann bis September 1961 erneut zum MfS und danach als „Kommando der Deutschen Grenzpolizei" zurück zum MdI.

Ab Dezember 1955 übernahm die DGP die alleinige Überwachung der „Staatsgrenze". Inzwischen gliederte sich die DGP in 25 motorisierte Bereitschaften mit einem Personalbestand von etwa 45 000 Mann.

Der 1952 von der DDR überstürzt begonnene „pioniermäßige" Ausbau der Grenzsperranlagen wurde in den Folgejahren systematisch weitergeführt. Auch im Bereich des Südharzes wurden an zahlreichen Stellen zusätzlich zu den verstärkten Zäunen Erdbunker und hölzerne Beobachtungstürme errichtet. Die Türme wurden von den Soldaten der Grenzkompanien nach sowjetischem Vorbild ohne technische Hilfsmittel aus Stangenholz selbst erbaut. Bei Besetzung eines Hochstandes (Beobachtungsturmes) sicherte oftmals ein Posten den Zugang auf den Turm, während der zweite von oben das Gelände auf vermeintliche Grenzverletzer und auf mögliche Aktivitäten von westlicher Seite beobachtete.

Aufbau des Hochstandes am Friedhof Mackenrode am 13.08.1956 (Foto: H. Weingardt)

Beobachtungsturm an der Straße Mackenrode-Nüxei (Foto: H. Weingardt)

Schlagbaum zum 500-m-Schutzstreifen an der Straße Mackenrode-Nüxei
(Foto: H. Weingardt)

Die Deutsche Grenzpolizei im Gebiet des Südharzes

Die an der Grenze im Südharz stationierten Einheiten der DGP unterstanden ab 1952 dem Abschnittsstab Thüringen und von 1957 an dem Stab der 3. Grenzbrigade in Erfurt. Diese Verbände gliederten sich zunächst in sechs Grenzbereitschaften (= Regimenter). Diese waren weiter untergliedert in Grenzabteilungen (= Bataillone) und Grenzkommandos (= Grenzkompanien). Der für den Südharz zuständige Stab der Grenzbereitschaft 5 hatte seinen Sitz zunächst in Ellrich, später in Nordhausen. Zur Grenzbereitschaft 5 gehörten die Grenzabteilungen Beneckenstein, Gudersleben (später nach Klettenberg verlegt) und Worbis. Die in grenznahen Orten stationierten zwölf Grenzkommandos der 3. und später der 9. Grenzbrigade Erfurt hatten die Demarkationslinie von Ilsenburg im Harz bis nach Hohengandern im südlichen Eichsfeld zu sichern.

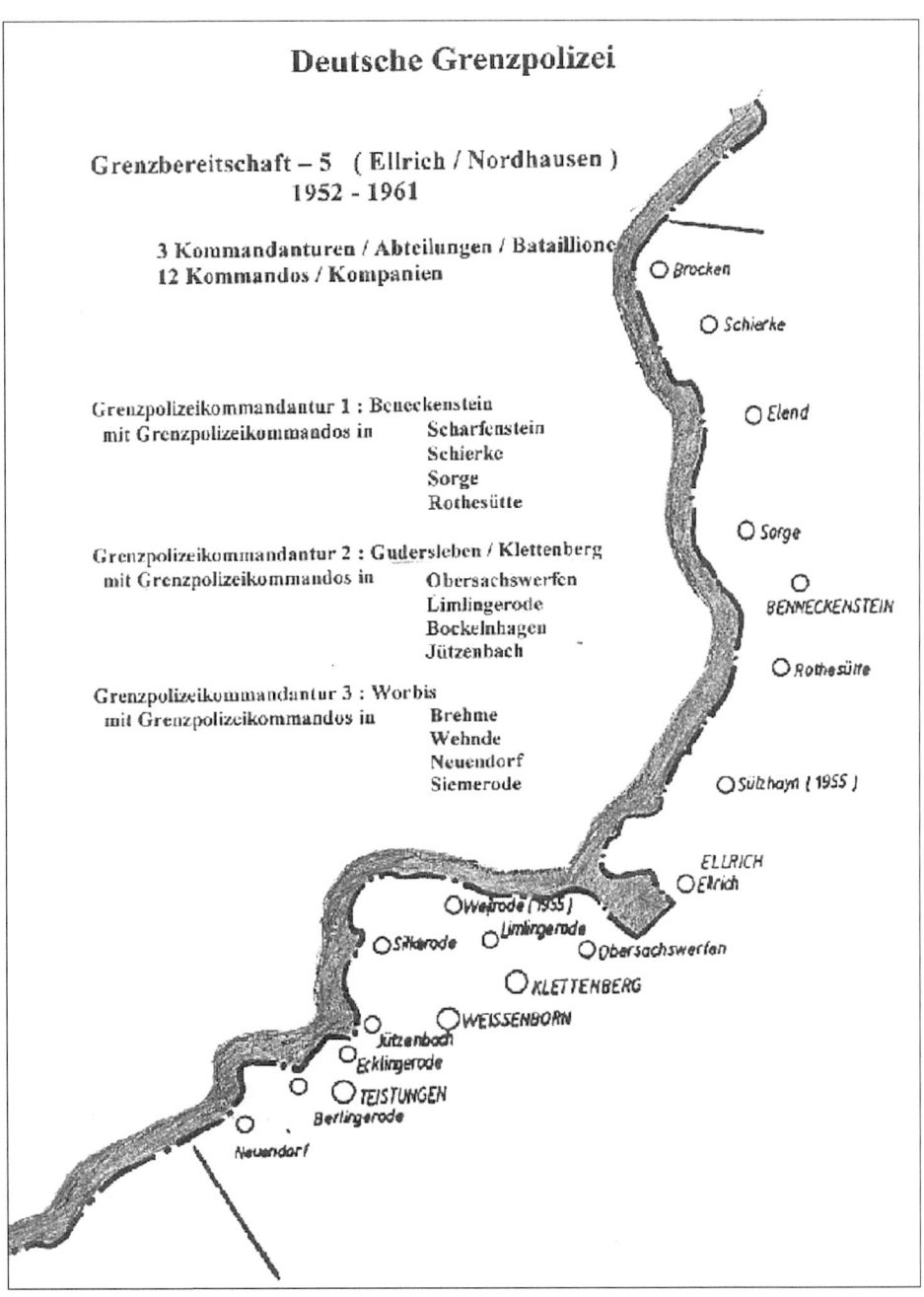

Deutsche Grenzpolizei

Grenzbereitschaft – 5 (Ellrich / Nordhausen)
1952 - 1961

3 Kommandanturen / Abteilungen / Bataillione
12 Kommandos / Kompanien

Grenzpolizeikommandantur 1 : Beneckenstein
   mit Grenzpolizeikommandos in   Scharfenstein
                                      Schierke
                                        Sorge
                                        Rothesütte

Grenzpolizeikommandantur 2 : Gudersleben / Klettenberg
   mit Grenzpolizeikommandos in   Obersachswerfen
                                        Limlingerode
                                        Bockelnhagen
                                        Jützenbach

Grenzpolizeikommandantur 3 : Worbis
   mit Grenzpolizeikommandos in   Brehme
                                          Wehnde
                                        Neuendorf
                                        Siemerode

Brocken

Schierke

Elend

Sorge

BENNECKENSTEIN

Rothesütte

Sülzhayn (1955)

ELLRICH
Ellrich

Weirode (1955)
Sillerode   Limlingerode
           Obersachswerfen

KLETTENBERG

WEISSENBORN

Jützenbach
Ecklingerode

TEISTUNGEN
Berlingerode

Neuendorf

Dislokation der 5. Grenzbereitschaft Ellrich/Nordhausen (Grenzlandmuseum Bad Sachsa)

*Ehem. Unterkunft Stab der 5. Grenzbereitschaft Ellrich, Am Wolfsgraben 19
(Foto: H. Gundlach)*

Spätere Unterkunft der Grenzbereitschaft 5 Nordhausen (Foto: H. Gundlach)

Ehem. Unterkunft Grenzkommandantur Gudersleben (Foto: H. Gundlach)

Ehem. Unterkunft Grenzkommandantur und Kompanie Klettenberg
(Foto: H. Gundlach)

Ehem. DGP-Dienststelle Rothesütte (Foto: H. Gundlach)

Ehem. DGP-Dienststelle des 2. Grekos Sülzhayn (Foto: E. Meyer)

109

Ehem. DGP-Dienststelle Bockelnhagen (Foto: H. Gundlach)

Ehem. Unterkunft Kdo./3. Grenzkompanie Ellrich (Foto: H. Gundlach)

110

Unterkunft der 6. Grenzkompanie Limlingerode; erbaut 1951–1953
(Foto: H. Weingardt)

6. Greko Limlingerode angetreten (Foto: H. Weingardt)

Marsch der 6. Grenzkompanie durch Limlingerode, ca. 1959 (Foto: H. Weingardt)

Beschwerdebrief an den Kommandeur der
3. Grenzbereitschaft Nordhausen

*„Am **10.4.1954** hatte ich eine dringende Fahrt nach Benneckenstein. Ich fuhr über Rothesütte. Als ich an der Kontrollstation ankam, stieg ich aus meinem Pkw und zeigte dem Dienst habenden Posten meinen Ausweis. Dieser erklärte mir sofort, ich könnte über Jägerfleck nach Benneckenstein fahren.*

Ich hatte in meinem Ausweis zwar nur die Eintragung für die Fünf-Kilometer-Zone, war aber deshalb sicher, weil wir schon vorher hin und wieder mit unserem Lastwagen und der Fußballmannschaft aus Sülzhayn den Jägerfleck nach Zusage passieren durften. Als ich nun am Jägerfleck ankam, wurde ich von dem Streifenposten angehalten.

Da ich in der Kurve stand, fuhr ich – weil ein Motorradfahrer dicht hinter mir in schnellem Tempo kam – aus der Kurve heraus und hielt hinter der Kurve auf der rechten Straßenseite. Der Posten verlangte meinen Ausweis und fragte, wie ich dazu käme, in die 500-Meter-Zone zu fahren? Ich erklärte ihm, dass ich ordnungsgemäß meinen Ausweis an der Kontrollstation vorgelegt habe und man mir erlaubte durchzufahren.

Ich erklärte dem Posten weiter, dass ich es sehr eilig habe, nach Benneckenstein zu kommen. Ich bin zur Zeit der einzige Arzt in meiner Abteilung und habe sehr schwer erkrankte Kinder liegen, so dass ich nicht lange von Sülzhayn fort kann. Der Posten erklärte mir aber, ich müsse zurückfahren, nahm die Ausweise meiner Frau und mir ab und sagte, ich sollte langsam vorfahren.

Ich bat ihn noch, bei mir einzusteigen, damit wir schneller zurückfahren könnten. Dies verweigerte er mir, da er allein ein Auto nicht besteigen dürfe, was ich auch vollständig einsah. Darauf hin fuhr ich los und nachdem wir so 500 Meter gefahren waren, sagte mir mein Junge – ich hatte außer meiner Frau noch meine beiden Kinder mit –, dass geschossen würde.

Ich hielt an, stieg aus dem Wagen und sah in einer Entfernung von ca. 500 Metern zwei bis drei Posten mit dem Hund, konnte mir aber nicht erklären, dass der Schuss mir galt. Darauf stieg ich wieder in den Wagen und fuhr weiter.

Als ich unten an die Kontrollstation kam, berichtete ich dem Dienst habenden Posten, dass ich trotz seiner Zusage oben angehalten wurde und man mich zurückgeschickt hätte und fragte noch den Posten, ob man eventuell auf mich geschossen hätte, weil Schüsse abgeben worden seien.

Der Posten erklärte mir, der Schuss gelte nur der Station, damit die Ausweise abgeholt werden sollten. Er sagte mir, er würde einen Posten mitschicken und ich könnte dann die Ausweise in Empfang nehmen und weiterfahren.

Inzwischen aber traf der Posten vom Jägerfleck mit den Ausweisen ein. Daraufhin wurde ich zu dem Dienst habenden Oberleutnant gerufen und der Posten machte seinen Bericht, in dem er unter anderem mitteilte, ich habe oben nicht sofort gehalten.

– Die Erklärung hierfür habe ich bereits angegeben. – Weiterhin habe er zwei Schüsse abgegeben, worauf ich zwar angehalten hätte, aber dann weitergefahren wäre.

Es war für mich vollkommen unklar, weshalb man noch Schüsse auf mich abgab, da bereits meine Papiere in den Händen des Postens waren und ich andererseits ja auf jeden Fall unten an der Kontrollstelle anhalten musste, da dort eine Barriere ist und meine Papiere sich ja nicht mehr in meinem Besitz befanden.
Ich glaube kaum, dass hier je der Gedanke eines Fluchtversuches aufkommen

konnte, und ich weiß andererseits nicht, wie ich mich hätte verhalten sollen, nachdem ich erst die Zusage erhielt und später auf diese Art behandelt wurde.

Ich möchte noch erwähnen, dass – als ich die Bemerkung machte, wie der Posten mich nach meinem Befragen durchlassen konnte – mir erwidert wurde, dass dort ein neuer Posten stehe, der über die Vorschriften noch nicht Bescheid wisse und als der Posten angesprochen wurde, erwiderte er, ich habe den Fünf-Kilometer-Stempel bemerkt und er konnte eben hier passieren.

Aus allem ist ersichtlich, dass beiderseits ein Missverständnis vorgelegen hat. Ich sehe auch das Verhalten des Postens auf dem Jägerfleck für richtig an, dass er mich anhielt, die Papiere abnahm und mich zurückschickte. Was mir aber unverständlich ist, dass die Schüsse als Warnschüsse für mich bestimmt waren.

Der leitende Arzt Oberarzt Dr. M.“

(aus: „Damals in der DDR“. Bericht Im Sperrgebiet von Eugen Meyer, MDR. DE)

Himbeeren von der Grenze

*„Es war an einem schönen Tag **im Juli 1956**, als meine Mutter, meine zehn-jährige Schwester und unsere Tante Emma, die uns aus Mühlhausen besuchte, zum Himbeerpflücken zu den Gemeindehecken in Bartolfelde aufbrachen. Nach etwa 45 Minuten Fußmarsch hatten sie ihr Ziel erreicht und begannen ihre Eimer mit Himbeeren zu füllen. Sie pflückten, erzählten und arbeiteten sich allmählich bergab. Meine Mutter entdeckte weiter unten eine Stelle, von der die roten Früchte schon von weitem prächtig leuchteten, und so begab man sich dorthin.*

Plötzlich ertönte barsch eine donnernde Stimme: „Ich bring euch gleich aus meinen Himbeeren raus! Was habt ihr hier zu suchen?“ Den dreien fuhr der Schreck gewaltig in die Glieder. Aber der vermeintliche Bösewicht entpuppte sich als mein Onkel Ernst, der zufällig auch Himbeeren sammeln wollte, die drei durch ihr Schwatzen erkannt und sich mit ihnen einen Scherz erlaubt hatte. Onkel Ernst gesellte sich zu ihnen und sie pflückten gemeinsam munter weiter.

Dass sie sich an der Grenze und schon im so genannten Sperrgebiet befanden, hatten sie total übersehen. Nach einigen Minuten hörten sie wieder eine Stimme:

„Sie befinden sich auf dem Gebiet der Deutschen Demokratischen Republik. Stellen Sie Ihre Gefäße ab und nehmen Sie die Hände hoch!" Die Frauen dachten zunächst an einen erneuten Scherz unseres Onkels. Dieser hatte aber richtig erkannt, dass es sich um DDR-Grenzpolizei handelte, und versuchte seitwärts durch die Büsche zu entkommen. Darauf kam erneut ein Befehl: „Halt! Bleiben Sie stehen oder wir schießen!" Um den Ernst der Lage aufzuzeigen, wurden drei Warnschüsse abgegeben. Nun rutschte den vier Himbeerpflückern tatsächlich das Herz in die Hose. Es näherten sich zwei Grenzpolizisten mit Gewehr im Anschlag. Sie forderten die vier auf, die Hände herunterzunehmen und ihnen zu folgen. Alles Bitten, Betteln und der Hinweis meiner Mutter, dass sie Vieh zu versorgen hätte, ihr Mann ahnungslos aus der Spätschicht heimkehren würde, außerdem ihr alter Schwiegervater und zwei Kinder, eines davon noch klein (das war ich) auf ihre baldige Rückkehr warteten, nutzte nichts. Sie mussten den Posten in die Kaserne Weilrode folgen. Meine Schwester, eine von Natur aus schon immer ängstliche Seele, fragte ständig weinerlich: „Mutti, was machen die jetzt mit uns?", woraufhin meine Mutter, ihren restlichen Mut zusammenkratzend, antwortete: „Wir haben nur Himbeeren gepflückt. Dafür kann man uns nicht den Kopf abreißen." Jeder machte sich so seine Sorgen. Meine Mutter dachte an zu Hause, meine Schwester bangte um ihr Leben und Tante Emma befürchtete als DDR-Bürgerin bei ihrer Rückkehr Repressalien. Unser Onkel vermutete, dass er am nächsten Tag nicht zur Arbeit konnte und jammerte auf Platt: „Dat weer'n düre Himbieren."

In der Kaserne angekommen, wurden sie doch recht pfleglich behandelt. Man brachte Decken, um das Sitzen bequemer zu machen, und einen kleinen Imbiss. Es wurde für unsere Grenzverletzer fast behaglich, wenn man davon absieht, dass sie zur Toilette nur in bewaffneter Begleitung gehen konnten. Dieses geschah dank meiner Schwester dann auch alle zehn Minuten. Sie saßen und warteten von ca. 18 Uhr bis spät in die Nacht. Man hatte aus Nordhausen einen Vernehmungsbeamten angefordert, der dann auf seinem Motorrad gegen ein Uhr nachts eintraf. Danach wurden sie alle einzeln verhört. Meine Mutter war erstaunt, wie viele Leute und Einzelheiten aus unserem Dorf und dem Kreis Osterode den Grenzpolizisten und dem Vernehmungsbeamten bekannt waren.

Da unsere Familie völlig unpolitisch war, sah man die Unergiebigkeit des Verhörs sehr bald ein. Im Nachhinein hatten alle den Eindruck, dass der Beamte aus Nordhausen, der sehr nett war, die ganze Sache selbst als Bagatelle befand und nur angesichts der nächtlichen Fahrt etwas verstimmt war.

Gegen vier Uhr morgens wurden die vier wieder an die Grenze zu der Stelle gebracht, an der man sie festgenommen hatte. Den Frauen wurden sogar die Eimer mit den Beeren getragen. Völlig fertig, müde, aber mit wohl gefüllten Eimern Himbeeren überschritten sie erneut die innerdeutsche Grenze in Richtung Bartolfelde.

Zu Hause hatten sich neben meinem Großvater, meiner älteren Schwester und mir viele Angehörige eingefunden, die aufgeregt diskutierten, was wohl passiert sein könnte. Mein Vater, der gegen 22 Uhr 30 von der Arbeit nichts ahnend nach Hause kam, kommentierte, da er meine Mutter genau kannte: „Das habe ich kommen sehen. Jetzt ist es passiert. Jetzt haben die Russen sie geschnappt." Die ängstlich die Nacht über wartende Familie war dann doch froh und glücklich, als die Vermissten im Morgengrauen wieder zurück waren.

Die Sache war ausgestanden, dachten alle. Mitnichten. Einige Wochen später standen zwei Herren – sehr ernst, sehr wichtig, sehr dienstlich – in Trenchcoats und mit Hüten vor der Tür: Kriminalpolizei Niedersachsen zur Vernehmung aufgrund des Verdachtes staatsfeindlicher Aktionen."

(Erlebnisbericht von Ingrid Eichenberg, geb. Fahlbusch, Bartolfelde – leicht gekürzt)

Auf direktem Weg nach drüben

„Nach meiner Hochzeit im Jahre 1954 lebte ich mit meinem Mann noch bis Mitte 1955 in Branderode, das seit 1952 im Sperrgebiet lag. Ganz in der Nähe, unmittelbar hinter der Zonengrenze und an der Straße Neuhof–Kutzhütte besaß mein Schwiegervater im Mehholz ein Haus, das leer stand. Mein Schwiegervater bemühte sich, für uns eine Ausreisegenehmigung aus der DDR zu bekommen. Da diese hinausgezögert wurde, nutzten wir die erteilte Besuchsgenehmigung und blieben im Westen. Wir zogen dann in das sogenannte „Haus Klosterberg", von dem aus wir bis zu unserem früheren Wohnort Branderode sehen konnten.

*Ende **November 1956** heiratete mein Bruder in meinem Heimatort Oberröblingen. Um an der Hochzeit teilnehmen zu können, hätte ich eine lange Anfahrt über Göttingen, Eisenach, Erfurt, Sangerhausen in Kauf nehmen müssen. Der Gesundheitszustand meines Mannes ließ jedoch eine längere Abwesenheit von mir nicht zu. Da ich unbedingt an der Hochzeit meines Bruders teilnehmen und auch meiner Schwiegermutter und der über achtzig Jahre alten Oma, die* in Branderode lebten, unsere zweijährige Tochter zeigen wollte, entschloss ich mich, den kurzen Weg über die Grenze zu wagen. Außer dem 10-m-Kontrollstreifen, der direkt neben der Straße verlief, gab es keine Absperrungen bis Branderode. Nur ein hölzener Beobachtungsturm der Grenzpolizei stand kurz vor Branderode. Mit meiner Tochter auf dem Arm ging ich einen Trampelpfad entlang auf den Beobachtungsturm zu. Dort erwartete mich schon einer der Posten vom Turm. Nach der ersten Befragung, warum ich die Grenze überschritten hätte und wohin ich wollte, brachte er mich in die Kaserne nach Klettenberg. Hier musste ich auf die Rückkehr des Chefs aus Nordhausen warten. Als dieser schließlich eintraf, folgten dieselben Fragen. Ich antwortete ihm, dass ich einfach den kürzesten Weg gewählt hätte. Schließlich wurde mir erlaubt, bei der Schwiegermutter und der Oma in Branderode über Nacht zu bleiben und am anderen Tag nach Oberröblingen zu fahren. In Branderode musste ich mich bei dem dort zuständigen Dorfpolizisten melden. Am anderen Tag fuhr ich mit dem Bus nach Nordhausen und von dort mit dem Zug nach Oberröblingen, wo ich allerdings nur eine Nacht bleiben durfte. Danach ging es mit einer Bescheinigung für den erlaubten Grenzübertritt mit meiner Tochter per Bahn zurück nach Walkenried."

(Erlebnisbericht von Elfriede Lindau, Herzberg)

Aus den Berichten des Zollgrenzdienstes 1957/58

5. Januar 1957	Gegen 23.30 Uhr flohen zwei Grenzpolizisten vom Kommando Limlingerode in Uniform, aber ohne Waffen in der Nähe von Nüxei. Sie meldeten sich im Gasthof „Rohrbach" und wurden der Nachrichtenstelle Bad Sachsa übergeben. Der BGS wurde verständigt.
17. Januar 1957	Auf der Straße von Klettenberg nach Neuhof wurde ein Grepo von einer Streife der GASt Neuhof aufgegriffen; er hatte einen Karabiner und 60 Schuss Munition sowie einen Telefonhörer bei sich. Er war mit zweitem Grepo auf Streife gewesen.

Als der zweite Posten bei der Postierung eingeschlafen war, nutzte er die Gelegenheit zur Flucht.

Ende Januar 1957	Ein auffälliger Pkw wurde beim Versuch, die Grenze in Richtung DDR zu überfahren, verfolgt. Bei der verwegenen Flucht wurde das Fahrzeug von dem verfolgenden Zollbeamten beschossen und mehrfach getroffen. Der Fahrer konnte unerkannt entkommen.
19. Februar 1957	Gegen 5 Uhr flüchtete ein Soldat des Grenzkommandos Weilrode an der Bahnlinie Zwinge–Rhumspringe zusammen mit einem Freund (Zivilist) in die BRD. Beide wurden von einer Streife der GASt Brochthausen gestellt.
4. März 1957	Gegen 3 Uhr überschritt ein Angehöriger des Kommandos Obersachswerfen bei Wiedigshof die Grenze, versteckte sich in der Scheune eines Bauernhofes und meldete sich gegen 7 Uhr bei der GASt Walkenried-Wiedigshof.
26. März 1957	Gegen 19 Uhr überschritten drei flüchtige Soldaten der DGP gemeinsam die Grenze im Raum Zorge und meldeten sich bei der GASt im Elsbachtal.
3. Juni 1957	Ein Gefreiter des Kommandos Sülzhayn floh an der Wendeleiche (Elsbachtal) in den Westen und wurde von der GASt Zorge-Nord aufgegriffen.
29. September 1957	Gegen 0.30 Uhr wurden von der GASt Tettenborn Schüsse wahrgenommen, die immer näher kamen. Ein Grepo des Kommandos Limlingerode hatte sie abgefeuert, um auf sich aufmerksam zu machen. Er hatte einen russischen Karabiner vom Typ K 45 bei sich; von den 60 Schuss Munition hatte er noch 41 als Rest.
18. November 1957	Ein Zollanwärter des Amtes für Zoll und Kontrolle des Warenverkehrs floh an der Eisenbahnlinie unweit der Juliushütte. Er sollte um 21 Uhr seinen Dienst antreten, bewog einen Kameraden, mit der Erklärung ihn schon früher ablösen zu wollen,

ihm die MP und die 40 Schuss Munition zu übergeben. Beim Überschreiten der Grenze zwischen 20.30 und 20.45 Uhr löste er am Drahthindernis eine grüne Leuchtkugel aus. Er gelangte in eine Wohnbaracke in der Juliushütte, ließ sich den Weg nach Walkenried beschreiben und wurde dort von einem Zollassistenten gestellt.

15. Dezember 1957	Vier Angehörige der DGP der Abteilung Weißenborn (2. Abteilung, 5. Kompanie, 2. Zug, 3. Gruppe) flüchteten gegen 22.30 Uhr von Branderode kommend beim Uffewehr in den Westen. In der Gaststätte „Hebör" in Neuhof wurden sie vom ZGD abgeholt.
11. April 1958	Eine Streife der GASt Bad Lauterberg beobachtete an der Brandgrube westlich von Nüxei eine aus der DDR kommende Schäferhündin und fing sie ein. Am nächsten Tag sprach eine GP-Streife eine ZGD-Streife auf den Hund an. Man vereinbarte ein Treffen an der Straße Nüxei–Mackenrode, wo der Hund, der erst vier Tage im Dienst war, übergeben wurde.
2. Juni 1958	Der Landwirt Heinrich A. aus Bockelnhagen überquerte mit Ehefrau und 14-jährigem Sohn mit einem von zwei Pferden gezogenen Fuhrwerk, auf dem sich die wichtigste Habe der Familie befand, unbemerkt im Abschnitt der GASt Bartolfelde unweit der Kreuzbuche die Grenze.
11. August 1958	Gegen 10.45 Uhr flüchtete der Fuhrunternehmer Fritz F. aus Nordhausen, zusammen mit Ehefrau und 15-jähriger Tochter mit einem 5-Tonner „Büsing" an der Straße Gudersleben-Wiedigshof in den Westen. F. hatte die Genehmigung für das Befahren der 5-km-Sperrzone, um Kies von Ellrich nach Nordhausen zu transportieren. Auf der Ladefläche des Lkw hatte er Wäsche und Hausrat unter einer Sandschicht versteckt.

12. August 1958	Bei der GASt Walkenried-Wiedigshof meldeten sich ein 18-jähriger Karosserieklempner und ein 20-jähriger Stellmacher als Flüchtlinge aus der DDR. Der 20-Jährige war Grepo in Obersachswerfen gewesen und kannte das Grenzgebiet.
1. Oktober 1958	Gegen 12.00 Uhr war eine Gruppe von 10 bis 15 Personen etwa 1,5 Kilometer östlich von Wiedigshof mit dem Einbringen von Kartoffeln beschäftigt, als sie von zwei Schüssen aufgeschreckt wurden. Sie sahen, wie ein etwa 20 bis 25 Jahre alter Mann auf den Kontrollstreifen zulief. Vor Erreichen des Kontrollstreifens wurde er durch einen weiteren Schuss, der ihn in den Hals traf, niedergestreckt. Die Gruppe lief zum Kontrollstreifen, um zu helfen, wurde aber von der GP-Streife zurückgewiesen. 20 Minuten später traf ein Sanka ein, der die getroffene Person abtransportierte. Nach übereinstimmender Meinung aller Erntehelfer war der Schuss in den Hals tödlich. Der Getroffene hatte die Grenze nicht verletzt!
5. November 1958	Von einem Zollassessor der GASt Zorge-Süd wurde in der Nähe des Großen Staufenberg eine Schäferhündin aufgegriffen. Einen Tag später nahm eine Offiziersstreife der DGP Kontakt zu einer Streife des ZGD wegen des Hundes auf. Dieser wurde dann am folgenden Tag am Zorger Dreieck zurückgegeben.

Naivität oder ...?

Die Grenzaufsichtsstelle Bartolfelde berichtete am **9. Juli 1958** über folgenden Grenzzwischenfall:

„Der Lehrer H.K. von der Mittelschule Bad Lauterberg hatte in seiner Klasse, einer 8. Mädchenklasse, einen Aufsatz über die Grenze schreiben lassen. Im Anschluss daran wollte er mit der Klasse die Zonengrenze besichtigen. Schon früh am Morgen (gegen 7 Uhr) radelten die Mädchen von Bad Lauterberg nach Bartolfelde. Der Lehrer K. kam mit seinem Goggomobil (Kleinstfahrzeug), das er im Ort abstellte. An der Grenzlinie am 10-m-Kontrollstreifen sprach er eine dahinter befindliche Streife der Deutschen Grenzpolizei an und fragte, ob er mit seiner Klasse die Grenze und den 10-m-Kontrollstreifen überschreiten dürfe. Das wurde von der ostzonalen Streife abgelehnt. Obwohl ihn seine Schülerinnen gewarnt hatten, überschritt er mit mehreren von ihnen die Grenze, ging auf die Grenzpolizisten zu und grüßte: „Guten Morgen!" Als er keine Antwort bekam, sagte er zu den Posten: „Nanu, wir sind doch alle Deutsche. Ich darf doch mit meiner Klasse eine halbe Stunde rüberkommen" und ging mit ausgestreckter Hand auf die Posten zu. Einer der Grepos trat zurück , nahm die MP in Anschlag und erklärte dem Lehrer: „Ich muss Sie leider festnehmen!" Die Mädchen wurden auf BRD-Gebiet zurückgeschickt. Denen rief der Lehrer noch zu, sie sollten warten, er wäre in spätestens einer halben Stunde zurück. Die Posten brachten den Lehrer in die Unterkunft in Weilrode, wo er verhört wurde. Um 14.10 Uhr wurde er dann von zwei Grepos zurückgebracht. Nach dem Betreten westdeutschen Bodens wurde er vom ZGD festgenommen und der Nachrichtenstelle Bad Sachsa zugeführt. Nach längerem Gespräch wurde er als „harmlos" eingestuft und durfte gehen. Den Beamten hatte er jedoch von einem geplanten Treffen am Kreuzbusch berichtet. Tatsächlich trafen zur vereinbarten Zeit (am 18. September 17.30 Uhr), wie von einer gut getarnten ZGD-Streife beobachtet wurde, dort ein GP-Offizier und zwei Zivilisten ein."

NN-Stelle = Nachrichten-Nebenstelle des Landeskriminalpolizeiamtes Niedersachsen des Fachbereiches Staatsschutz („Nachrichtenstellen" auf Regierungsbezirksebene der Kriminalpolizei)

Zerstörung des gerade aufgebauten Grenzzaunes an der Straße Neuhof–Kutzhütte

Die Braunschweiger Zeitung berichtete am 24. August 1959 aus Walkenried, dass der von den Volkspolizisten entlang der Straße nach Neuhof in Nachteinsätzen errichtete Sperrzaun von westdeutschen Jugendlichen teilweise niedergerissen worden war.

Der etwa 100 Meter lange Zaun, der im Bereich der Kutzhütte die Straße nach Branderode absperrte, bestand aus im Abstand von drei Metern gesetzten Betonpfählen, zwischen denen elf Reihen Stacheldraht gespannt waren. Er war unmittelbar westlich des 10-m-Kontrollstreifens errichtet worden. In der Nacht vom **20.** auf den **21. August 1959** brachten unbekannte Täter einen Teil dieses Zaunes zum Einstürzen, zerschnitten den Stacheldraht und zerbrachen einige der Betonpfähle. Von ostdeutscher Seite aus wurde der Tatort eingehend inspiziert und der Sperrzaun erneut aufgebaut.

Zerstörter Grenzzaun an der Kutzhütte (Foto: R. Aurin)

Die Regierung der DDR protestierte in einem Schreiben bei der Bundesregierung gegen die „schwere Grenzprovokation" und forderte die Bestrafung der Schuldigen. Das löste ein Ermittlungsverfahren der Staatsanwaltschaft Braunschweig aus. Die Ermittlungen des Oberstaatsanwaltes ergaben, dass die Zerstörungen nicht von Jugendlichen, sondern von empörten Erwachsenen aus Walkenried und Neuhof vorgenommen worden waren. Von den insgesamt 48 gesetzten Pfählen, die nur unbefestigt in die Erde eingelassen waren, wurden zwölf aus dem Erdreich gerissen und teils zerschlagen. Zugegen waren drei Einwohner aus Walkenried, Kutzhütte und Neuhof. Noch vor 23.00 Uhr verließen sie den Tatort. Einer der Beteiligten suchte in Walkenried zwei Gaststätten auf und kehrte gegen Mitternacht zum Parkplatz Kutzhütte zurück. Im Verein mit mehreren Personen, die nicht ermittelt werden konnten, ging er daran, weitere Pfähle umzureißen. Nachdem er sich vom Tatort entfernt hatte, erschienen kurze Zeit später vier Mitglieder des Walkenrieder Schützenvereins. Bei ihrem Eintreffen sahen sie die Zerstörungen, aber auch vier sich nähernde Grenzpolizisten. Sie erklärten, dass sie sich an der Zerstörung des Zaunes hätten beteiligen wollen, aber durch das Erscheinen der Grenzposten davon Abstand genommen hätten. Nach etwa einer Stunde verließen sie den Parkplatz und fuhren zurück nach Walkenried.

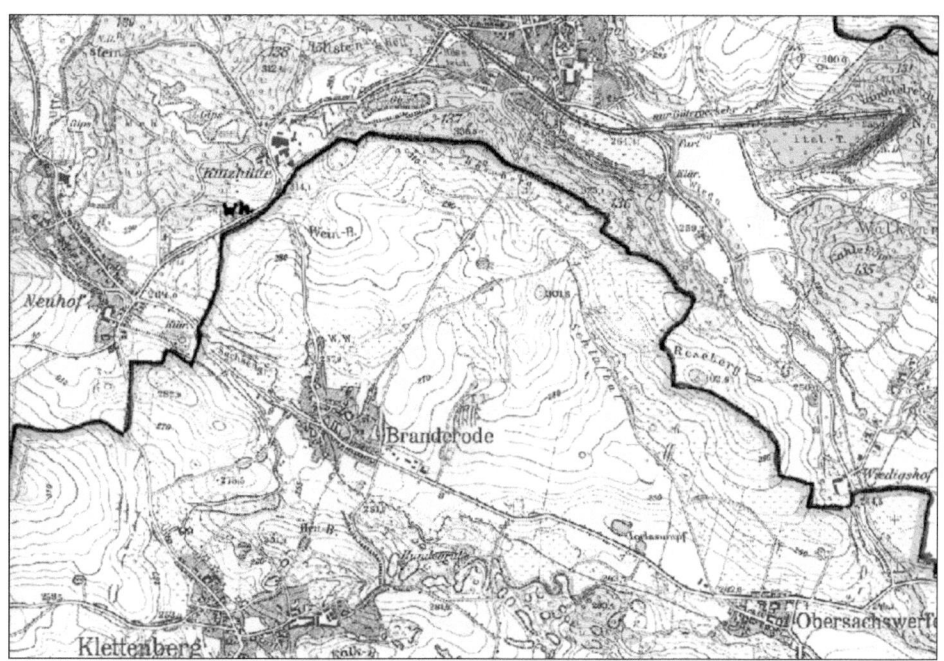

Grenzverlauf im Raum Walkenried–Neuhof–Branderode

Bei den ersten Ermittlungen in Walkenried und Neuhof wurde festgestellt, dass weite Bevölkerungskreise die Zerstörung des Zaunes begrüßten und keine Hinweise auf die Täter zu erlangen waren. Als Täter wurden nur zwei der zuerst am Tatort anwesenden Bewohner aus Walkenried und Neuhof ermittelt. Das Verfahren gegen die anderen Beschuldigten wurde eingestellt.

(nach einem Bericht des Oberstaatsanwaltes aus Braunschweig vom 11. November 1959)

Wieder Massenflucht in die Freiheit

Gestern gegen 11 Uhr mit acht Menschen und zwei Fahrzeugen

Walkenried. Lähmendes Entsetzen muß den armen Volkspolizisten, der in der Nähe Wiedigshof bei Walkenried seinen Dienst tat, erfasst haben, als er den letzten Akt einer dramatischen Massenflucht vor seinen Augen abrollen sah! Wieder einmal wagten acht Menschen mit zwei Fahrzeugen den Weg über die so sorgsam bewachte und abgeschirmte Zonengrenze den Weg in die Freiheit, der zuliebe sie alles aufzugeben und aufzunehmen bereit waren. Richard S., 31 Jahre alt, Vater von drei Kindern von zehn, sieben und vier Jahren, riskierte das einzigartige Abenteuer, zusammen mit seinem Vater (64 Jahre) und seiner Mutter (60 Jahre), und in Gemeinschaft mit seinem Kameraden Fritz G., übrigens der Sohn jenes Mannes, der genau heute vor acht Wochen mit zehn Personen an ungefähr der gleichen Stelle über die Grenze kam.

Vor uns sitzt dieser Fritz G., ziemlich müde und abgespannt, denn die letzten Tage brachten für ihn allerhand Aufregungen. Er fuhr den ersten Wagen, einen mehr als 20 Jahre alten, schon fast schrottreifen Lieferwagen, der bei diesem verwegenen Treck als „Panzerbrecher" eingesetzt worden war. Er machte den Vordermann, er musste als erster durch das ausgetrocknete Flussbett der Wieda, dann durch ein dichtbestandenes Haferfeld, und schließlich durch den dichten Drahtverhau. Wie das mit diesem alten, aber starkmotorigen Lieferwagen geschafft werden konnte, weiß er selber kaum, jedenfalls – es klappte, wenn auch Teile des Drahtverhaues noch bis nach Wiedigshof auf freiem Gelände mitgeschleppt werden mussten.

Keine Angst gehabt?

„Haben Sie eigentlich große Angst dabei gehabt?" fragten wir ihn. „Das kann ich eigentlich nicht sagen", meinte der junge Mann. „Sehen Sie, wären wir nicht durchgekommen, so hätten wir eben Pech gehabt, aber es wäre wohl kaum viel schlimmer gewesen, als wir es zuletzt in der Zone hatten."

„Und war es denn so schlimm?" „Auf die Dauer kann man es nicht aushalten", erzählt der junge Mann weiter. „Nachdem mein Vater mit allen meinen Angehörigen vor acht Wochen aus Klettenberg geflüchtet war, war es für mich ganz aus. Einen Ausweis bekam ich nicht mehr, sämtliches Vieh wurde aus unserem Anwesen weggetrieben und der Dorfkolchose gegeben, alles andere verschwand ebenso, nur ein paar Möbel ließ man zurück. Und ich wurde mal wieder inhaftiert und ausgefragt bis aufs Hemd, Briefe meiner Eltern, von denen ich auf Umwegen hörte, kamen nicht an, kein Mensch ist in Klettenberg vor Spitzeln sicher, hinzu kam ein Wortwechsel mit einem „Politmann", und ich stand dauernd mit einem Bein im Gefängnis."

Die Freiheit gewonnen

Als der eigentliche Leiter dieser Massenflucht muß Richard S. betrachtet werden, dessen Familie seit 250 Jahren in Klettenberg ansässig ist und der mit einem „Wartburg"-Pkw über die Grenze kam. Seit über einem Jahr hegte er bereits seinen Fluchtplan – immer kamen ihm andere zuvor und dann wurde die Bewachung jeweils noch schärfer. S., von Beruf Elektromeister in Klettenberg, betrieb noch vor Jahresfrist ein Geschäft mit neun Gehilfen, musste aber sieben entlassen und behielt nur noch zwei Lehrjungen. Die großen Aufträge hatte man ihm abgenommen, man wollte sein Geschäft sozialisieren und in üblicher Weise enteignen. Seinen Fluchtplan hatte er vorher bis in alle Einzelheiten ausgearbeitet, er legte ihn nicht an dem bei Obersachswerfen stehenden Posten vorbei, sondern er wählte den Umweg über Liebenrode, Obersachswerfen nach Wiedigshof. Für den alten Horch-Lieferwagen bekam er Erlaubnis, ihn in Nordhausen reparieren zu lassen, so konnte er denn die Kolonne gestern früh in Marsch setzen. „Wir haben jedenfalls die Freiheit gewonnen", meinte er, vor Glück strahlend.

Und seine Eltern

Seinen Eltern fiel die Flucht am schwersten! Sie konnten sich zuerst von dem uralten Besitz ihrer Vorfahren nicht trennen, entschieden sich aber vor drei Tagen plötzlich, weil sie hörten, dass nun ernst gemacht würde. Mit den Kindern – und das gab bei den beiden alten Leuten den Ausschlag.

Sie hatten Glück, großes Glück, allesamt! Der Wachturmposten musste nämlich zu Füßen des Schandmals der Freiheit seinen Dienst tun, weil man daran Reparaturen vornehmen wollte, und so konnte der Posten das Gelände nur teilweise einsehen. Und was man weiter von Richard S. erfuhr, rundete das trostlose Bild sowjetzonaler Verhältnisse: Sozialisierung und Enteignung, da bis 1965 die Vollsozialisierung erreicht sein soll. Und auch hier wieder:

„Einer bespitzelt den anderen, Hoffnung auf Besserung gibt es überhaupt nicht." „Wir haben viel verloren", endete Richard S., und wiederholte dann – „aber die Freiheit gewonnen".

Die Durchbruchstelle war bereits eine halbe Stunde später Versammlungsort zahlreicher „Grepo-Gewaltigen". Und knapp eine Stunde später erschienen Fuhrwerke und Eggen mit Arbeitern, um den verwüsteten Zehnmeterstreifen zu eggen, den zerstörten Drahtverhau neu zu erstellen. Denn der Schein muß gewahrt werden. Der Schein jener Freiheit, die drüben nicht zu finden ist.

(Bad Sachsaer Nachrichten vom **13./14.6.1959**)

Zur Beerdigung nach Branderode

„Um an der Beerdigung der Großmutter meines Mannes, die mir sehr nahe gestanden hatte, in Branderode noch teilnehmen zu können, versuchte ich **Anfang Februar 1960** *ein zweites Mal den direkten Weg über die Grenze. Obwohl ich eine telegrafische Aufenthaltserlaubnis bekommen hatte, hätte ich über den offiziellen Grenzübergang Gerstungen nicht rechtzeitig zur Beerdigung in Branderode sein können. Von Scharzfeld, unserem neuen Wohnort, aus fuhr ich mit der Bahn nach Walkenried und von hier mit dem Bus in Richtung Neuhof. Auf den von mir mitgeführten Kranz aufmerksam geworden, fragte mich der Busfahrer, wer denn in Neuhof gestorben sei. Ich erklärte ihm, dass ich nach Branderode wolle, und bat ihn, in Höhe unseres früheren Wohnsitzes an der Straße Kutzhütte–Neuhof zu halten. Er erfüllte mir den Wunsch und wäre gern geblieben, um zu sehen, was mit mir passieren würde, musste aber seine Fahrt fortsetzen. An der Grenze hatte sich seit meiner ersten direkten Grenzüberquerung nichts geändert. Ich ging wieder den gleichen Weg bis zum Beobachtungsturm und wurde wiederum von einem der Posten in Empfang genommen. Dieser brachte mich nach Klettenberg in die Kaserne. Dort wurde nach dem Verhör entschieden, dass ich an der Beerdigung teilnehmen durfte. Danach brachte man mich mit dem Motorrad nach Branderode, wo mir die Verwandten auf dem Weg zum Friedhof schon entgegenkamen. Meine Tasche mit den Geschenken für die Schwiegermutter stellte ich bei Bekannten ab. Nach der Beisetzung brachte man mich zurück nach Klettenberg und von dort weiter nach Nordhausen. Dort wurde ich von der normalen Volkspolizei vernommen. Ein Polizist ging dann mit mir in die Mitropa, wo ich etwas zu essen bekam. Im Gasthof „Goldener Hahn" musste ich übernachten. Am anderen Morgen hatte ich mich um acht Uhr wieder bei der VP zu melden. Nachdem ich mich bereit erklärt hatte, ein angeblich liegen gebliebenes Paket*

drüben abzusenden, brachte man mich nach Ellrich, wo ich der Grenzpolizei übergeben wurde. Bei Wiedigshof wurde ich am 4. Februar 1960 über die Grenze geschickt und von einer gerade dort anwesenden Zollstreife zur Polizei nach Walkenried gebracht. Nach einem kurzen Verhör trat ich mit dem Zug die Heimreise nach Scharzfeld an. Das mir übergebene Paket habe ich, wie versprochen, dann zur Post gegeben."

(Erlebnisbericht von Elfriede Lindau, Herzberg, und Bericht ZGD)

16 Rinder passierten die Zonengrenze

Sie kehrten nach zehn Stunden unter Kripobewachung wieder zurück

Walkenried. Gestern Morgen stellte einer der Siedlerbauern in Wiedigshof zu seinem Entsetzen fest, dass seine ganze 16-köpfige Rinderherde, die vorher auf einer Koppel am Kirschberg geweidet hatte, spurlos verschwunden war. Das gab Aufregung! Der Bauer ging den Spuren der Tiere nach und ermittelte bald, dass seine Rinder in die nahe Ostzone übergewechselt waren. Er setzte sich sofort mit der Gemeindeverwaltung in Walkenried in Verbindung, die ebenso schnell telefonische Fühlung mit dem Bürgermeister von Ellrich aufnahm.

In Ellrich versprach man, sich nach Kräften für die Rückführung der Tiere einzusetzen. Tatsächlich schon um 16 Uhr übergab der Bürgermeister von Gudersleben, einem kleinen Ort zwischen Ellrich und Obersachswerfen, der mit einigen Helfern erschienen war, alle 16 Tiere wieder dem Besitzer aus Wiedigshof – sogar mit einigen freundschaftlichen Scherzworten.

Das geschah an der gleichen Stelle, an der die Tiere übergewechselt waren. Allerdings musste die Übergabe unter Bewachung von uniformierten Kriminalbeamten erfolgen, doch zeigte sich hier in kleinem Ausmaß, dass ein keineswegs alltägliches Geschehnis ohne bürokratische oder politische Hemmungen erledigt werden konnte.

Es ist schon des öfteren vorgekommen, dass Vieh von grenznahen Bauern herüber und hinüber gewechselt ist; doch dürfte in diesem Fall zum erstenmal eine ganze Herde übergelaufen sein. Und es ist hocherfreulich, dass alles so klappte, sozusagen nur nach dem gesunden Menschenverstand vonstatten ging.

Wenn sich doch nur die Angelegenheiten der großen Politik in ähnlicher Weise regeln ließen! Wie glücklich könnten dann alle Betroffenen, d.h. alle Völker sein.

(Bad Sachsaer Nachrichten vom **29.9.1960**)

Vom Bürostuhl auf den Melkschemel

Im Raum Zorge/Juliushütte kamen wieder drei junge Leute zu uns

Bad Sachsa. Es ist wirklich erstaunlich, wie aus so eng begrenztem Raume wie dem von Zorge, Wiedigshof und Juliushütte mehr und mehr ein Strom Jugendlicher von der Ostzone her sich zu uns hin auf den Weg macht. Das kann kein Zweifel sein, dass es sich nicht um abenteuernde Burschen handelt, sondern um solche, die notgedrungen zu uns herüberkommen. Das festzustellen, hatten wir in den letzten Wochen oft genug Gelegenheit.

Am vergangenen Mittwoch wurden im Raum Zorge zwei Jugendliche von einer Walkenrieder Zollstreife aufgegriffen und in altgewohnter Weise weitergeleitet. Das geschah am Abend zwischen 19 und 20 Uhr; der eine, 17 Jahre alt, war vom Beruf Elektriker, der andere, ein Jahr jünger, hatte bis dahin eine Mittelschule besucht.

Beide stammten aus einem Ort in der Nähe von Nordhausen, und sie hatten sich nach reiflicher Überlegung zu dieser Flucht zusammengetan. Am sogenannten „Jägerfleck" krochen sie durch den Stacheldraht – selbstredend waren sie heilfroh, als sie es geschafft hatten.

Der Elektriker sollte in die „Nationale Volksarmee" eintreten, womit er – verständlicherweise – durchaus nicht einverstanden war. Die Machthaber von drüben, die uns dauernd mit einem bundesdeutschen Militarismus in den Ohren liegen, können ja selbst nicht früh genug den eigenen Nachwuchs in die sogenannte Volksarmee pressen, wie nun bereits an zahllosen Beispielen nachgewiesen ist.

Dem 16-jährigen Mittelschüler wurde vorgeworfen, er habe einem anderen Flüchtling zur Zonenflucht geraten. Tatsächlich hatte dieser Schüler einem der SBZ-müden Kameraden einen Weg gewiesen, wie er am besten aus dem Gefängnis hinter dem Eisernen Vorhang entkommen könne – so musste ihm dann notgedrungen auch der Ratgeber folgen, wenn er nicht böse Strafen in Kauf nehmen wollte. Beide haben die beste Absicht geäußert, sich bei uns durch ehrliche Arbeit fortzubringen.

In der Nacht zum Donnerstag erschien aber noch ein dritter, diesmal ein 25 Jahre alter Flüchtling aus Nordhausen, und zwar in Sturm und Regen. Der war seit Jahren als Büro-Angestellter tätig gewesen, doch musste er plötzlich im Rahmen einer groß angelegten Propaganda-Aktion in der landwirtschaftlichen Produktionsgenossenschaft in Branderode schaffen. So landete er unversehens vom bequemen Bürosessel auf dem Melkschemel in einem Kuhstall, und statt mit dem Federhalter zu schreiben, musste er mit der Mistforke den Kuhstall ausmisten.

Verständlich, dass ihm das nicht zusagte, zumal er sich auch noch für die LPG ein volles Jahr lang hatte verpflichten müssen. Nur vier Wochen hielt er aus, dann kam er herüber, voller Hoffnung, bei uns in seinem alten Beruf unterkommen zu können.

(Bad Sachsaer Nachrichten vom **15.10.1960**)

Der Zollgrenzdienst berichtete 1960

Am **6. Februar 1960** nahmen Beamte der GASt Walkenried Mitte im Gebiet der Juliushütte zwei junge Maurer auf, die vorher von der sowjetzonalen Grenzpolizei abgeschoben worden waren. Bei den beiden jungen Männern handelte es sich um den Landwirtssohn F. S. und den Maurer H. H. aus Tettenborn. Beide hatten unter Alkoholeinfluß in der Nacht zuvor die Demarkationslinie überschritten, um Verwandte in Mackenrode zu besuchen, was ihnen auch geglückt war. Danach hatten sie sich dann bei der Grenzpolizei gemeldet und waren von dieser zur Vernehmung nach Nordhausen gebracht und schließlich in die BRD abgeschoben worden.

Am **11. Februar 1960** beobachtete ein Beamter der GASt Neuhof auf der Straße in Richtung Walkenried einen VW und ein Motorrad, die in Höhe des Hauses Lindau von der Straße abbogen und in die SBZ fuhren. Kurz vor dem spanischen Reiter an der Pflaumenallee wurden sie von einer Grepo-Streife angehalten.

Die sofort eingeschaltete NN-Stelle Bad Sachsa ermittelte, dass diese Fahrzeuge dem Maschinenschlosser K. A. und seinem Sohn aus Bad Sachsa gehörten. Nach den bisherigen Ermittlungen hatten sich die beiden wegen wirtschaftlicher Schwierigkeiten in die SBZ begeben. Der beabsichtigte Grenzübertritt von A. – früheres KP-Mitglied – war NN und Zkom Walkenried seit einiger Zeit bekannt.

Am **17. März 1960** gegen 1.00 Uhr holte eine Streife der GASt Walkenried-Nord aus dem Gipsfelsen zwischen Juliushütte und Himmelreich einen völlig erschöpften Flüchtling aus Halle/Saale, der sich verirrt hatte und abzustürzen drohte. Der Mann wollte seiner 1959 in die BRD geflüchteten Mutter folgen, weil er mit den politischen und wirtschaftlichen Verhältnissen in der SBZ nicht mehr fertig wurde. Nachdem ein erster Fluchtversuch nach Westberlin gescheitert war, hatte er nach einer Bahnfahrt nach Nordhausen und unter Umgehung sämtlicher Ortschaften die Demarkationslinie unbemerkt überschreiten können.

Am **23. Oktober 1960** waren 23 Zivilisten aus der DDR mit einem Omnibus gegenüber dem Parkplatz Kutzhütte bis auf 100 m an den Kontrollstreifen herangebracht worden. Diese begaben sich unmittelbar an die Demarkationslinie und begannen mit Besuchern und Passanten auf BRD-Gebiet, deren Anzahl zeitweilig 100 Personen umfasste, eine lebhafte politische Diskussion, die etwa 1 ¾ Stunden andauerte. Die Art, in der von sowjetzonaler Seite diskutiert wurde, und der Umstand, dass nach Beendigung der Diskussion vier bis dahin gedeckt postierte Doppelstreifen in unmittelbarer Nähe gesehen wurden, lassen darauf schließen, dass es sich um eine gelenkte Aktion gehandelt hat.

Am **15. November 1960** arbeiteten im Beobachtungsabschnitt der GASt Walkenried-Mitte sieben Bauern der LPG Gudersleben mit ihren Pferdegespannen unmittelbar am Kontrollstreifen. Als die Bauern auf die ZGD-Streife aufmerksam wurden, ließen sie ihre Gespanne stehen und begaben sich an die DL, um mit den ZGD-Beamten zu sprechen. Im Laufe dieses Gespräches kam ihre große Unzufriedenheit mit den Verhältnissen nach der Enteignung zum Ausdruck. Eine hinzueilende Streife der sowjetzonalen Grenzpolizei bereitete dieser Unterhaltung ein jähes Ende. Sie machten den Bauern Vorwürfe und zwangen sie, ihre Arbeit wieder aufzunehmen.

Zeittafel 1953 bis 1960

5. März 1953	Tod von Josef Stalin
17. Juni	Arbeiteraufstand in der DDR
27. Juni	Die DGP wird aus dem MfS herausgelöst und als selbständige Hauptverwaltung Deutsche Grenzpolizei vom MdI geführt
Mai 1955	Die DGP wird dem Staatssekretariat für Staatssicherheit im MdI unterstellt, das am 24. November 1955 wieder Ministerium für Staatssicherheit wird.
1. Dezember	Die DGP übernimmt die alleinige Sicherung der DDR-Grenze
18. Januar 1956	Gründung der Nationalen Volksarmee (NVA) in der DDR
1. März 1957	Die DGP wird als Kommando der deutschen Grenzpolizei wieder dem MdI unterstellt; Auftrag zur militärischen Sicherung der Staatsgrenze; Ausrüstung mit Schützenpanzern und leichten Geschützen
14. August	Bildung von Grenzbrigaden an Stelle der Abschnittsverwaltungen
11. Dezember	Illegales Verlassen der DDR wird als „Republikflucht" Straftatbestand
17. März 1958	Einführung von Truppenfahnen in der DGP
5. Juni	Verordnung über freiwillige Helfer der DGP
8. – 11. Mai 1960	Zwei weitere BGS-Hundertschaften werden nach Duderstadt verlegt
2. November	Grenzabschnitt der BGS-Abteilung Duderstadt bis Tettenborn ausgeweitet, von dort bis Stapelburg Überwachungsabschnitt der BGS-Abteilung Goslar

Die Jahre 1961 bis 1970

Auch nach dem 17. Juni 1953 vermochte es die DDR-Führung nicht, die wirtschaftlichen und politischen Verhältnisse den Bedürfnissen ihrer Staatsbürger auch nur annähernd anzupassen. Wegen der fehlenden Perspektive auf ein besseres Leben verließen viele die DDR. Da die einst „grüne Grenze" inzwischen hermetisch abgeriegelt war, blieb für die meisten nur der Weg über die noch offene Grenze in Berlin. Die Massenflucht der meist jungen und qualifizierten DDR-Bürger war zu einer Existenzfrage für die DDR geworden. Daher wurde auf Antrag der DDR von den Regierungen der Warschauer-Vertrags-Staaten die Abriegelung Westberlins beschlossen. Am 13. August 1961 sperrten Verbände der Nationalen Volksarmee (NVA), der Deutschen Grenzpolizei (DGP), der Bereitschaftspolizei und der SED-Betriebskampfgruppen die Übergänge nach Westberlin und begannen mit der Errichtung der Mauer. Den Berlinern und den fluchtwilligen DDR-Bürgern war von nun an der Weg über die Sektorengrenze in die westlichen Stadtteile verwehrt. Erst zu Weihnachten 1963 konnten die Westberliner aufgrund des in zähen Verhandlungen zustande gekommenen Passierscheinabkommens erstmalig wieder ihre Verwandten im Ostteil besuchen. Ab November 1964 wurden den ostdeutschen Rentnern Reisen in die BRD gestattet. Die Beziehungen zwischen den beiden deutschen Staaten blieben weiterhin unterkühlt. Erst mit der Bildung der großen Koalition zwischen CDU und SPD in Bonn Ende 1966 besserte sich das zwischenstaatliche Verhältnis allmählich. Nach wie vor aber verstärkte die DDR ihre Maßnahmen zur Abriegelung ihrer westlichen Außengrenzen. Am Einmarsch der Truppen des Warschauer Pakts in die CSSR am 21. August 1968 war die NVA nicht beteiligt. Nur die Grenzüberwachung zur CSSR wurde vorübergehend intensiviert.

Nach der Errichtung des „Antifaschistischen Schutzwalles", wie die DDR-Führung die Grenzsperren um Westberlin und entlang der Demarkationslinie von nun an zu bezeichnen pflegte, wurden auch im Südharz die Grenzsperranlagen fortlaufend verstärkt. Entlang der Demarkationslinie entstand ein System von hölzernen Beobachtungstürmen unterschiedlicher Bauart nach sowjetischem Vorbild. Am 15. September 1961 wurde auf Beschluss des Nationalen Verteidigungsrates der DDR die Deutsche Grenzpolizei dem Ministerium für Nationale Verteidigung als „Kommando der Grenztruppen der NVA" unterstellt. Aus den Grenzbereitschaften wurden militärisch organisierte Grenzregimenter. Zum Zweck einer höheren Postendichte wurden die von den Einheiten zu überwachenden Grenzabschnitte verkleinert.

Der Ausbau der sowjetzonalen Grenzsicherung im Südharz

Im Bereich des Südharzes unterstand das 5. Grenzregiment mit Sitz des Stabes in Nordhausen der 9. Grenzbrigade in Erfurt. Eine Grenzbrigade verfügte über jeweils 3 Regimenter, denen jeweils eine Pionier-, eine Nachrichten-, eine Kfz-Instandhaltungs- und eine Stabskompanie untergeordnet waren. Zu einem Grenzregiment gehörten erst drei, ab 1965 zwei Bataillone. Die Bataillonsstäbe des 5. Grenzregimentes befanden sich zunächst in Ellrich und in Weissenborn.

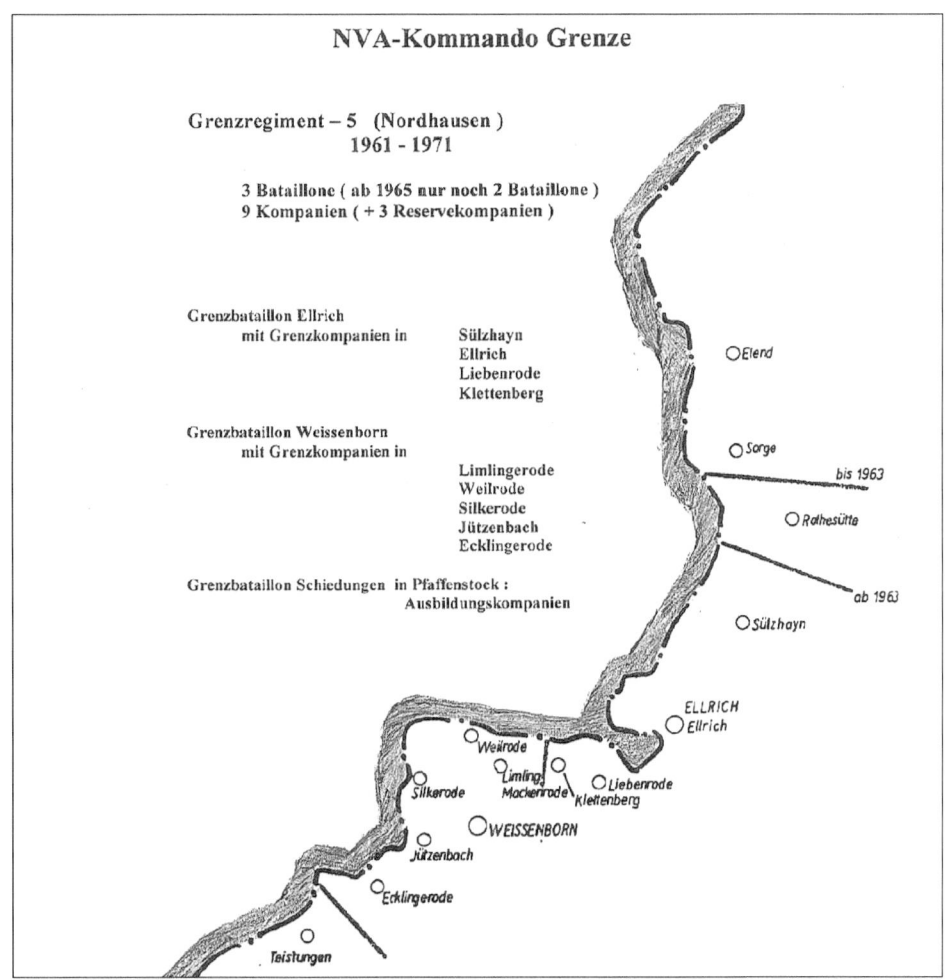

Dislokation 5. Grenzregiment Nordhausen (Grenzlandmuseum Bad Sachsa)

Dem 1. Bataillon Ellrich unterstanden die 1. bis 4. Grenzkompanie in Sülzhayn, Ellrich, Liebenrode und Klettenberg; dem 2. Bataillon die 5. bis 9. Grenzkompanie in Limlingerode, Weilrode, Silkerode, Jützenbach und Ecklingerode.

Jedes Bataillon verfügte über einen so genannten „schweren Zug" mit gepanzerten Spähwagen vom Typ BTR-40 bzw. BTR-152. Im Bereich des 1. Bataillons war dieser in Ellrich, der des 2. Bataillons im Kloster Gerode untergebracht. An der Grenzlinie demonstrierte man militärische Stärke.

Schützenpanzerwagen der DDR-Grenztruppe auf 10-m-KS, dahinter Minenfeld im Raum Zorge (Foto: M. Gille)

Der pioniermäßige Ausbau der Grenze von östlicher Seite, der schon zu Beginn der fünfziger Jahre mit dem Bau von Beobachtungstürmen, Erdbunkern und Signalanlagen eingeleitet worden war, wurde auch in den sechziger Jahren intensiv weiter betrieben. Insbesondere entstand ein enges System von hölzernen Beobachtungstürmen verschiedener Größen und Ausführungen.

Im Oktober 1961 begannen die Arbeiten zum Bau eines zweireihigen Stacheldrahtzaunes an 1,80 Meter hohen Betonpfählen etwa 10 bis 30 Meter hinter der Grenzlinie. Zwischen den in vier Meter Abstand errichteten Zaunreihen wurden oftmals Stacheldrahtrollen oder auch erste Minen verlegt. Den alten „Grenz- oder Warnzaun" an der Grenzlinie ließ man verfallen.

Hölzerne B-Türme im Südharz (Zusammenstellung von H. Gundlach nach Fotos ZGD)

Bau des doppelten Stacheldrahtzaunes (Foto: ZGD)

LPG-Bauern hinter dem Doppelzaun, 1965 (Foto: M. Gille)

Von 1961 an wurden die ersten Erdminenfelder in einigen Meter Entfernung freundwärts hinter dem 10-m-Kontrollstreifen angelegt. Die etwa 20 bis 30 m breiten Minenfelder waren beidseitig durch einen 1,80 Meter hohen Stacheldrahtzaun begrenzt. Im Südharz wurden die ersten Bodenminen vom Typ PMD-6 am 20.08.1962 im Gebiet zwischen der Zorge und der Straße Ellrich-Zorge (176 Stück) und am 18.09.1962 südlich Ellrich (201 Stück) durch die 9. Grenzbrigade Pionierwesen verlegt. Die PMD-6 war eine sowjetische Holzkastenmine, die oberflächlich verlegt wurde.

Der verminte Abschnitt reichte schließlich von der Straße Ellrich-Zorge bis in den Raum Kutzhütte. Die Minensprengungen im Südharz Ende 1969 könnten auch mit dem Austausch des die Minenfelder begrenzenden Stacheldrahtzaunes durch den unverzinkten (schwarzen) Metallgitterzaun im Zusammenhang stehen. Im Jahre 1978 wurden wiederum neue Minen, diesmal vom DDR-Typ PMP-71 aus Hartplastik, verlegt. Diese Minensperre reichte vom Spitzen Winkel des Zorger Dreiecks bis zum Tor der GÜST Ellrich und vom unteren Langenberg bei Ellrich bis zur Kutzhütte bei Branderode. Oberhalb des Spitzen Winkels in Richtung Rothesütte sowie zwischen Limlingerode und Weilrode blieb die alte Minensperre-66 mit der Holzkastenmine, die bald verrottet war, bis zum endgültigen Abbau 1983/1985 erhalten.

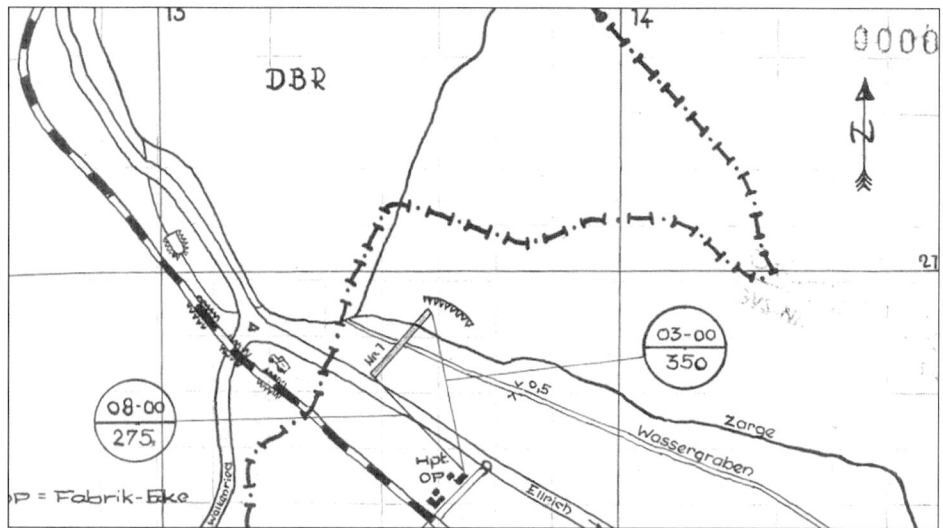

Minen-Lageskizze am Zorger Dreieck (Bundesarchiv-Militärarchiv Freiburg)

Mine PPM-6 (UdSSR)

Mine PMN-2 (UdSSR, Bulgarien)

Mine PPM-2 (DDR)

Mine PMP-71 (DDR)

Im Südharz verlegte Minen vom Typ PMN (UdSSR), PPM-2 (DDR) und PMP-71 (DDR) (Zusammenstellung von H. Gundlach)

Ellricher Schulklasse beim Ernteeinsatz vor Minenfeld, 1965 (Foto: ZGD)

Da der zweireihige Stacheldrahtzaun durch die Verrottung des unverzinkten Stacheldrahtes nicht mehr genügend Sicherheit gegen Grenzdurchbrüche bot und unansehnlich geworden war, begannen die Grenztruppen der DDR Ende 1967 feindwärts, in Richtung der Grenzlinie mit dem doppelten Stacheldrahtzaun, mit der Errichtung des einreihigen, ca. 3 m hohen Metallgitterzaunes.

Der Anschluss an weiter bestehende oder abzubauende Minensperren erfolgte bis zum feindwärtigen (in Richtung Grenzlinie) Teil des doppelten Stacheldrahtzaunes der Minensperre, der ebenfalls vielfach durch den GZ I ersetzt wurde. Die zunächst unverzinkten Metallgitterplatten, die oftmals noch mit einem Metallrahmen versehen waren, wurden drei Stück übereinander an neu gesetzten Betonpfählen verschraubt. Um das Untergraben des Grenzzaunes I zu behindern, wurde die unterste Metallgitterplatte ca. 0,50 m ins Erdreich versenkt, so dass der GZ I dann effektiv nur eine Höhe von 2,5 m hatte. Vielfach wurden als Unterkriechschutz auch Betongitterplatten im Erdreich versenkt und so eine effektive Höhe des GZ I von 3 m erreicht. Die Metallgitterplatten, die später aus verzinktem Material bestanden, waren so konstruiert, dass sie den Händen und Füßen eines Grenzdurchbrechers keine Haltemöglichkeit gaben. Bei schräger Betrachtung war der GZ I von einer Seite aus

Grenzzaun I vor Neuhof, 1968 (Foto: ZGD)

Grenze im Raum Osterhagen, 1990 (Foto: H. Gundlach)

139

nicht durchblickbar und wirkte so wie eine Sichtblende. Bei unsachgemäßer Montage entstanden im Jargon der Grenztruppen so genannte „Fenster". An bestimmten Stellen wurden Durchlässe in den GZ I eingebaut, die den Zugang zum vorgelagerten Hoheitsgebiet ermöglichten.

Zur Verhinderung von Grenzdurchbrüchen mit Hilfe von Kraftfahrzeugen wurde von 1966 an zwischen den vorderen Grenzsperren und dem 6-m-Kontrollstreifen ein Kraftfahrzeugsperrgraben angelegt. Dieser war etwa 3 m breit, etwa 1,5 m tief und feindwärts mit Betonkassettenplatten ausgelegt, in denen Fluchtfahrzeuge stecken bleiben mussten. Vom 02.05. bis zum 15.07.1967 wurden im Bereich des Grenzregimentes 5 (GR 5) Kfz-Sperrgräben zwischen der Wieda und der Kutzhütte/Neuhof, am Rainberg nordwestlich des Bahnhofes Ellrich, vom Fluß Zorge bis zur Straße Ellrich Walkenried und im Raum Brochthausen zwischen dem Krämerberg und dem Tanzental angelegt.

Ab Mitte der 60er Jahre entstand in verschiedenen Grenzbereichen am rückwärtigen Rand des 500-m-Schutzstreifens der „Hinterlandzaun", der zunächst aus einer im unteren Bereich angebrachten Platte aus unverzinktem Streckmetall

Bau des Kfz-Sperrgrabens mit abgesteckter Trasse des Kolonnenweges am Langenberg bei Ellrich, 10/1966 (Foto: ZGD)

*BGS-Streife beobachtet das Setzen von DDR-Grenzsäule
(Foto: Grenzschutzschule Lübeck)*

Grenzsäule der DDR an der Grenzlinie vor Ellrich (Foto: ZGD)

Runder BT-11 oberhalb Obersachswerfen, 1990 (Foto: H. Gundlach)

und darüber angeordneten Stacheldrahtreihen bestand. Von 1967 an erfolgte an verschiedenen Stellen der Austausch des zweireihigen Stacheldrahtzauns durch einen ebenfalls zweireihigen Metallgitterzaun aus Streckmetall. Etwa zum gleichen Zeitpunkt wurden die ersten schwarz-rot-goldenen Grenzsäulen mit dem Emblem der DDR in einem Meter Entfernung zur Grenzlinie aufgestellt. 1969 begann man auf DDR-Seite mit dem Bau der ersten runden Beobachtungstürme aus Beton und mit der Befestigung der parallel zur Grenze verlaufenden Fahrwege mit Betonplatten.

Auf westlicher Seite wurde die Grenze durch Streifen des Bundesgrenzschutzes und des Zollgrenzdienstes (ZGD) überwacht. Der Hauptteil der Grenzüberwachung oblag dem Zollgrenzdienst, der ständig vor Ort war. Von den Zollkommissariaten Walkenried und Bad Lauterberg wurden in den Grenzorten Grenzaufsichtsstellen mit jeweils sechs bis zehn Beamten unterhalten. Die in Goslar und Duderstadt stationierten Bundesgrenzschutz-Abteilungen kontrollierten zusätzlich zum ZGD ihren Grenzabschnitt mit Einsatzfahrzeugen und mit Streifen. Der Grenzaufsichtsabschnitt der BGS-Abteilung Duderstadt reichte seinerzeit im Süden von der Landesgrenze zu Hessen bis zur grenzüberquerenden Hochspannungsleitung bei Tettenborn; jener der BGS-Abteilung Goslar von Tettenborn bis Stapelburg.

Zollgrenzdienstbeamter am Zorger Dreieck (Foto: ZGD)

BGS und ZGD an der Zonengrenze (Foto: „Der Spiegel")

Aus den Berichten des Zollgrenzdienstes 1960 – 1963

Am **6. Januar 1961** wurde von einer Streife der GASt Walkenried Mitte ein am 17.12.1960 übergelaufener Helfer der Grenzpolizei aus Ellrich auf der Straße Walkenried-Juliushütte erneut aufgegriffen. Der Aufgegriffene erklärte, auf Bitten seiner Frau wieder zu ihr und den vier Kindern zurückkehren zu wollen. Er wurde der Polizei Walkenried übergeben und von dieser und NN-Stelle Bad Sachsa überprüft. Da die Überprüfung nichts Nachteiliges ergeben hatte, wurde er freigelassen und ist anschließend in die SBZ zurückgegangen.

Am **15. Februar 1961** teilten Offiziere der sowjetzonalen Grenzpolizei einer ZGD-Streife mit, dass um 16.30 Uhr der Trockenofen und der Schornstein der Ziegelei Königstuhl gesprengt würden. Nach dem Grund gefragt, erklärten sie, den schaulustigen Kurgästen auf BRD-Seite nicht mehr den Anblick der zerfallenen Ziegelei bieten zu wollen. Auch von Seiten der BRD könnte in dieser Richtung etwas unternommen und das Trümmerfeld Juliushütte beseitigt werden.

Anfang **Januar 1962** wurde durch den Bau des Doppelzaunes das auf dem Gebiet der SBZ liegende „Haus Arendt" am Zorger Dreieck von der SBZ abgetrennt.

Am **31. Dezember 1962** flohen zwei 26-jährige Männer aus Erfurt über die Sperranlagen bei Obersachswerfen. Sie waren mit dem Zug bis Nordhausen gefahren und gingen von dort zu Fuß über Niedersachswerfen und Woffleben auf Waldwegen der Wieda entlang in Richtung Obersachswerfen und erreichten dort die Demarkationslinie ohne Probleme. Sie mussten vier Zäune überwinden. Im Minenfeld gingen sie hinter einander. Einer von ihnen löste jedoch eine Mine aus und wurde schwer verletzt. Er schleppte sich bis zum westlichen Teil des Doppelzaunes und überwand diesen mit Hilfe seines Kameraden. Nach Abbinden des verletzten Beines beschlossen sie, dass der Unverletzte Hilfe holen sollte. Er erreichte bei hoher Schneelage einen Bauernhof in Wiedigshof, von dem aus die nahe gelegene GASt Wiedigshof informiert wurde. Diese veranlasste sofortige Hilfe. Der Verletzte wurde ins Krankenhaus Braunlage gebracht, wo ihm ein Bein amputiert werden musste.

Am **30. April 1963** wurden am Jägerfleck Bodenminen gesprengt.
Zwei jungen Männern gelang bei Wiedigshof die Flucht in die Bundesrepublik.

Im **Mai 1963** begannen Pioniere der GT die Lücke im Doppelzaun ostwärts zwischen Lampertsberg und dem Ehrenplan zu schließen. Jenseits des Doppelzaunes wurde bei Wiedigshof ein neuer Übergang über die Wieda gebaut.

Am **21. August 1963** wurde die Brücke über die Wieda zwischen Obersachswerfen und Gudersleben mit spanischen Reitern gesperrt und der Kfz-Verkehr südlich der Wieda umgeleitet.

Am **15. September 1963** errichteten die Grenztruppen im Bereich des Zorger Dreiecks eine Holzbrücke über die Zorge in Richtung Ellricher Stadtwald.
Tags zuvor war gegenüber dem Parkplatz Kutzhütte ein Propagandaplakat „Sind Sie sich Ihrer Verantwortung für den Frieden bewusst ...?" aufgestellt worden.

Am **9. Oktober 1963** nutzte ein Maschinenschlosser aus Nordhausen, der beim Abbruch des Lagerhauses der ehem. BHG unmittelbar am verminten Doppelzaun eingesetzt war, die Gelegenheit und überwand im Bereich der Juliushütte unverletzt die Minensperre.

Im **November 1963** wurden die schadhaften Holztürme am Langenberg, südlich des Röseberges, gegenüber Neuhof und gegenüber der Kutzhütte abgerissen.

Fluchten von Angehörigen der Grenztruppen

Am **19. März 1961** floh ein Gefreiter der 2. Grenzkompanie Sülzhayn in Uniform, aber ohne Waffen in Begleitung seiner Freundin im Bereich der GASt Zorge-Elsbachtal und

Am **23. März 1961** ein Stabsgefreiter der 4. Grenzkompanie Obersachswerfen, ebenfalls in Begleitung seiner Freundin im Bereich der GASt Walkenried-Mitte in die BRD.

Am **18. Mai 1961** überschritt ein Grenzpolizist der 3. Grenzkompanie Ellrich im Beobachtungsbereich der GASt Zorge-Elsbachtal in Uniform, aber ohne Waffen, zusammen mit seiner Freundin die Demarkationslinie. Als Fluchtgrund gab er offen ausgesprochene kritische politische Äußerungen an.

Am selben Tag floh ebenfalls ein Gefreiter der 3. Grenzkompanie Ellrich in Zivil und ohne Waffen in der Nähe des Eisenbahntores (GASt Walkenried-Mitte) aus Unzufriedenheit mit den politischen Verhältnissen in der DDR.

Am **19. Mai 1961** überschritt ein Grenzpolizist einer zur Verstärkung der Grenzüberwachung eingesetzten Einheit der Grenzbereitschaft Nordhausen in Uniform mit Karabiner und 30 Schuss Munition bei Ellrich die Demarkationslinie. Er wollte sich damit dem Druck, in die SED einzutreten, entziehen.

Am **23. Mai 1961** kam im Abschnitt der GASt Zorge-Elsbachtal ein Stabsgefreiter der 2. Grenzkompanie Sülzhayn in Uniform, mit Maschinenpistole und 40 Schuss Munition in die Bundesrepublik.

Am **18. Oktober 1961** kam bei Wiedigshof ein Soldat der 4. Grenzkompanie Obersachswerfen in Uniform mit einer Mpi 42 und 80 Schuss Munition in die BRD.

Anfang Februar 1962 flüchteten zwei Soldaten der 5. Grenzkompanie Klettenberg und ein Soldat der 4. schweren Kompanie Ellrich.

Im **März 1962** folgten:
zwei Soldaten der 12. schweren Kompanie Gerode,
ein Soldat der nunmehr 1. Grenzkompanie Sülzhayn,
ein Soldat des RG-Zuges der IV. Reserve-Grenzabteilung Nordhausen,
ein Unteroffizier der 3. Grenzkompanie Obersachswerfen,
ein Soldat der 14. Grenzkompanie Nordhausen;

im **Juni 1962**:
drei Soldaten der 7. Grenzkompanie Weilrode,
ein Unteroffizier der 6. Grenzkompanie Schiedungen,
ein Unteroffizier der 8. Grenzkompanie Schiedungen,
ein Soldat der 3. Grenzkompanie Obersachswerfen;

im **August** und **September 1962**:
ein Gefreiter und ein Soldat der 8. Grenzkompanie Schiedungen des II. Bataillons,
ein Soldat der 11. Grenzkompanie Rothesütte,
ein Gefreiter und ein Soldat der 11. Grenzkompanie Rothesütte.

Im **Januar 1963** flohen
ein Soldat des 10. GK Sorge (am 17.01),
ein Soldat der schweren GK Gerode (am 17.01),
ein Soldat der 6. Grenzkompanie Limlingerode (am 19. 01);

von **März** bis **September 1963** folgten:
ein Gefreiter der 9. GK Elend (am 27.03),
ein Soldat der 3. GK Obersachswerfen (am 04.04),
ein Soldat der 3. GK Obersachswerfen (am 06.09).

(aus Berichten des ZGD: Niedersächsisches Staatsarchiv Hannover)

Geglückte Fluchten

Bad Sachsa. In den letzten drei Tagen ist es im Zonengrenzgebiet des südniedersächsischen Raumes fünf Männern gelungen, aus der Ostzone in die Bundesrepublik zu fliehen. Damit haben in den vergangenen zehn Tagen insgesamt 18 Bewohner der Sowjetzone die gefahrvolle Flucht durch Minenfelder und über den Stacheldraht nach Südniedersachsen gewagt und gewonnen. In allen Fällen verlief die Flucht ohne besondere Zwischenfälle.

(Göttinger Tageblatt vom **29.2.1961**)

Am **25. Juni 1961** floh ein Landwirt aus Bockelnhagen, zusammen mit vier Familienangehörigen im Bereich der GASt Osterhagen und brachte vier Kühe mit. Seine Ehefrau war vorher mit einem gültigem Interzonenpass aus der DDR ausgereist.

Am **24. August 1961** gegen 19.20 Uhr rangierte eine sowjetzonale Güterzuglokomotive auf dem Bahnhof Ellrich. Als die Lokomotive in Richtung Eisenbahntor fuhr und dort kurz anhielt, benutzte der Heizer diesen Augenblick, um von der Lokomotive aus über den Drahtzaun auf Bundesgebiet zu springen. Als der Lokführer dies bemerkte, gab er laufend Signale und fuhr schnell zum Bahnhof Ellrich zurück.

Am **16. November 1961** flohen sechs Oberschüler – vier aus Ellrich und zwei aus Merseburg – in zwei Gruppen im Bereich Walkenried in die Bundesrepublik. Die Ellricher Oberschüler wollten sich der bevorstehenden Einberufung zur NVA und der vormilitärischen Ausbildung der FDJ entziehen; die Merseburger Oberschüler waren wegen ihrer Zugehörigkeit zum kirchlichen Posaunenchor mehrfach von der Schulleitung gerügt worden.

Am **9. Dezember 1961** flüchtete im Abschnitt der GASt Steina ein Landwirt aus Limlingerode mit zwei Pferden und Ackerwagen. Der Landwirt war bei Vorbereitungsarbeiten zur Errichtung neuer Sperranlagen an der Demarkationslinie eingesetzt. Er führte die Flucht aus, als sich die Arbeitskolonne mit der Bewachungsmannschaft zur Einnahme des Frühstücks von der DL zurückgezogen hatte. Er wurde von verdeckt postierten ZGD-Streifen, denen er am Vortag sein Vorhaben mitgeteilt hatte, in Empfang genommen.

(aus Akten des ZGD)

147

Zwei Familien fliehen gleichzeitig aus dem Sperrgebiet

„In Klettenberg führte mein Vater auf dem Grundstück der seit Generationen in Familienbesitz befindlichen Dorfschmiede einen kleinen Produktionsbetrieb für kleinere Schmiede- und Stanzprodukte, die im Auftrag größerer Maschinenbau-Unternehmen der DDR herzustellen waren. Als privater Unternehmer beschäftigte er zwischen 10 und 15 Mitarbeiter. Nach dem erfolgten Bau der Berliner Mauer und nach der offiziellen Ablehnung, eine Produktionsgenossenschaft des Handwerks aufzubauen und zu leiten, befürchteten meine Eltern, aus unserem Heimatort ausgewiesen zu werden. Da mit einem weiteren Verbleib in Klettenberg ernsthaft nicht zu rechnen war, wollten sie mit uns drei Kindern in die nahe Bundesrepublik fliehen.

Im benachbarten Branderode lebte die Schwester meines Vaters auf dem noch bestehenden Bauernhof ihres Mannes mit ihren vier Kindern und den betagten Schwiegereltern. Mein Onkel Heinz hatte dem Druck der Partei nachgeben müssen und war der LPG „Heimatland" (Typ II) beigetreten und sogar deren Vorsitzender geworden. In dieser Funktion hatte er sich bei den Genossen außerhalb der LPG unbeliebt gemacht und sollte als Vorsitzender abgelöst werden. Auch er und seine Familie mussten mit der Ausweisung aus dem Grenzgebiet rechnen.

Die beiden Ehepaare planten die Grenze zum gleichen Zeitpunkt zu überwinden. Meine Eltern packten Gegenstände für den ersten Bedarf im Westen in Säcke, die dann in der Scheune meines Onkels unter Stroh versteckt wurden. In gleicher Weise handelten auch Onkel und Tante in Branderode. Da diese nicht mit der Verschwiegenheit der auf dem Hof ebenfalls lebenden Altbauern rechnen konnten, erforderten die Vorbereitungen besondere Vorsicht.

*Am **20. September 1961** fuhr mein Vater um die Mittagszeit mit seinem betagten Skoda nach Branderode, um bei den letzten Fluchtvorbereitungen zu helfen. Auf einem gummibereiften Traktoranhänger waren vorn die Säcke mit den wenigen Habseligkeiten verstaut. Dahinter befand sich, durch Überdeckung mit einer Stalltür geschaffen, ein kleiner Unterschlupf für meine Tante und ihre Kinder. Als Tarnung war darüber über einer Strohunterlage Mist geladen. Mein Onkel hatte am Vormittag bereits mehrmals Mist bis in die unmittelbare Nähe des 10-m-Kontrollstreifens gefahren und hoffte deshalb nicht aufzufallen.*

Nachdem das Traktor-Gespann mit der unter Mist versteckten Familie den Hof verlassen hatte, fuhr mein Vater mit dem neuen Skoda meines Onkels zurück nach Klettenberg. Hier mussten meine Mutter und wir drei Kinder wegen des Endes der Mittagspause unserer Beschäftigten eiligst einsteigen. Auf dem Weg zur Grenze nahmen wir noch meine Oma, die Mutter meines Vaters, auf, passierten den wegen Erntearbeiten offenen Schlagbaum zum Schutzstreifen und fuhren westlich der ehemaligen Straße auf den Stoppelfeldern in Richtung Neuhof. Offensichtlich soll – nach Stasi-Unterlagen – von einem Grenzpolizisten ein Warn- und ein gezielter Schuss auf unser Fahrzeug abgegeben worden sein. Nach Umfahrung einer Grenzsperre und des 10-m-KS erreichten wir aber unversehrt westdeutsches Gebiet. Über Funkverbindung des Zolls erfuhren wir bald, dass auch die Flucht der Familie meines Onkels gelungen war. Am Abend trafen beide Familien auf dem Hof eines Neuhofer Bauern wieder zusammen.

(Erlebnisbericht von Karl Schmidt jun., Klettenberg)

Irrtümliche Grenzverletzung

Am **22. September 1961** überschritten zwei Kurgäste aus Bad Sachsa irrtümlich die Demarkationslinie und wurden von einer verdeckt postierten Doppelstreife der sowjetzonalen Grenzpolizei festgenommen. Nach mehreren Vernehmungen während eines 22-stündigen Aufenthaltes in der Grenzkommandantur Klettenberg wurden die „Grenzverletzer" zu weiteren Vernehmungen zur Grenzbereitschaft 5 nach Nordhausen gebracht. Von dort wurden sie in das Aufnahmelager Eisenach überführt und kehrten erst am 26. September in die BRD zurück.

(aus einem Bericht des ZGD)

Aktion „Kornblume"

In einer von der Staatssicherheit präzise vorbereiteten und geleiteten Aktion unter dem Tarnnamen „Kornblume" wurden am **2.** und **3. Oktober 1961** erneut unliebsame Personen mit ihren Familien aus dem Grenzbereich zwangsweise ins Hinterland umgesiedelt. Im Bezirk Erfurt mussten insgesamt 585 Personen das Grenzgebiet verlassen. Die aufnehmenden Orte hatten die Transporte zu organisieren und dafür Kraftfahrzeuge, Fahrer und Räumkommandos – vielfach Kampfgruppen-Angehörige – zu stellen. Der nachstehende Bericht dokumentiert den Ablauf der Aktion im Kreis Nordhausen.

Leiter der Abt. -S-/BDVP   Erfurt, den o5.1o.1961
_____

B e r i c h t

über die Durchführung der Aktion "Kornblume"

im Kreise Nordhausen
- -

Die Aktion wurde durch die Einsatzleitung gut vorbereitet. Dabei war die
Durchführung des Planspiels am 29.9. von großer Bedeutung. Die bis dahin
vorgesehenen Vorbefehle und insbesondere die Zeiten für den Ablauf er-
wiesen sich in einigen Fragen als unzulänglich und wurden durch die Einsatzleitung korrigiert. Das gab den Ausschlag dafür, daß die ganze Aktion
im Kreise Nordhausen planmäßig verlief und einzelne auftretende Schwierigkeiten schnell überwunden werden konnten.

Von der Auslösung des A 2 um 15.45 Uhr am 2.1o. (Dienstschluß im VPKA ist
16.oo Uhr, da um o7.oo Uhr Dienstbeginn) bis o6.3o Uhr am 3.1o. verlief die
Aktion im allgemeinen genau nach der vorgesehenen Zeitberechnung, die in
der Anlage beigefügt ist.

Lediglich die Kräfte, die dem Kommando Grenze der NVA unterstellt wurden,
kamen aufgrund des Wunsches des Kommandos Grenze ca. 1 Stunde früher als
vorgesehen zum Einsatz.

Die X-Zeit und das Verfahren der Transport-Kfz. wurde überall eingehalten
mit Ausnahme des Abschnittes 3 (Branderode,- Klettenberg - Liebenrode -
Obersachswerfen). Hier mußte infolge Sperrung einer Straße ein Umweg gefahren werden, der zu einer Verzögerung von ca. 3o Minuten führte.
In diesem Abschnitt traten auch insbesondere in Klettenberg später Ver-
zögerungen beim Verladen der Möbel auf, weil die Zahl der Familienangehörigen Roloff-Radzuweit um 2 alte Leute höher war als vorher bekannt war.
Diese Angelegenheit hätte aber auch früher als um 15.45 Uhr erledigt sein
können, wenn der verantwortliche Abschnittsleiter, Ltn. J██████████
und der für diesen Transport verantwortliche Offizier, Ltn. E██████████
auf der Höhe ihrer Aufgabe gestanden hätten. Durch die Einsatzleitung wurde
deshalb be um die Mittagszeit der Major W███████████ beauftragt, bis
18.3o Uhr diese Angelegenheit abzuschließen.

Bis auf 2 Widerstandsfälle in Mackenrode, wo ich um die X-Zeit selber anwesend war und den Abtransport der störenden Frau Schulz zum VPKA veran-
laßte, traten keine nennenswerten Schwierigkeiten von Seiten der zum Woh-
nungswechsel veranlassten Personen auf.

Wichtig war auch die vorausgegangene Aufklärungsarbeit der Abt. -K-. So
wurden in Ellrich 8 Personen festgestellt, die am 3.1o. vor o6.oo Uhr
Ellrich aus beruflichen und anderen Gründen verlassen wollten. Sie wurden
an der Abreise gehindert und gegen o6.oo Uhr in ihre Wohnungen geschickt.

Die Stimmung aller eingesetzten Kräfte war hervorragend. Dazu trug auch
bei, daß der Frage der Verpflegung vom Anfang an große Bedeutung beige-
messen wurde. Neben der Kaltverpflegung wurden alle eingesetzten Kräfte
3-mal mit warmer Verpflegung versorgt, und zwar in der Nacht zum 3.1o.,
am 3.1o. und am 4.1o. Auch wurde Wert darauf gelegt, daß sich die zum Einsatz kommenden Kräfte vor ihrer konkreten Einweisung noch ausruhen konnten.
Dazu wurden in den Stadtsälen und VPKA Möglichkeiten geschaffen.

In einem Falle weigerten sich Kalikumpel, die als Räumkommando einen Transport nach Blankenhayn durchzuführen hatten, in Berka auf dem LKW weiterzu-

Bericht über den Ablauf der Aktion „Kornblume" im Kreis Nordhausen

zufahren, weil sie angeblich zu viel Staub schlucken müßten.
Nach einer klaren Entscheidung des Vorsitzenden der Einsatzleitung
blieben 3 Kollegen bei dem Transport, während 4 abstiegen und nach
Hause gingen. Die Namen sind bekannt.

Die Angelegenheit wurde vom MfS übernommen.

In der Einsatzleitung und im Stab bestand eine konkrete Übersicht,
so daß sie jederzeit Herr der Lage waren. Die Zusammenarbeit in der
Einsatzleitung war reibungslos.
Der Kommandeur der bewaffneten Kräfte, Gen. Oberstleutnant P a b s t,
und der Stabschef, Genossen Hptm. K n e i d i n g, leisteten eine
ausgezeichnete Arbeit.

Hövelmans
Oberst der VP

Instrukteur für Nordhausen

Anerkennung ausgesprochen.   *(Auszug)*
Nachdem die Einheit die taktische Bewaffnung und empfangene
Gegenstände zurückerstattet hatte, wurde der Befehl zum Weg=
treten erteilt. Vor der Hundertschaftsleitung stand lediglich
noch die Aufgabe, die auswärtigen Genossen Kämpfer schnellstens
in ihre Heimatorte zu befördern. Hierbei zeichneten sich, durch
ihre grosse Einsatzbereitschaft, die uns zugeteilten Genossen
Kraftfahrer besonders aus.

Zusammenfassend kann gesagt werden, daß Hundertschaft, Kraftfahrer
und Instrukteur eine Einheit bildeten und aus diesem Grunde grosse
Erfolge erzielt werden konnten. Besondere Vorkommnisse sind mir
nicht bekannt, und es wäre meines Erachtens nach keineswegs
vertretbar in Frage der evtl. Auszeichnung einige Genossen zu
benennen, dieses hiesse einige vorziehen und die anderen zurück=
setzen. Ich bin der Meinung, daß die Hundertschaft in der Gesamt=
heit eine vorbildliche Leistung gezeigt hat und damit zum Aus=
druck brachte, daß sie jederzeit bereit ist, mit der Waffe in der
Hand unsere Errungenschaften zu verteidigen.

Kommandeur der Einsatzhundertschaft
des VEB Büromaschinenwerkes
S ö m m e r d a

(Neubert)

(aus: Rothe, Ilona: Zwangsaussiedlungen in Thüringen 1952 und 1961. „Verraten Ver-
trieben Verkauft Verhöhnt"; Landeszentrale für politische Bildung, Thüringen)

Verletzungen durch Bodenminen

Am **1. Januar 1963** gegen 0.10 Uhr lief gegenüber dem Raum Wiedigshof ein Flüchtling beim Durchqueren des verminten Doppelzaunes auf eine Mine. Von seinem Begleiter wurde er auf BRD-Gebiet geschleppt, wo er gegen 1.35 Uhr unter schwierigen Gelände- und Witterungsbedingungen von einer ZGD-Streife geborgen werden konnte. Er wurde sofort in das Krankenhaus Braunlage überführt, wo ihm der rechte Fuß amputiert werden musste.

Am **17. Februar 1963** löste gegenüber dem Raum Zorge ein Flüchtling ebenfalls eine Mine aus und erlitt Verletzungen am rechten Fuß. Nach Erreichen der BRD wurde er vom ZGD geborgen und ins Krankenhaus Braunlage transportiert.

Am **4. Mai 1963** griff im Raum Steina ein durch eine Minenexplosion verletzter Keiler eine ZGD-Streife an, zerriss einem Beamten die Uniformhose und verletzte ihn geringfügig. Das Wildschwein, dem durch die Minenexplosion der rechte Vorderlauf weggerissen worden war, wurde von der ZGD-Streife erschossen.

Panoramabild einer Fluchtdokumentation der GT im Raum der Straße Ellrich-Zorge (im Bereich der Maschinenfabrik Fischer Beginn des bis zur Kutzhütte reichenden Minenfeldes) (Foto: Bundesarchiv-Militärarchiv Freiburg)

Grenzprovokation

Am **24. Mai 1963** kamen drei Bewohner aus Walkenried und Wieda stark angetrunken gegen 2.15 Uhr auf das Gelände der Juliushütte. Die dort Dienst tuenden Beamten des ZGD überprüften deren Papiere. Da sie vorgaben, auf der Juliushütte Verwandte besuchen zu wollen, sahen die Beamten des ZGD keine Veranlassung zum Eingreifen. Kurze Zeit später zogen sie randalierend durch das Eisenbahntor in Richtung Bahnhof Ellrich. Am Stellwerk bewarfen sie ein Transparent mit Steinen und wurden von einem Angehörigen des Grenzzollamtes Ellrich gestellt und in die Kaserne der GT gebracht. Nach Vernehmungen in Nordhausen stellten zwei von ihnen einen Rückführungsantrag und kehrten am 29. Mai 1963 über das Aufnahmelager Eisenach in die Bundesrepublik zurück. Der Dritte blieb in der SBZ.

Tod einer DDR-Flüchtigen

Das Kommando der Grenztruppen innerhalb der Nationalen Volksarmee meldete am 11. 8. 1963 die Festnahme von zwei „Grenzverletzern" im Abschnitt der 3. Grenzkompanie (Obersachswerfen), Grenzregiment 5 Nordhausen mit tödlicher Verletzung eines der beiden Flüchtenden:

„Im Abschnitt Waldstück war am **10.08.1963** in der Zeit von 11.30 – 19.30 Uhr zur Sicherung des Grenzabschnittes der Wachposten an der Grenze, bestehend aus dem Unteroffizier E. und dem Gefreiten H., eingesetzt. Der Grenzposten, der am Waldrand getarnt Stellung bezogen hatte, erkannte die Grenzverletzer. Auf Grund der Entfernung von 300 m zu den Grenzverletzern gab der Postenführer Befehl, sofort ohne Anruf Warnschüsse durch je einen kurzen Feuerstoß aus der MPi in Richtung der Grenzverletzer abzugeben. Auf die abgegebenen Warnschüsse reagierten die Grenzverletzer nicht, sondern erhöhten ihr Tempo in Richtung Staatsgrenze, um sich durch Flucht über die Staatsgrenze der Festnahme zu entziehen. Da ein Abschneiden der flüchtigen Grenzverletzer durch die Grenzposten nicht mehr möglich war, gab der Postenführer Befehl zum gezielten Feuer. Daraufhin begaben sich die Grenzverletzer in Deckung und versuchten kriechend die Staatsgrenze zu erreichen. Durch Abgabe von mehreren Feuerstößen (41 Schuss insgesamt) aus der Bewegung verhinderte der Grenzposten die weitere Bewegung der Grenzverletzer und nahm beide Grenzverletzer ca. 6 m vor dem 6-m-Kontrollstreifen fest".

Eine der zwei Flüchtigen, die noch nicht 19-jährige, hochschwangere Frieda Klein, erlag noch am gleichen Tag ihren Schussverletzungen. Die beiden Grenzsoldaten wurden „aufgrund ihrer ausgezeichneten und taktisch klugen Handlungen und vorbildlichen Erfüllung ihres Kampfbefehls bei der Sicherung der Staatsgrenze der Deutschen Demokratischen Republik" mit der Medaille „Für vorbildlichen Grenzdienst" ausgezeichnet.

(nach: Filmer, Werner/Schwan, Heribert: Opfer der Mauer. Die geheimen Protokolle des Todes. C. Bertelsmann Verlag, München 1991, S. 180–181)

Ergänzender Bericht eines geflohenen Soldaten der 3. GK Obersachswerfen:

R. hatte am 10.8.1963 mit seinem Zugführer Oflw. S. Postendienst auf dem B-Turm gegenüber Wiedigshof. Von 11.30 bis 11.45 hörten sie Schüsse aus Richtung Guderslebener Wald, ca. 45 Schuß und erkannten Leuchtsignal 5 Sterne Rot (Offizier zur Grenze). Über das GMN machten sie Meldung an die 3. GK. Kurz darauf meldete sich die Streife Uffz. E. und Gfr. H., die am Guderslebener Wald im so genannten Nussgrund Postendienst verrichteten, dass sie zwei Grenzverletzer gestellt hätten. Es handelte sich um ein Ehepaar (er 21, sie 20 Jahre und hochschwanger). Sie verlangten dringend nach einem Sanka, um die durch Hüftschuss schwer verletzte junge Frau ins Krankenhaus zu befördern. Der Soldat berichtete weiter, dass der PK-Offizier Oltn. K. mit einem Jeep P3 zum Tatort gefahren sei. Von dort ließ er den Transport durch seinen Wagen ausführen, weil der Sanka nicht eintraf. Auf dem Weg ins Krankenhaus ist die junge Frau verstorben.

Die Streife wurde mit einer Medaille ausgezeichnet und erhielt je 50 Mark.

(aus den Unterlagen des ZGD)

Der Zollgrenzdienst berichtete über Ereignisse von 1965 bis 1969

Am **17. Februar 1965** brachten sieben Offiziere und zwei Unteroffiziere drei Reihen Stacheldraht auf dem Lattenzaun zwischen dem Bahnhof Ellrich und dem Eisenbahntor an. Der am **15. Januar 1965** beschädigte Flügel des Eisenbahntores wurde nach der Reparatur am **18. Januar 1965** wieder eingebaut.

Im **März 1965** wurde von den Grenztruppen der Abschuss von Propagandaraketen über die Grenze eingestellt.

Am **28. März 1965** flüchtete gegen 19.00 Uhr ein junges Ehepaar aus dem Raum Nordhausen ohne Zwischenfälle durch den verminten Doppelzaun im Raum Ellrich.

Im **April 1965** errichteten die Grenztruppen eine Hundelaufanlage auf dem Bahnhofsgelände Ellrich sowie vier parallel zur Demarkationslinie an der Straße Neuhof-Branderode und zwei parallel zur Straße Neuhof-Klettenberg.

In der Nacht von **15. April 1965** wurde an der Kutzhütte das nachstehend wiedergegebene Propagandaplakat erneuert.

Propagandaplakat an der Kutzhütte (Foto: ZGD)

Am **3. Juli 1965** bezog die 4. Grenzkompanie Klettenberg die neue Kompanieunterkunft.

Im **August 1965** gelangten fünf deutschstämmige Polen unentdeckt in einem Güterwagen aus Polen zwischen Karbidfässern versteckt über die Grenze zum Bahnhof Herzberg.

Am **10. September 1965** wurde die neue Kompanieunterkunft der Grenzkompanie Ecklingerode bezogen.

In der Nacht vom **19.** zum **20. Januar 1966** gelang drei jungen Männern aus Klettenberg, darunter einem Grenzhelfer, die Flucht durch den unverminten Doppelzaun bei Neuhof.

Im **Februar 1966** wurde mit dem Bau der Betonmauer um die Ziegelei Zwinge begonnen. Der alte Holzturm wurde am 18. April 1966 abgerissen.

Am **19. April 1966** flüchteten zwei junge Männer im Alter von 18 und 20 Jahren oberhalb des Gipswerkes Ellrich in die BRD. Beide hatten bereits im März 1964 an gleicher Stelle einen Fluchtversuch unternommen, waren jedoch gestellt worden. Einer konnte damals unerkannt ins Hinterland entkommen, während sein Begleiter zu acht Monaten Jugendhaus verurteilt wurde.

Im **September 1966** wurde der Kfz-Sperrgraben im Raum zwischen Wiedigshof und Neuhof unter Einsatz von schwerem Gerät von ca. 200 Pionieren erneuert. Die Arbeitskommandos wurden im Abstand von etwa 200 Metern durch 3-Mann-Posten bewacht.

Am **23. September 1966** sprangen zwei Handwerker im Alter von 26 und 29 Jahren im Bahnhof Ellrich auf den gerade anfahrenden Interzonenzug Nr. 7358 auf und gelangten so über die Grenze zum Bahnhof Herzberg, wo sie vom Zoll in Empfang genommen wurden.

Am **30. April 1967** errichteten die Grenztruppen am Zorger Dreieck eine Propagandatafel mit der Aufschrift: „Bürger der BRD! Wer Haß und Feindschaft gegen die DDR sät, untergräbt die Sicherheit in Europa".

Am **20. Juni 1967** gelang einem 28-jährigen DDR-Bürger im Raum Nüxei die Flucht in den Westen. Er hatte die Flucht in Begleitung eines 18-jährigen Elektroschweißers angetreten. Bei Limlingerode waren sie von einer 3-Mann-Streife der GT bemerkt worden und mussten sich trennen. Über den Verbleib seines Begleiters wurde nichts bekannt.

Im **Juni 1967** wurde in Höhe des Grenzzollamtes und des Stellwerkes auf dem Bahngelände Ellrich die Postenbrücke errichtet. Im September 1967 erfolgte darauf der Bau der beiden Posten-Schutzhütten. Etwa zum gleichen Zeitpunkt wurde der hölzerne B-Turm auf dem Bahnhofsgelände abgerissen.

Am **11. November 1967** brannten auf einem Bauernhof in Tettenborn Scheune und Stall. Die Rinder waren bis zum Doppelzaun gelaufen. Einige kamen auf Zuruf allein zurück. Zwei Rinder wurden von Posten der Grenztruppen über die Grenze zurück getrieben.

Mitte **Februar 1968** wurde gegenüber von Neuhof der einreihige Metallgitterzaun errichtet.

Am **3. April 1968** wurde von einem Pionierkommando der Grenzschutzabteilung III/5 Goslar die über der Straße Zorge-Ellrich befindliche eiserne Barriere sowie die Schilder „Halt! Hier Zonengrenze" um ca. 20 Meter nach Osten versetzt, da das Haus Ahrendt von nun ab zur Bundesrepublik gehörte.

Am **14. Juni 1968** wurde vom Bahnhof Ellrich ein leerer Kesselwagen zurückgeschickt. Die zuständigen Organe verweigerten die Annahme, weil der Kesselwagen in Kreideschrift Bemerkungen gegen den Staatsratsvorsitzenden Ulbricht aufwies.

Im **Oktober 1968** flüchtete ein Ehepaar mit zwei Kindern im Alter von 15 und 9 Jahren in die BRD. Zwei Jahre zuvor war der ältere Sohn als 13-jähriger Schüler bereits in den Westen geflüchtet. Nach einem kurzen illegalen Aufenthalt in der SBZ im Jahre 1967 war er mehrere Tage vor der jetzigen Flucht nachts erneut über die Demarkationslinie in die SBZ gegangen, um seine Eltern und seinen Bruder in die BRD zu holen. Angehörige der Grenztruppen entdeckten das Fluchtvorhaben und schossen, als die Flüchtlinge bereits den Doppelzaun erreicht hatten, aus größerer Entfernung Leuchtkugeln ab. Diesen gelang es jedoch, unter Zurücklassung ihres Handgepäcks, den verminten Doppelzaun zu überwinden und unverletzt Bundesgebiet zu erreichen.

Im **April 1969** wurde das Trümmergrundstück der ehemaligen Ziegelei Königstuhl einplaniert. Der Aufbau des runden Betonturmes (BT 11) oberhalb Obersachswerfen wurde beendet. Das Auswechseln der DDR-Embleme aus Plastik gegen die aus Alu-Duckguß an den Grenzsäulen wurde abgeschlossen.

Im **August 1969** wurden im Bereich Gipswerk Ellrich bis Juliushütte 293 Minen gesprengt.

Am **28. August 1969** erreichte ein 19-jähriger DDR-Bürger das Territorium der BRD, nachdem er ein Loch unter den Grenzzaun gegraben hatte. Er stellte sich einer BGS-Streife.

Im **September 1969** wurden neue Minen verlegt, und zwar
– zwischen der Straße Zorge-Ellrich bis Ziegelei
	Königstuhl in zwei Reihen 600 Minen,
– oberhalb des Gipswerkes Ellrich bis zum
	Langenberg in drei Reihen 1 500 Minen,
– vom Langenberg bis Guderslebener Wald in drei
	Reihen 1 800 Minen,
– vom Guderslebener Wald bis
	Branderoder Straße 3 000 Minen.

Fluchten von Angehörigen der Grenztruppen

Am **12. Juni 1965** erreichte ein Grenzsoldat der 9. Grenzkompanie in Zivil bei Hohegeiß das Bundesgebiet.

Am **16. Juni 1965** flüchteten im Schutz eines starken Gewitterregens am Kreuzbusch ein Unteroffizier und ein Gefreiter der 4. Grenzkompanie Weilrode.

Am **20. Juni 1965** gelang einem Greso der 1. Grenzkompanie Sülzhayn am Ehrenberg die Flucht, nachdem er seinen Streifenkameraden mit dem flachen Kolben seiner Mpi niedergeschlagen hatte.

Am **28. Juni 1965** floh der Funk-Unteroffizier L. von der 1. Grenzkompanie Sülzhayn während seiner dienstfreien Zeit in Ausgehuniform.

Am **9. Oktober 1965** gelang einem Soldaten der 7. GK Silkerode die Flucht in die BRD.

Am **19. Oktober 1965** flohen zwei Soldaten der 6. GK Weilrode mit einem Hund, während sie als Bewachungsposten eines beim Bau des 6-Meter-Kontrollstreifens tätigen Arbeitstrupps eingesetzt waren.

Am **7. März 1966** desertierte ein Soldat der 1. GK Sülzhayn in die Bundesrepublik.

Am **12. März 1966** folgten zwei Gefreite der 2. GK Ellrich in Ausgehuniform.

Am **31. Mai 1966** erreichte ein Soldat der 4. GK Klettenberg in Uniform, jedoch ohne Waffen, im Raum Neuhof am Uffewehr nach Überwindung des unverminten Doppelzaunes westdeutsches Gebiet.

Am **24. Juli 1966** flüchtete ein Gefreiter der 4. GK Weilrode in die Bundesrepublik.

Am **3. Januar 1967** überwand ein Soldat der 7. GK Silkerode ohne Waffen die Grenzsperranlagen.

Am **13. Januar 1967** erreichten zwei Gefreite der 2. GK Ellrich Bundesgebiet.

Am **28. Januar 1967** überwanden zwei Soldaten der 4. GK Klettenberg gemeinsam die Grenzsperranlagen zur BRD.

Am **28. Februar 1967** flüchtete ein Feldwebel der 6. GK Weilrode in den Westen.

Am **23. Mai 1969** überschritt ein Gefreiter der 9. Straßenbau-Kompanie Schiedungen im Raum Mackenrode die Grenze zur Bundesrepublik. Der Geflüchtete fuhr mit einem Lkw an den Metallgitterzaun heran, stieg auf das Führerhaus und sprang über den Zaun. Er meldete sich in der Gaststätte in Tettenborn und wurde dort von GASt Tettenborn übernommen.

Am **9. Juni 1969** flüchtete ein Unteroffizier der 6. Grenzkompanie Weilrode mit voller Ausrüstung im Bereich Kreuzbusch über den unverminten Doppelzaun in die Bundesrepublik.

Neue Unterkünfte für die Grenzkompanien

Ab **Ende 1963** erhielten die Grenzkompanien, die bisher überwiegend in Baracken oder Altbauten untergebracht waren, neu erbaute Kasernen. Im Bereich des Südharzes entstanden solche in Ellrich, Liebenrode, Klettenberg, Limlingerode und in Weilrode.

Feierlicher Appell aus Anlass des Umzugs der 4. Grenzkompanie Klettenberg in die neue Kaserne am 3. Juli 1965 (Foto: W. Liebau)

Kaserne Klettenberg (Foto: BGS)

Weitere erfolgreiche Fluchten in den Westen

Vater holte seine Familie aus der DDR

Am **4. Januar 1964** gegen 18.35 Uhr gelang es einem Ehepaar aus Obergebra mit einem 5-jährigen Jungen an der Landstraße Klettenberg-Neuhof durch den unverminten Doppelzaun in die BRD zu flüchten. Der Ehemann war bereits am 11. November 1963 allein in die BRD geflüchtet. Am 2. Januar 1964 ließ er sich durch ZGD-Beamte die Minenlücke zwischen Neuhof und Tettenborn erklären. Danach ging er in die SBZ zurück, um seine Familie zu holen. Die Flucht mit der Familie verlief ohne Zwischenfälle.

(aus einem Bericht des ZGD)

Flucht ohne Fährnisse

Bad Sachsa. Drei Jugendlichen im Alter von 18 und 19 Jahren gelang am letzten Dienstag zu mitternächtlicher Stunde im südniedersächsischen Raum die Flucht in die Freiheit des Westens. Dabei handelte es um zwei Lehrlinge und einen Schüler, die alle drei ohne Fährnisse durchgekommen sind, obgleich die Demarkationslinie an dieser Stelle durch einen verminten Doppelzaun abgesichert war. Es ist nicht nur keine Mine ausgelöst worden, die Grenzbewacher haben vielmehr dieses Entweichen überhaupt nicht bemerkt!
(Göttinger Tageblatt vom **14.1.1966**)

Aus der Zone geflüchtet

Bad Sachsa. Einem erst 18 Jahre alten Schüler sowie einem 19-jährigen Bergmann aus der sowjetisch besetzten Zone ist in den Mittagsstunden des letzten Dienstages die Flucht über die Zonengrenze in den freien Westen gelungen.

Obgleich die Demarkationslinie an dieser Stelle scharf bewacht wird und durch vermintes Gelände wie auch durch einen Doppelzaun abgesichert worden war, verlief die Flucht ohne Zwischenfälle. Die jungen Männer wurden von den Grenzbewachern trotz des hellen Tageslichtes nicht bemerkt. Als Grund für ihre Flucht haben die beiden allgemeine Unzufriedenheit mit den in der Zone bestehenden Verhältnissen angegeben. (Göttinger Tageblatt vom **4.3.1966**)

Zwei kamen in Uniform

Walkenried. Zwei Soldaten der so genannten „Nationalen Volksarmee" sind am vergangenen Sonnabend bei Ellrich über die Zonengrenze in die Freiheit des Westens gekommen. Sie erschienen in Ausgehuniform, denn sie hatten dienstfrei und nahmen diese Gelegenheit mit Erfolg wahr. Waffen hatten sie nicht bei sich; im Übrigen sind sie von Zollbeamten des Kommissariates in Walkenried in Empfang genommen und weitergeleitet worden. (Göttinger Tageblatt vom **14.3.1966**)

Zwei Lehrlingen gelang die Flucht

Bad Sachsa. Unbemerkt von sowjetzonalen Grenzposten konnten am letzten Sonntagabend ein 16-jähriger und ein 17-jähriger Lehrling fliehen. Ohne Zwischenfälle kamen sie in unseren südniedersächsischen Raum über die durch Erdminen und einen Doppelzaun abgesicherte Demarkationslinie.

Wie unserer Zeitung von zuständiger Stelle mitgeteilt worden ist, gaben die beiden Jugendlichen als Grund für ihre Flucht Unzufriedenheit mit den politischen und wirtschaftlichen Verhältnissen in der Sowjetzone an. (Göttinger Tageblatt vom **16.3.1966**)

Bau des Kfz-Sperrgrabens zwischen Neuhof und Walkenried

Anfang **Oktober 1966** begannen ca. 200 Pioniere der Grenztruppen, im Bereich zwischen Walkenried und Neuhof mit Hilfe von Baggern und Planierraupen hinter dem Doppelzaun einen etwa einen Meter tiefen Graben anzulegen. Die in Richtung Grenze weisende steile Böschung des Grabens wurde mit Betonplatten befestigt, während die gegenüberliegende Böschung flacher und unbefestigt in den Graben führte. Flüchtlinge sollten durch den Graben daran gehindert werden, mit Fahrzeugen den Doppelzaun zu durchbrechen. In unmittelbarer Nähe des Doppelzaunes hatten die Grenztruppen im Abstand von ca. 200 Metern Hochsitze errichtet, von denen aus 3-Mann-Posten die Tätigkeit der Soldaten kontrollierten. Auf westlicher Seite wurden die aufwendigen Arbeiten mit Aufmerksamkeit verfolgt. Zeitweilig reichte die Schlange der haltenden Fahrzeuge am Straßenrand von Neuhof bis zur Kutzhütte.

(nach Archiv Stadt Bad Sachsa)

Bau des Kfz-Sperrgrabens vor Neuhof, 1966 (Foto: ZGD)

Güterzug verunglückte bei Einfahrt in die DDR

Am Sonnabend, den **8. März 1969**, kam es in den Nachmittagsstunden zu einem Eisenbahnunglück, als ein mit Kunstdünger beladener Güterzug der Bundesbahn das Grenztor zum Bahnhof Ellrich gerade passiert hatte. Da der Lokführer offensichtlich ein Signal übersehen hatte, geriet der Zug auf ein Nebengleis und fuhr dort gegen einen Prellbock. Obwohl im Grenzkontrollbereich sehr langsam gefahren wurde, war die Schubkraft des Zuges so groß, dass die Lokomotive nach der rechten Seite und zwei Waggons nach der linken Seite umkippten und sich ineinander schoben. Da die Fernsprechverbindung zwischen den Bahnhöfen Walkenried und Ellrich wegen eines beim Unfall umgeknickten Telegrafenmasts unterbrochen war, dauerte es eine Weile, bis über Sprechfunk des Zollgrenzdienstes die Nachricht vom Unfall den Bahnhof Walkenried erreichte. Über das Schicksal des Lokführers und des Heizers war zunächst nichts bekannt. Der Vorsteher des Bahnhofs Walkenried eilte zur Unfallstelle, passierte das Eisenbahntor und ging zum Bahnhof Ellrich, wo er von einer Streife zunächst wegen Verletzung des Staatsgebietes der DDR festgenommen wurde.

Unglücksort Bahnhof Ellrich (Foto: Töpperwien)

Hier erfuhr er, dass sich das Lokpersonal hatte retten können und in ärztlicher Betreuung war. Nach Rückkehr des Bahnhofvorstehers wurde der Teil des Güterzuges, der sich noch auf westdeutschem Gebiet befand, nach Walkenried zurückgezogen. Schon wenig später trafen an der Unglücksstelle hohe Beamte der Reichsbahn und Offiziere der Grenztruppen ein, denen ein Hilfszug folgte. Auf Wunsch der Reichsbahn wurden die restlichen zehn unbeschädigten Wagen dann mit einer Kleinlok in zwei Etappen nach Walkenried zurückgezogen. Währenddessen begann auch die Bergung der schwerbeschädigten Lokomotive und der beiden Güterwagen mit Hilfe eines Eisenbahnkrans. Die Aufräumarbeiten dauerten bis 22 Uhr. Dann waren die Gleisanlagen wieder soweit in Ordnung, dass der erste Güterzug von Walkenried in das Bahnhofsgelände Ellrich einfahren konnte. Das Lokpersonal wurde zunächst noch festgehalten, kehrte aber nach Mitternacht ebenfalls zurück.

(nach Bad Harzburger Nachrichten/Braunlager Umschau und Hannoversche Presse vom 10./11. März 1969)

Der Kalte Krieg an der Grenze

In der ersten Phase der Grenzüberwachung standen sich Posten beider Seiten keineswegs feindlich gegenüber. Der Auftrag entsprechend den Anordnungen des Alliierten Kontrollrates, den illegalen Waren- und Personenverkehr von einer in die andere Zone zu unterbinden, galt für beide Seiten. Die oftmals gemeinsame Vergangenheit als Soldaten der früheren Wehrmacht ließ zunächst keine Ressentiments aufkommen. Man sah sich in der gleichen Situation, wie der Posten auf der anderen Seite. Bedingt durch die zunehmenden Spannungen zwischen den Siegermächten und in deren Folge auch zwischen den beiden deutschen Staaten, sowie durch die wachsende ideologische Beeinflussung der Grenzbewacher in der Sowjetzone änderte sich das Verhältnis zueinander und wurde zunehmend spannungsreicher. Die einst vertrauensvollen und einander respektierenden Begegnungen gehörten der Vergangenheit an. Die zunehmende Anwendung der Schusswaffe auf Grenzgänger durch die sowjetzonalen Überwachungskräfte, die Verschleppung von Grenzern und Bürgern der britischen Zone, vom Osten versuchte Grenzkorrekturen sowie das Kontaktverbot für die Angehörigen der sowjetzonalen Grenzpolizei führte auch bei den Zollbeamten der britischen Zone allmählich zu einer mehr als distanzierten Haltung gegenüber den sowjetzonalen Grenzern. Beschimpfungen über die Grenze hinweg waren auf beiden Seiten keine Seltenheit. Die zunehmende Westintegration der Bundesrepublik, die der Osten unbedingt verhindern wollte, führte von Seiten der DDR, deren Regierung sich als der bessere Wegbereiter für die Zukunft ganz Deutschlands ansah, zu umfangreichen Propagandamaßnahmen auch an der Zonengrenze.

Im Jahre 1963 begannen die Grenztruppen der DDR mit dem Verschießen von Propagandaraketen über die Grenze. Vom Zollgrenzdienst wurden im Bereich des Südharzes bis Oktober 1967 allein 18100 solcher Raketenabschüsse gezählt. Die Grenztruppen benutzten dazu zunächst feuerwerksähnliche Raketen für einige wenige Flugblätter, später ein mörserähnliches Abschussgerät. Die Flugblätter, deren Inhalt sich auf die politischen und militärischen Entwicklungen in der Bundesrepublik bezogen, waren in kugelförmigen Schalen verstaut, die sich über dem Zielgebiet durch eine kleine Explosion öffneten und ihren Inhalt von Flugblättern frei gaben. Die Reichweite der Raketen, die über die Steigung des Abschussrohres eingestellt werden konnte, war gering und ging über den unmittelbaren westlichen Grenzbereich nicht hinaus. Weiterhin versuchte man auch über Lautsprecherwagen, in denen auch die Abschusseinrichtungen untergebracht waren, die Bevölkerung grenznaher westdeutscher Orte im Sinne der DDR-Machthaber zu beeinflussen. Auch mit Propagandatafeln an den westdeutschen Übersichtspunkten versuchte die DDR, die politische Meinung der Grenzbesucher zu beeinflussen.

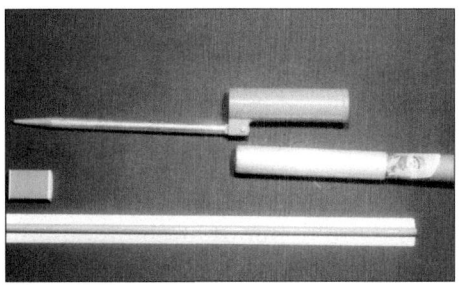

Propagandarakete der Grenztruppen (Foto: Grenzlandmuseum Bad Sachsa)

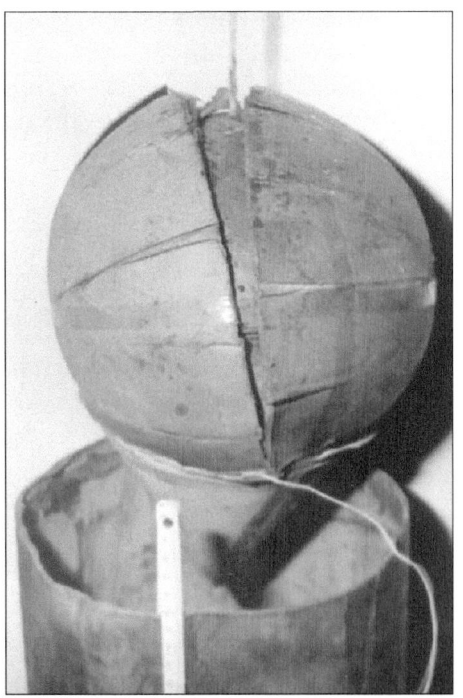

Flugblattkugel der DDR-Grenztruppen (Foto: Grenzlandmuseum Bad Sachsa)

Der Propagandakrieg der DDR wurde von Seiten der Bundesrepublik massiv erwidert. Die Bundeswehr, die in Clausthal eine Einheit für psychologische Kriegführung stationiert hatte, schickte in großen Mengen Flugblätter mit Ballons in die DDR. Wegen der vorherrschenden West-Ost-Windströmung waren diese Ballon-Aktionen sehr viel wirkungsvoller als die Flugblatt-Aktionen der DDR, mit denen nur der grenznahe westdeutsche Raum erreicht wurde.

Lautsprecherfahrzeug der DDR-Grenztruppen (Foto: ZGD)

Propagandatafel am Zorger Dreieck, 1965 (Foto: ZGD)

Landsleute!
Seid für menschliche Kontakte!

Der Leiter des Zollkommissariats Schöningen, Zolloberinspektor Hein, ist für Kontakte.

Er fordert von seinen Beamten, die Grenzsoldaten der DDR zu ködern oder sie anzupöbeln und zu beschimpfen.

Wem nutzt das?

Für die friedliche Verständigung der Deutschen in Ost und West sind **andere** Kontakte erforderlich:

Verhandlungen zwischen den Regierungen beider deutscher Staaten über Abrüstung und Entspannung, friedlichen Handel, gesamtdeutschen Reiseverkehr sowie kulturelle und sportliche Beziehungen.

Nur so entwickeln sich nützliche, menschliche Kontakte!

Dafür sollte jeder vernünftige Deutsche eintreten!

Kiesingers „gesamtdeutscher" Minister Herbert Wehner redet von „Entkrampfung" und „Verständigung".

Im gleichen Atemzug verleumdet er die DDR als „unrechtmäßig" und reitet den Bonner Alleinvertretungsgaul.

Das ist Politik mit doppeltem Boden – das ist gesamtdeutscher Betrug.

Ehrliche Verhandlungen sind nur möglich, wenn

• beide deutsche Staaten normale Beziehungen zueinander aufnehmen,

• einen Vertrag über den gegenseitigen Gewaltverzicht abschließen und

• Maßnahmen der Rüstungsminderung und des Verzichts auch auf jedwede Mitverfügung über Kernwaffen vertraglich vereinbaren.

Das ist das Mindeste!
Alles andere ist blauer Dunst!

DDR-Flugblätter (Foto: P. Schmelter)

Propagandatafel am Parkplatz Hohegeiß, 30. April 1967 (Foto: ZGD)

Vorbereitungen der Bundeswehr zum Auflassen von Propagandaballons
(Foto: Grenzlandmuseum Bad Sachsa)

Der große Sprung (nach Dokumenten von P. Schmelter)

Mit der Aktion „Der große Sprung" versuchte man die Soldaten des Grenzregimentes 5 in Nordhausen zur Desertion zu ermuntern. Auf der Rückseite der farbigen, 7 x 10 cm großen Flugblätter grüßten handschriftlich die in den Westen geflohenen Soldaten ihre ehemaligen Kameraden.

Hin und wieder gingen die Flugblätter noch vor der Grenzlinie nieder und mussten von den diensttuenden Beamten des Zollgrenzdienstes aufgelesen werden. Die Anzahl der zu früh ausgelösten Flugblätter war manchmal so groß, dass z. B. die Hundertmorgen-Wiese bei Zorge damit nahezu völlig bedeckt war.

Mit den westlichen Ballons, die in Abhängigkeit von ihrem Volumen zwischen 200 und 3 000 kg Flugblätter, meistens in Form von handlichen Zeitungen, bis in den Kernbereich der DDR transportieren konnten, sollte die Bevölkerung mit Informationen über die Bundesrepublik versorgt werden.

Die Ballons wurden von Auflassungsstellungen auf der Ostsee, von der Grenzlinie von Lübeck über den Harz bis nach Franken auf die Reise in die DDR geschickt.

Die Flugblatt-Aktionen wurden beiderseits erst im Jahre 1972, als sich eine Annäherung der beiden deutschen Staaten abzeichnete, eingestellt.

Zeittafel 1961–1970

15. Februar 1961	Sprengung der Ziegelei Königstuhl nordwestlich von Ellrich durch DGP
13. August	Errichtung der Berliner Mauer
15. September	Unterstellung der DGP als „Kommando der Grenztruppen der NVA"
2./3. Oktober	„Aktion Kornblume": Zwangsevakuierung aus dem Grenzgebiet
Oktober	Beginn des Baues des zweireihigen Stacheldrahtzaunes mit erster Verlegung von Bodenminen im Zwischenraum
November	Abriss der alten Berufsschule Ellrich gegenüber der Juliushütte
Januar 1962	Das „Haus Arndt" am Zorger Dreieck wurde durch die Errichtung des Doppelzaunes von der SBZ abgetrennt
18. September	Errichtung der ersten Minenfelder zwischen dem Zorger Dreieck und der Kutzhütte
1963	Beginn des Propandaraketenabschusses der DDR über die Grenze
Frühjahr	Beginn des Baues massiver Kasernenbauten im Grenzgebiet der DDR; ab April Bau der Unterkunft Liebenrode
30. April	Minensprengungen am Jägerfleck
Mai	Pioniere der GT schließen Lücke im Doppelzaun zwischen Lampertsberg und Ehrenplan
11. August	Erschießung einer schwangeren jungen Frau bei Obersachswerfen
3. September	Neues mechanisches Eisenbahntor, vom Grenzzollamt Ellrich mit Kurbel bedient
Nov. /Dez.	Abbau der hölzernen B-Türme gegenüber Langenberg, südlich des Rösebergs, gegenüber Neuhof, gegenüber Kutzhütte
Dezember 1964	Bezug der neuen Unterkunft der 8. GK Jützenbach
8. März 1965	Abbau des hölzernen B-Turmes an der Molkerei Zwinge
Mai	Abbau des hölzernen B-Turmes am Friedhof Mackenrode

3. Juli	Bezug der neuen Unterkunft der 4. GK Klettenberg
August	fünf deutschstämmige Polen erreichen in einem Güterwagen zwischen Karbidfässern versteckt den Bahnhof Herzberg
10. September	Bezug der neuen Unterkunft der 9. GK Ecklingerode
19. April 1966	Abbau des hölzernen B-Turmes an der Ziegelei Zwinge
August	Bezug der neuen Unterkunft der 5. GK Limlingerode
Oktober	Beginn des Baues des Kfz-Sperrgrabens im Südharz
ab 1967	Austausch des doppelten Stacheldrahtzaunes durch Metallgitterzaun und Aufstellung der DDR-Grenzsäulen in 1 m Entfernung von der Grenzlinie
4./5. Oktober	Bau des Grenzzaunes I von Straße Branderode-Neuhof bis Straße Mackenrode-Nüxei
21. August 1968	Einmarsch der Truppen des Warschauer Paktes in die CSSR
8. März 1969	Güterzug verunglückte im Bahnhof Ellrich
ab 1969	Bau der ersten runden B-Türme aus Beton und des Kolonnenweges
ab November	Erneuerung der Minenfelder im Südharz
1. April 1970	Auflösung des Zollkommissariats Walkenried

Die Jahre 1971 bis 1980

Die Jahre 1971 bis 1980 waren gekennzeichnet durch die einsetzende Entspannung zwischen den Militärblöcken, vor allem aber zwischen den beiden deutschen Staaten. Die vier Siegermächte des Zweiten Weltkrieges schlossen im September 1971 das Berlin-Abkommen. Die BRD und die DDR unterzeichneten im Dezember 1971 ein Transitabkommen und im Dezember 1972 den Grundlagenvertrag. Die DDR gewann zusehends internationale Anerkennung, wurde am 18. September 1973 gleichzeitig mit der BRD Mitglied der UNO und nahm mit mehr als 100 Staaten diplomatische Beziehungen auf. Entsprechend dem Grundlagenvertrag öffneten vier neue Grenzübergangsstellen und für die grenznahen Kreise auf beiden Seiten wurde der „Grenznahe Reiseverkehr" zugelassen.

Für die Menschen im Südharz und im Eichsfeld brachte die Eröffnung der Übergangsstelle Duderstadt–Worbis am **21. Juni 1973** trotz der oftmals schikanösen Kontrollen durch die Organe der DDR deutliche Erleichterungen. Für DDR-Bürger wurden die Reisemöglichkeiten in den Westen weiterhin sehr restriktiv behandelt.

Um Unklarheiten hinsichtlich des genauen Grenzverlaufes zu beseitigen, konstituierte sich im Januar 1973 eine gemeinsame Grenzkommission aus Vertretern der BRD und der DDR, die entlang der gesamten innerdeutschen Grenze den genauen Grenzverlauf dokumentierte und ihre Tätigkeit 1978 mit einem Protokoll abschloss.

Die Sperranlagen entlang der deutsch-deutschen Grenze wurden von Seiten der DDR trotz der spannungsmindernden Maßnahmen zwischen den beiden Staaten ständig weiter verstärkt. Im Oktober 1970 hatten die Grenztruppen der DDR mit der Montage der Splittermine SM 70 am vorderen, einfachen Metallgitterzaun (eMGZ) begonnen, von der an der gesamten Grenze bis 1984 etwa 54 000 Stück angebracht wurden. Diese Splitterminen waren in drei Reihen übereinander und im Abstand von etwa 30 Metern an der DDR-Seite des Metallgitterzaunes an den Betonpfählen montiert und mit Auslösedrähten verbunden. Sowohl durch Herunterdrücken als auch durch Zerschneiden des Auslösedrahtes wurde die Sprengladung mit über 100 Metallsplittern gezündet und Alarm in der zugehörigen Führungsstelle ausgelöst. Bei einer Wirkungsweite von etwa 50 Metern führte die Explosion mindestens zu erheblichen Verletzungen des Flüchtenden, wenn nicht gar zu seinem Tod.

Im Südharz gab es nur eine einzige solche Sperranlage im Raum Ellrich zwischen dem Spitzen Winkel und dem GÜSt-Tor. Im Bereich des Grenzregimentes 20 Halberstadt war freundwärts der aus inzwischen verrotteten Holzminen weiter bestehenden Minensperre-66 nördlich von Sülzhayn ebenfalls eine zusätzliche Sperranlage 501 errichtet worden. Eine weitere solche Sperranlage befand sich im Raum Teistungen. Die Sperranlage 501 bzw. 701 hatte jeweils eine Länge von fünf Kilometern.

Neben der SM 70 kamen zur Sicherung der Grenzbereiche auch weiterhin Bodenminen und Hundelaufanlagen zum Einsatz.

Im Februar 1971 wurden die Grenztruppen neu organisiert. An Stelle der bisherigen Grenzbrigaden wurden drei Grenzkommandos gebildet. Die im Südharz stationierten Grenztruppen-Einheiten unterstanden von nun an dem Grenzkommando Süd mit Sitz in Erfurt. Das Grenzregiment 5 Nordhausen wurde aufgelöst und die Kompanien dem Grenzregiment 4 in Heiligenstadt unterstellt.

Selbstschussanlage SM 70 ohne Demontagesicherung (Foto: BGS)

Selbstschussanlage SM 70 an eMGZ auf der DDR-Seite (Foto: BGS)

174

Dislokation des Grenzregimentes 4 Heiligenstadt (Grenzlandmuseum Bad Sachsa)

Teilgeschützte Führungsstelle (Foto: Grenzschutzschule Lübeck)

Neu gebildet wurden das I. Grenzbataillon Klettenberg mit den Grenzkompanien Ellrich, Liebenrode, Mackenrode und Weilrode, das II. Grenzbataillon Jützenbach mit den Grenzkompanien Silkerode, Ecklingerode, Teistungen, sowie Günterode und das III. Grenzbataillon Mergelrode mit den Grenzkompanien Freienhagen, Rustenfelde, Hohengandern und Wahlhausen.

Zur gleichen Zeit wurden erstmalig zusätzliche Aufklärungskräfte, die so genannten Grenzaufklärer, eingesetzt. Diese speziell ausgebildeten Grenzsoldaten im Range von Unteroffizieren operierten meistens als Doppelstreife im Raum zwischen der eigentlichen Grenze und dem Vorderlandzaun und unterstützten die Grenzkompanien bei der Hinterlandüberwachung.

Um Grenzdurchbrüche in Richtung Westdeutschland weiter zu erschweren, wurden etwa ab 1970 noch vorhandene Lücken im Hinterlandzaun geschlossen. Dieser Zaun bestand zunächst aus einer Metallgitterplatte am Fuß von Betonsäulen, an die sich nach oben zehn waagerecht gespannte Stacheldrahtreihen anschlossen. Den Abschluss bildete ein schräg in Richtung DDR gerichteter „Abweiser" mit drei Reihen Stacheldraht. Eine andere Variante bestand aus zwei Metallgitterplatten übereinander und einem doppelten Abweiser mit vier Reihen Stacheldraht.

Der Hinterlandzaun wurde ab 1973 weiter ausgebaut. Die Stacheldrahtreihen wurden auf Isolatoren verlegt und führten Schwachstrom. Bei Kontakt der stromführenden Drähte wurde optisch und akustisch Alarm vor Ort ausgelöst. Gleichzeitig erging ein Signal an die für den Grenzabschnitt zuständige Führungsstelle, die damals meistens in einem BT-11 (Beobachtungsturm, 11 Meter hoch) untergebracht war. Als Unterkunft für die vier Mann starke „Alarmgruppe" war an diesen eine entsprechend große Betonhalbschale angebaut, die anschließend begrünt wurde. Bei Auslösung von Grenzalarm konnte von der Führungsstelle aus die Alarmgruppe zielgerichtet eingesetzt werden.

Ab Mai 1976 errichteten die Grenztruppen neue viereckige Betontürme, und zwar Beobachtungstürme von 2,0 x 2,0 Meter und Führungsstellen von 4,0 x 4,0 Meter Grundfläche. Diese Türme besaßen eine höhere Stabilität als die runden, die bei Sturm nicht besetzt werden konnten.

Von Oktober bis Dezember 1979 nahmen die Grenztruppen die Grenzsäulen auf fünf Meter hinter die Grenzlinie zurück, weil die Embleme mit dem Staatswappen der DDR an den in einem Meter Entfernung von der Grenzlinie aufgestellten Grenzsäulen öfter das Ziel westdeutscher Souvenirjäger gewesen waren.

Beobachtungsturm 2,0 x 2,0 m (Foto: GZD)

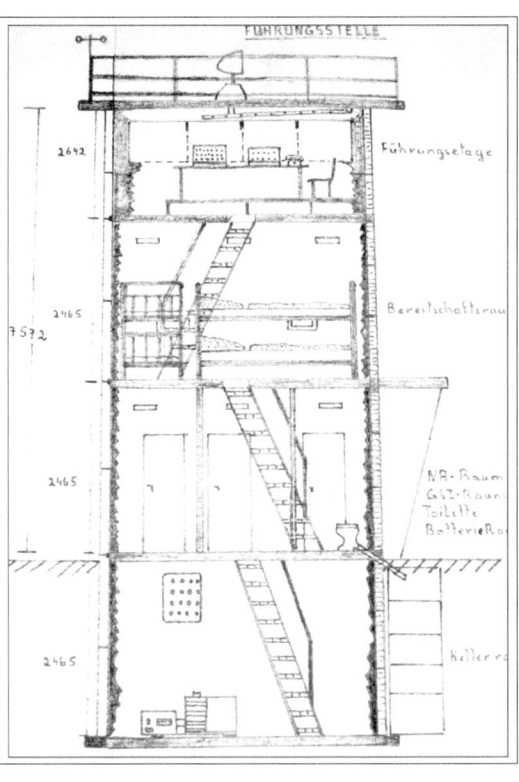

Führungsstelle 4,0 x 4,0 m am Jägerfleck (Foto: GZD)

Führungsstelle im Schnitt (Zeichnung: W. Schlicht)

Grenzverlauf im Harz mit Grenzsäule und BT-11 (Foto: BGS)

Streife des Zollgrenzdienstes vor der Eisengießerei Ellrich (Foto: Zoll Goslar)

Da auf westlicher Seite die Zuständigkeiten bei der Überwachung der Grenze zur DDR nicht ausreichend geregelt waren, wurde im März 1975 die „Verordnung über die Übertragung von Grenzschutzaufgaben auf die Zollverwaltung" erlassen. Darin wurde der Streifendienst des BGS eingeschränkt und der Hauptteil der Grenzüberwachung dem Zollgrenzdienst übertragen.

Zur besseren Kennzeichnung des Grenzverlaufes waren vom BGS ab 1977 die ersten rot-weißen Kunststoffpfähle aufgestellt worden.

Ein Schuss vom B-Turm Mackenrode

Am **8. August 1971** gegen 15:50 Uhr war von dem Doppelposten auf dem BT-11 Mackenrode ein Schuss auf dem am Info-Stand Tettenborn abgestellten Pkw eines Herzberger Einwohners abgegeben worden. Das Geschoss durchschlug die beiden vorderen Kotflügel und den Kofferraum des VW 1500. In der Nähe des Info-Standes befanden sich ca. 50 Personen, von denen niemand verletzt wurde. Kurze Zeit später erschien auf dem B-Turm ein Offizier der Grenztruppen. Die Gründe für den als unverständlich anzusehenden Waffeneinsatz gegen westdeutsche Grenzbesucher sind nicht bekannt geworden. Die Grenzsoldaten hatten strikten Befehl, nicht in Richtung Bundesrepublik zu schießen. (nach einem Bericht des GZD)

Rettung aus dem Minenfeld

*„Am frühen Abend des **14. Dezember 1971** befand sich der Gastwirt Paul M. auf der Rückfahrt von Fuhrbach nach Brochthausen, als er in Höhe des Ortseinganges von der nahen Grenze die Explosion einer Mine wahrnahm. Ihm und weiteren durch die Explosion und Hilferufe aufgeschreckten Bewohnern der nahegelegenen Häuser war sofort klar, dass durch einen Flüchtling eine Mine ausgelöst worden sein musste. Moneke fuhr mit seinem Pkw unter Mitnahme von zwei Männern in Richtung Grenze, um gegebenenfalls helfen zu können. Die letzte Strecke bis zur Grenzlinie mussten sie zu Fuß zurücklegen. Zuvor hatte einer der aufgeschreckten Bewohner telefonisch das Zollkommissariat in Duderstadt informiert. Dieses beorderte per Funk einen Beamten des Zollgrenzdienstes der Grenzaufsichtsstelle Fuhrbach an den Tatort, der mit seinem Fahrzeug nahezu gleichzeitig mit den beherzten Männern dort eintraf.*

Aus dem Minenfeld, das ihnen durch Einsicht von westlicher Seite her bekannt war, rief eine Männerstimme um Hilfe. Drei von den als erste an der Grenze eingetroffenen Männern, ein Tischler, ein Schüler und der Zollbeamte, überquerten die Demarkationslinie und liefen auf den ersten Zaun des Minenfeldes zu. Im Licht der Taschenlampe des Zöllners nahmen sie hinter dem Zaun drei Personen wahr: ein Kleinkind, eine schwer verletzte Frau inmitten des Minenfeldes und einen schreienden, im Gesicht verletzten Mann am zweiten Begrenzungszaun. Die Frau bat flehentlich, wenigstens ihr Kind zu retten, und rief den Männern auf der anderen Seite des Zaunes den Namen des Kindes „Heike J." zu. Der Gastwirt Moneke eilte nach Hause, um ein Seil zu holen. Inzwischen lotste der Beamte des Zollgrenzdienstes mit Hilfe der Taschenlampe den Mann, der durch die Explosion verletzt und geblendet worden war und deshalb kaum sehen konnte, über die Explosionsstelle zunächst zu der schwer verletzten Frau. Dann forderte er den Mann auf, die Frau zum vorderen Zaun zu ziehen. Inzwischen waren noch drei weitere Einwohner von Brochthausen

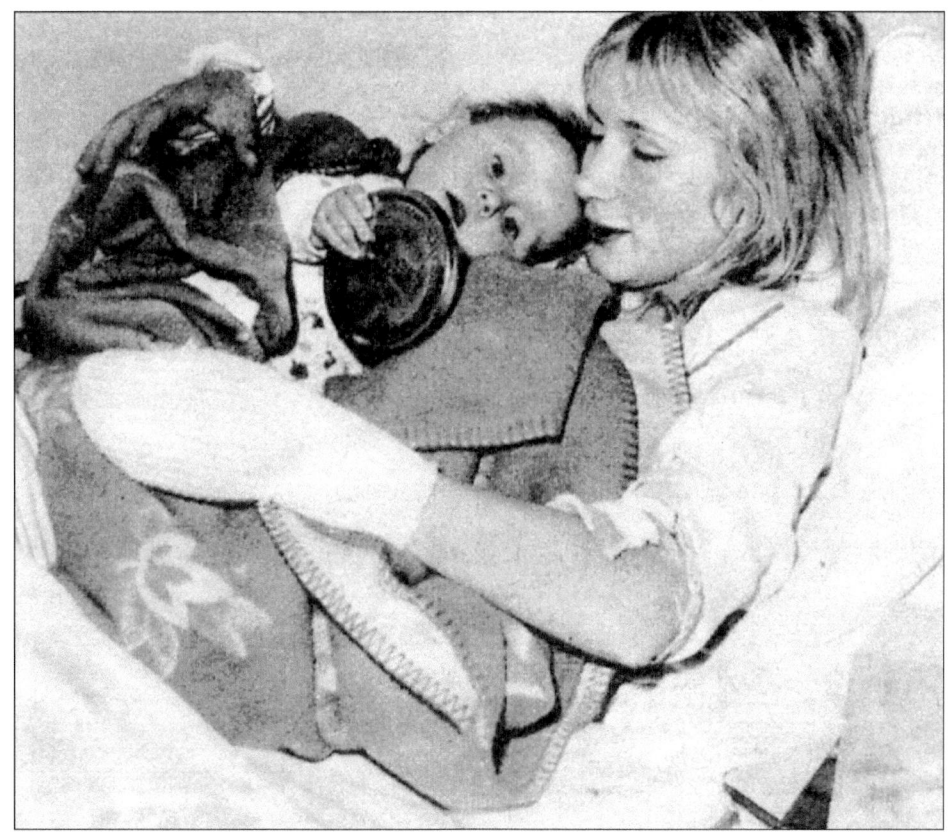

Jutta J. mit Töchterchen Heike (Foto: Herkunft unbekannt)

an der Grenzlinie eingetroffen. Gemeinsam bogen sie die Metallgitterplatten an der Überlappungslinie so weit auseinander, dass eine Öffnung entstand, durch welche die zuerst eingetroffenen drei Männer hindurchklettern konnten. Dort erkannten sie die schweren Verletzungen der Frau, der durch die Mine beide Füße abgerissen worden waren. Der siebzehnjährige Schüler war von diesem Anblick so schockiert, dass er durch die Öffnung zurückkroch und weglief. Das kleine Kind wurde durch die Zaunöffnung gereicht und von einem der Helfer zu seinem Pkw gebracht, mit dem der Vater und das einjährige Kind später zum Krankenhaus nach Duderstadt gefahren wurden. Der Zollbeamte und drei weitere Helfer brachten die Mutter und den Vater durch die Zaunöffnung bis auf das Gebiet der BRD. Hier wurden der schwer verletzten Frau durch einen inzwischen eingetroffenen Sanitätsbeamten des BGS mit Krawatten die Beine abgebunden, bevor sie mit einem Sanka des BGS in das Krankenhaus Duderstadt gebracht wurde. Dort mussten der 21-jährigen Jutta Jahn das linke Bein unterhalb und das rechte Bein oberhalb des Knies amputiert werden. Ihr Mann Lothar war nur gering, das Baby unverletzt.

Die mutigen Retter waren längst wieder auf westlicher Seite, als von DDR-Seite die ersten Leuchtgeschosse abgegeben wurden. Von der Führungsstelle Wolfsberg der Grenztruppen war der Suchscheinwerfer glücklicherweise nicht eingeschaltet worden. Am Unglücksort versammelten sich neben den inzwischen eingetroffenen BGS- und ZGD-Beamten zahlreiche Einwohner von Brochthausen, die ihrem Abscheu über die unmenschlichen Grenzsperren gegenüber den inzwischen am Minenfeld eingetroffenen DDR-Grenzern lautstark Ausdruck gaben."

(Erlebnisbericht von Paul Moneke, Brochthausen, und Bericht des BGS)

Der grenznahe Reiseverkehr

„Entsprechend dem im Dezember 1972 zwischen den beiden deutschen Staaten abgeschlossenen Grundlagenvertrag sollten die Bewohner der grenznahen Kreise beiderseits der innerdeutschen Grenze die Möglichkeit für Tagesbesuche auf der jeweils anderen Seite erhalten. Dazu wurden zusätzlich vier Grenzübergänge eingerichtet. Im Bereich von Südharz und Eichsfeld war das der am **21. Juni 1973** eröffnete Grenzübergang Duderstadt–Worbis.

Ausgenommen von Besuchen waren für westdeutsche Bürger weiterhin die Orte in der Sperrzone. Vor der ersten Einreise mussten die Bürger der BRD einen so genannten Mehrfachberechtigungsschein bei den zuständigen Passbehörden der jeweiligen Orte in der DDR beantragen. Mit dem nach vier bis sechs Wochen ausgehändigten Dokument, das sechs Monate Gültigkeit hatte, konnten Westbesucher im Rahmen von 30 Besuchstagen im Jahr bis zu neunmal innerhalb von drei Monaten für einen, später für zwei Tage über jeden Grenzübergang in die DDR einreisen. Für die Ausreise musste grundsätzlich derselbe Übergang wie für die Einreise benutzt werden. Von westdeutscher Seite aus nutzten relativ viele Bewohner der grenznahen Kreise

Grenzübergang Duderstadt–Worbis vor der Eröffnung (Fotos: BGS)

die neue Reisemöglichkeit. Aus der DDR kamen dagegen zunächst nur wenige Besucher über die Grenze, was daran lag, dass die DDR die Anträge ihrer Bürger sehr restriktiv behandelte. Erst als den Rentnern der DDR Tagesbesuche im Westen erlaubt wurden, nahm der Besucherstrom merklich zu. Pendelbusse von Worbis bis zur Grenze und von dort mit Westbussen nach Duderstadt und zurück ermöglichten einen unkomplizierten Reiseverkehr.

Die Kontrolle der vorwiegend mit eigenem Pkw anreisenden Bundesbürger durch die Grenzsoldaten und die Mitarbeiter des DDR-Zolls war sehr gründlich und oft auch recht schikanös. Bei der Einreise wurden insbesondere Druckerzeugnisse, selbst als Einwickelpapier verwendete Zeitungen, beschlagnahmt. Bei der Ausreise waren die Kontrollen noch intensiver, galt es doch für die Wächter an der Grenze, die Flucht von DDR-Bürgern in einem der Pkw und die unerlaubte Ausfuhr bestimmter Gegenstände wie Porzellan, Fotokameras, Kunstgegenstände u.a. zu verhindern.

Da ich noch Verwandte und Freunde in der DDR hatte, zu denen wir Kontakt halten wollten, hatten wir einen Mehrfachberechtigungsschein beantragt und schließlich auch erhalten. An einem Spätherbsttag machten wir uns auf den Weg, um eine betagte Tante in einem Dorf unterhalb des Kyffhäusers zu besuchen. Nach etwa einer Stunde Fahrt für die 40 Kilometer bis zur Grenze hinter Duderstadt, passierten wir den BGS-Kontrollpunkt. Wir mussten die Ausweise vorzeigen und weiter ging die Fahrt im Schritttempo bis zum Abfertigungsbereich auf DDR-Seite. Schon vor dem Einfädeln in die Fahrspuren stauten sich die Fahrzeuge. Ein Grenzsoldat kontrollierte unsere Pässe und wies uns schließlich eine der Fahrspuren zu. Als die Fahrzeuge dort vorgerückt waren, schlossen wir mit unserem Pkw auf. Nach einer Weile des Wartens wurden uns die Pässe und die Mehrfachberechtigungsscheine abgenommen und verschwanden in einem verdeckten Schalter. Nachdem wir in der Schlange etwas weitergefahren waren, wurden wir aufgefordert, den Mindestumtausch von 25 DM pro Tag im Verhältnis 1:1 Mark der Notenbank der DDR vorzunehmen. Schließlich erhielten wir nach einer intensiven Gesichtskontrolle unsere Papiere zurück.

Die nächste Station war der DDR-Zoll, wo sehr engagierte Mitarbeiterinnen sich des Kofferrauminhaltes annahmen. Jedes liebevoll verpackte Mitbringsel musste geöffnet werden. Auch die Werkzeugtasche und der Raum für den Ersatzreifen wurden gründlich inspiziert. Nachdem der Kofferraum geschlossen werden durfte, wurden wir mit einem „Gute Fahrt" weitergeschickt. Den Einkauf in dem Intershop-Laden auf dem Übergangsgelände ersparten wir uns. Vor dem Verlassen des Grenzübergangsgeländes wurden unsere Papiere noch einmal von einem Grenzsoldaten kontrolliert. Dann rollten wir einige Kilometer in Richtung Worbis bis zum Kontrollpunkt der Volkspolizei. Auch hier mussten wir unsere Papiere vorzeigen und dann ging es mit einem „Gute Reise" weiter. Mit der gebotenen Vorsicht, was die Einhaltung der Straßenverkehrsregeln anbelangte, kamen wir über die F 80 (jetzt B 80) schließlich zu unseren Verwandten am Fuße des Kyffhäusers. Dort gab es natürlich viel zu erzählen. Meistens wurde von unseren Verwandten aber über die Verhältnisse im Dorf, in der LPG und überhaupt über die DDR-Regierung und die Behörden geschimpft. Nach dem vorbereiteten Mittagsmahl machten wir einen Spaziergang durch das Dorf, begrüßten weitere Verwandte und waren zum Kaffee, den wir beigesteuert hatten, wieder zurück in dem alten Bauernhaus.

Noch vor dem Aufbruch zur Rückfahrt sah ich in einer Ecke des ehemaligen Hofes zwei alte Holzwagenräder stehen, für die es offensichtlich keine Verwendung mehr gab. Mein Onkel erlaubte mir, die Räder mitzunehmen, die er ohnehin längst hatte zerschlagen wollen. Nach zwei Stunden erreichten wir, nachdem uns die Volkspolizei bereits bei der Einfahrt in die Sperrzone kontrolliert hatte, wieder den Grenzübergang. Der Grenzsoldat an der Einfahrt war recht aufgeschlossen, so dass sich ein kleines Gespräch über das Woher und Wohin usw. ergab. Dann folgte die umständliche Kontrolle der Papiere und die Weiterfahrt zum DDR-Zoll. „Alles aussteigen. Öffnen Sie die Rückbank. Die Schraube, die Sie lösen müssen, ist dort. Kennen Sie Ihr Auto nicht?" Im Kasten der Rückbank fanden sich zwei vermisste Kugelschreiber und einige Bonbons, aber natürlich kein Flüchtling. Nachdem mit Spiegeln unter das Fahrzeug geschaut und auch der Benzintank überprüft worden war, dachten wir nun weiterfahren zu können. Da entdeckte die strenge Kontrolleurin die beiden, von außen sichtbaren Wagenräder im Kofferraum meines Granada-Turniers. „Was haben Sie denn da?" – „Zwei alte Wagenräder!" – „Die dürfen Sie nicht ausführen, das sind Antiquitäten!" Meine Argumente gegen die Einschätzung der alten Wagenräder als Antiquitäten und das Angebot, sie auf der Kontrollstelle zu lassen, nutzten nichts. Die überaus pflichteifrige Kontrolleurin verschwand für kurze Zeit, um sich mit ihrem Vorgesetzten zu besprechen. Als sie zurückkam, hieß es: „Sie müssen die Räder wieder dorthin zurückbringen, von wo Sie sie mitgenommen haben!" Auf meinen Hinweis, dass wir dann die Grenze vor Mitternacht nicht würden passieren können, antwortete sie mir nur, dass das nicht ihr Problem sei. Ich solle die Wagenräder aber keinesfalls in den Straßengraben werfen.

Etwas ratlos wendeten wir, um zurückzufahren. Der Posten, mit dem wir uns vorher recht nett unterhalten hatten, wollte gern wissen, was das alles zu bedeuten habe. Nachdem wir ihm die Situation geschildert hatten, empfahl er uns, die Wagenräder auf dem Bahnhof Worbis als Frachtgut aufzugeben. Dort hat man unsere „Antiquitäten" auch noch angenommen, obwohl die Abfertigung bereits geschlossen war.

Nun brauchten wir aber dringend Benzin, wenigstens für die Fahrt bis zu einer Tankstelle in Duderstadt. In der Nähe des Bahnhofs Worbis gab es zwar eine Intertankstelle, die hatte jedoch um 22 Uhr schon geschlossen. Glücklicherweise befand sich dort aber auch ein Münzautomat, dem wir gegen Westmünzen einige Liter Benzin entnehmen konnten.

Schließlich ging es wieder zurück zum Grenzübergang. An Stelle des Postens, mit dem wir uns vorher unterhalten hatten, kontrollierte uns ein anderer.

Dann ging alles sehr viel schneller als beim ersten Versuch. Der diensthaben-
de Zöllner kontrollierte unseren Wagen überhaupt nicht, sondern winkte uns
gleich weiter. Nach wenigen Minuten passierten wir den BGS-Kontrollpunkt.
Eine meiner Töchter, die natürlich beide mitgebangt hatten, fragte mich:
„Papi, sind wir wieder in Deutschland?" Nach dem Auftanken meines Pkw an
der Tankstelle in Duderstadt erreichten wir kurz vor Mitternacht endlich wie-
der unser Zuhause. An unseren spontanen Entschluss, so bald nicht wieder
nach drüben zu fahren, haben wir uns dann aber doch nicht gehalten."

(Erlebnisbericht von Horst Gundlach, Bad Sachsa)

Unverletzt durch die Minensperren

Am **20. Juni 1977** gegen 2.25 Uhr wurde zwischen Juliushütte und Langenberg von Zollbeamten einer motorisierten Streife der Grenzaufsichtsstelle
Walkenried II ein 36-jähriger Maurer aufgegriffen, der die Minensperren auf
der östlichen Seite der Demarkationslinie am Tonberg, 800 m südwestlich Ellrich, 200 m nordöstlich der Grenzsäule 1061 unverletzt überwunden hatte.
Der Flüchtling wurde zur Befragung dem Bundesgrenzschutz Goslar übergeben. Am folgenden Tag gegen 5.00 Uhr gelang einem weiteren Flüchtling an
der gleichen Stelle ebenfalls die Flucht.

(nach einem Bericht des GZD, Bundesarchiv-Militärarchiv Freiburg)

Zwei junge Männer aus Bleicherode
gelangten in den Westen

Am **11. Januar 1978** betraten ein 24-jähriger Forstarbeiter und sein 18-jähri-
ger Bruder, ein gelernter Tischler, gegen 16 Uhr im Bereich Steina–Osterhagen westdeutschen Boden. Am Vortag hatten sie sich entschlossen, die DDR
zu verlassen. Um 18.15 Uhr fuhren sie dann mit dem Bus nach Großbodun-
gen, von wo sie weiter zu Fuß über Steinrode nach Stöckey gingen. Gegen
21.15 Uhr verließen sie Stöckey und gingen in nördlicher Richtung auf die
Grenze zu. Im Wald zwischen Weilrode und Limlingerode im Bereich von
Kirchberg und Schöneichelkopf warteten sie bis zum Morgen. Gegen 8.30 Uhr
setzten sie ihre Flucht fort und überwanden den Schutzstreifenzaun, der nach
ihren Angaben noch im Bau war, ohne Schwierigkeiten. Bis zum Nachmittag

hielten sie sich im Wald versteckt. Dabei bemerkten sie ein Fahrzeug der Grenztruppen, das auf deren Unterkunft zufuhr. Gegen 16 Uhr krochen sie dann unter dem einreihigen Metallgitterzaun hindurch, durchquerten ein Waldstück, überschritten die Bahnlinie und erreichten den an der B 243 bestehenden Parkplatz. Von hier rief ein von ihnen angesprochener Lkw-Fahrer die Polizei in Bad Lauterberg an, die sie abholte und dem BGS zur Befragung übergab.

(nach einem Bericht des GZD)

Flucht mit dem Flugzeug

Mit einem einmotorigen Agrarflugzeug des tschechischen Typs „Flinn" gelang einem jungen Ehepaar am **28. November 1978** die Flucht aus der DDR. Der Pilot, ein 27-jähriger Diplom-Ingenieur, war bei der Interflug, Betrieb Agrarflug, in Schafstädt bei Merseburg beschäftigt. Er startete dort um 11.55 Uhr zu einem Orientierungsflug um Merseburg. Er wich jedoch vom Kurs ab und flog direkt nach Eisleben. Dort landete er um 12.05 Uhr auf einem etwa 500 Meter langen Agrarflugplatz, um seine dort wartende Ehefrau, eine Diplom-Zahnärztin, aufzunehmen. Im Tiefflug näherte er sich der

Flugzeug nach der Flucht auf einer Wiese in Barbis (Foto: BGS)

Grenze und unterflog den Wirkungsbereich der Radaranlagen der NVA. Nach Überfliegen der Grenzanlagen bei Walkenried, die er deutlich ausmachen konnte, flog er in Richtung Bad Sachsa und landete um 12.05 Uhr auf einer Wiese in der Gemarkung Königshagen bei Bad Lauterberg. Das Eindringen eines Flugzeuges aus der DDR in den Luftraum der Bundesrepublik war von einer Streife des BGS und von einem Angehörigen des Grenzzolldienstes beobachtet und sofort gemeldet worden. Ein zufällig vorbeikommender Forstangestellter verfolgte die Landung und verständigte sofort die Polizei Bad Lauterberg. Die Flüchtlinge kamen zunächst auf die Polizeidienststelle in Bad Lauterberg, später brachten sie Beamte des BGS zur Grenzschutzabteilung Duderstadt und gegen 18.15 Uhr wurden sie von Angehörigen der Hauptstelle für Befragungswesen nach Hannover gefahren. Als Fluchtgrund gab das Ehepaar wirtschaftliche und politische Unzufriedenheit an.

Das Flugzeug stand weiterhin auf der Wiese, auf der es gelandet war, und wurde zunächst von BGS- und später von Polizeiangehörigen bewacht. Da ein Wiederstart von dort, aus welchen Gründen auch immer, nicht möglich war, wurde das Flugzeug Tage später von Interflug-Technikern demontiert und auf Lkws über den Grenzübergang Helmstedt in die DDR zurückgeführt. Vorher musste von der Interflug die Rechnung für die Bewachung des Flugzeuges beglichen werden.

(nach einem Bericht des BGS)

Im Eisenbahnwagen versteckt von Rumänien in den Westen

Am **18. August 1979** gegen 15 Uhr machte bei der Zollkontrolle auf dem Bahnhof Herzberg ein rumänischer Staatsbürger durch Klopfen an der Waggontür auf sich aufmerksam. Dieser hatte sich am 10. August 1979 in Bukarest in den mit Möbeln beladenen Waggon mit einschließen lassen. Über Ungarn, die CSSR, Polen und die DDR gelangte er in seinem Versteck über den Grenzübergang Ellrich–Walkenried unbemerkt bis nach Herzberg. Außer gebrauchter Wäsche besaß er 3 300 Lei (ca. 660 DM). Für die einwöchige Fahrt hatte er sich mit Schokolade, Südfrüchten und mit einem Fünf-Liter-Kanister Wasser versorgt. Um die bei den verschiedenen Grenzübergängen eingesetzten Spürhunde abzuschrecken, hatte er im Bereich der Schiebetüren Pfeffer verstreut. Der Flüchtling, der kein Wort Deutsch und nur wenig Englisch sprach, wurde wie üblich dem BGS übergeben.

(nach einem Bericht des GZD)

Zwischenfall an der Grenze

Für große Aufregung bei BGS, Zollgrenzdienst und Polizei sorgte am **5. Oktober 1979** der als notorischer Säufer bekannte 39-jährige Bad Sachsaer Bürger Wolfgang M.

M. hatte bereits am 7. Juli 1974 im Raum Neuhof–Kutzhütte die Grenze zur DDR illegal überschritten, war festgenommen und einen Tag später über Gerstungen/Bebra mit dem Zug abgeschoben worden. Das hatte ihn jedoch nicht daran gehindert, am 24. Juli 1974 die Grenze erneut zu überschreiten. Wieder war er auf dem Gebiet der DDR festgenommen und diesmal vom Bezirksgericht Erfurt zu einer Freiheitsstrafe von viereinhalb Jahren verurteilt worden. Nach Intervention der Ständigen Vertretung der BRD in der DDR war Wolfgang M. am 9. Dezember 1978 aus Krankheitsgründen vorzeitig aus der Strafvollzugsanstalt Berlin-Rummelsburg entlassen worden.

Am 5. Oktober 1979 ließ er sich mit einem Taxi an die Straße zur Kutzhütte fahren und überschritt dort gegen 15 Uhr zum dritten Mal die Grenzlinie zur DDR. Eine Streife des Bundesgrenzschutzes traf Wolfgang M. um 15.15 Uhr auf einem Betonpfahl des westseitigen Metallgitterzaunes sitzend an. Dieser Zaun bildete die vordere Begrenzung des dahinter liegenden Minenfeldes. Aufforderungen zur Rückkehr und Hinweise auf die Gefahr des Minenfeldes waren erfolglos. Die Besatzung eines in der Nähe stehenden Beobachtungsturmes zeigte keine erkennbare Reaktion. Um 15.25 Uhr stieg M. von dem Zaunpfosten herab und begab sich etwa zwei Meter weit in das Minenfeld. Gegen 15.40 Uhr erschienen auf dem Kolonnenweg zwei Grenzsoldaten auf einem Krad. M. begab sich daraufhin wieder auf den Zaunpfosten. Um 15.45 Uhr erschien ein Jeep auf dem Kolonnenweg, dem zwei Offiziere der Grenztruppen entstiegen. Einer von ihnen machte M. auf die ihm drohenden Gefahren aufmerksam. Weitere Einzelheiten des Gespräches konnten von westlicher Seite wegen des Verkehrslärms nicht wahrgenommen werden. Gegen 15.50 Uhr erschien auf dem Kolonnenweg ein beigefarbener Wartburg. Diesem entstieg ein General der DDR-Grenztruppen. Auch er wies M. auf die Gefahren im Minenfeld hin und forderte ihn auf, auf dem Pfahl sitzen zu bleiben, bis er abgeholt werde. Der Jeep mit drei Angehörigen der Grenztruppen hatte inzwischen den Durchlass im Zaun am Uffewehr durchfahren und das Gebiet vor dem Metallgitterzaun erreicht. Als er sich M. näherte, stieg dieser vom Pfahl und lief in Richtung Grenzlinie. Er erreichte das Bundesgebiet, bevor er von dem Jeep eingeholt werden konnte.

Zwei oder drei Angehörige der Grenztruppen stiegen aus und fotografierten etwa fünf Minuten lang M. und die vor Ort anwesenden Beamten von Zoll, BGS und Polizei sowie die Zivilpersonen. Anschließend zogen sich die Grenzsoldaten wieder durch den Durchlass am Uffewehr zurück.

Bereits neun Tage später, am 14. Oktober 1979, überschritt Wolfgang M. an gleicher Stelle erneut die Grenze zur DDR und ging auf DDR-Gebiet vor dem Metallgitterzaun spazieren. Erst nach intensiven Bemühungen, gutem Zureden und Locken mit Zigaretten gelang es den inzwischen eingetroffenen Beamten, M. zur Rückkehr auf das Gebiet der Bundesrepublik zu bewegen. Da M. unter starker Alkoholeinwirkung stand und erneut auf das Gebiet der DDR zurück wollte, wurde er unter Anwendung körperlicher Gewalt dem Polizeirevier Bad Lauterberg zugeführt und in Polizeigewahrsam genommen.

Die DDR protestierte bei der Bundesregierung gegen die „Provokation", die sie den Behörden im Südharz anlastete.

Am 2. Mai 1980 gegen 16.30 Uhr betrat der bereits mehrfach in gleicher Weise in Erscheinung getretene Wolfgang M. erneut an gleicher Stelle DDR-Gebiet und bestieg den ersten Metallgitterzaun, wo er sich auf einem Pfosten sitzend niederließ. Von einer dort zufällig erscheinenden Zollstreife wurde M. aufgefordert, auf das Gebiet der BRD zurückzukehren. Dieser Aufforderung kam M. nach. Von der Zollstreife wurde M. dem Polizeirevier Bad Lauterberg zugeführt. Da er unter starker Alkoholeinwirkung stand, wurde er zur Ausnüchterung in Polizeigewahrsam genommen. Als Grund für die erneute Grenzverletzung gab M. an, einen Vertrag mit einem Bekannten zu haben, nach dem dieser Fotos von M. auf dem Zaun machen wollte, um diese später an Zeitungen zu verkaufen.

(nach einem Bericht des BGS)

Fahnenflucht eines Gefreiten der Grenztruppen

Der 21-jährige Gefreite gehörte zur 2. Grenzkompanie Liebenrode. Am Tag seiner Flucht, **am 7. Januar 1980,** wurde er im Rahmen der Grenzüberwachung zum Frühdienst (4–14 Uhr) als Postenführer einer Doppelstreife eingesetzt. Gegen 4.15 Uhr ging der Gefreite mit einem Soldaten auf dem Feldscheunenweg von Branderode in Richtung Grenze. Auf dem Kolonnenweg gingen sie nach rechts einen kleinen Hang hinauf, vornweg der Soldat. Nach etwa 50 Metern nahm der Gefreite seine Maschinenpistole in Hüftanschlag und lud die Waffe durch. Dem Soldaten befahl er, die Tasche abzustellen und seine Kalaschnikow abzulegen. Dann befahl er ihm, fünf Schritte nach vorn zu machen und sich auf den Boden zu legen. Den Soldaten beruhigte er mit dem Hinweis, dass ihm nichts passieren werde, wenn er den Anweisungen folge. Der Gefreite nahm Waffe und Tasche des Soldaten auf und lief zu einem unverminten Durchlass am doppelten Metallgitterzaun. Die beiden Waffen warf er über die erste Reihe des Zaunes, die Tasche hakte er mit einem Karabinerhaken daran fest und benutzte sie als Kletterhilfe. Im Durchlass (zwischen den Grenzsäulen 1078 und 1079) nahm er die beiden Waffen wieder auf und ging zur zweiten Zaunreihe, die er ebenfalls kletternd überwand. Nachdem er die Waffe des Soldaten weggeworfen hatte, lief er mit seiner Waffe zur Grenzlinie, die er an dem BGS-Hinweisschild „Halt! Hier Grenze" ausmachen konnte. Bei dem Hinweisschild legte er seine Waffe und verschiedene Ausrüstungsgegenstände ab und ging in Richtung Walkenried weiter. Der zurückgebliebene Soldat zündete dann ein Handsignalgerät und verschoss eine gelbe Leuchtkugel. Gegen 5.35 Uhr wurde der Gefreite von einem Zollbeamten angehalten und zum Zollkommissariat Bad Lauterberg gebracht, von wo er an den BGS Duderstadt zur Befragung weitergeleitet wurde. Als Fluchtgrund nannte der Gefreite die politischen Verhältnisse und die Unfreiheit im alltäglichen Leben in der DDR sowie die starke dienstliche Belastung der Grenztruppensoldaten.

(nach Befragungsberichten des BGS, Bundesarchiv-Militärarchiv Freiburg)

Zeittafel 1971 bis 1980

Februar 1971	Neuformierung der Grenztruppen: Auflösung der bishe rigen Grenzbrigaden und Zusammenfassung der Grenz-regimenter in drei Kommandos; die im Südharz und Eichsfeld stationierten GT-Einheiten werden dem Grenz-kommando Süd mit Sitz des Stabes in Erfurt unterstellt
1. März	Die Grenzbataillone Ellrich, Weißenborn-Lüderode, Mengelrode werden dem Grenzregiment 4 Heiligenstadt angegliedert, das Grenzregiment 5 Nordhausen wird aufgelöst
15. März	Verlegung des Stabes des Grenzbataillons Ellrich in den Standort Klettenberg, der des Grenzbataillons Weißenborn-Lüderode in den Standort Jützenbach; dem I. Grenzbataillon Klettenberg unterstehen die Grenzkompanien in Ellrich (1.), Liebenrode (2.), Mackenrode (3.) und Weilrode (4.), dem II. Grenzbataillon Jützenbach die Grenzkompa-nien in Silkerode (5.), Ecklingerode (6.), Teistungen (7.) und Günterode (8.); Die Grenzkompanien Sülzhayn, Klettenberg, Jützenbach und Neuendorf werden aufgelöst. Schaffung der Organisationsebene „Grenzaufklärer"
14. Dezember	Rettung einer dreiköpfigen Familie aus dem Minenfeld bei Brochthausen, wo die junge Mutter beide Beine verlor
bis Jahresende	Fertigstellung des Grenzsignalzaunes (GSSZ-70) als durchgehender Hinterlandzaun entlang der gesamten Staatsgrenze West der DDR
Jahresverlauf 1972	Im Kompaniebereich Ausbau eines der BT-11-Türme zu einer militärischen Führungsstelle: Anbau einer Beton-halbschale für die Unterbringung einer „Alarmgruppe"; Aufschaltung der Signale vom GSSZ und Grenzmeldenetz
ab März	Erprobung eines erdverkabelten Grenzmeldenetzes im Bereich des I. Grenzbataillons Klettenberg
3. Juni	Das Vier-Mächte- und das Transitabkommen zwischen der BRD und der DDR treten in Kraft
15. Juni	Neue Grenzordnung der DDR: die räumliche Tiefe des Schutzstreifens und der Sperrzone wurde nicht

	mehr vorgeschrieben und den regionalen Erfordernissen angepasst. Im Gebiet des Südharzes werden die Orte Mauderode, Günzerode, Pützlingen, Holbach, Schiedungen, Epschenrode, Stöckey und Weißenrode aus dem Grenzgebiet herausgenommen
1. Dezember	Baubeginn der Grenzübergangsstelle Teistungen bei Worbis
21. Dezember	Unterzeichnung des Grundlagenvertrages zwischen der BRD und der DDR
Januar 1973	Die Grenzkommission beider deutscher Staaten konstituiert sich
21. Juni	Eröffnung des Grenzüberganges Duderstadt-Worbis
Jahresverlauf	Ausbau des Schutzstreifenzaunes zum Grenzsicherungs- und Signalzaun (GSSZ) mit elektrischer Alarmauslösung durch Kontakt der auf Isolatoren verlegten Stacheldrähte vor Ort und in der Führungsstelle
1. Januar 1974	Ausgliederung der Grenztruppen aus der NVA, Führung durch die NVA als selbständiger Verband „Grenztruppen der DDR"
18. April	Flucht eines 22-jährigen Lageristen über Minenfeld drei Kilometer östlich Walkenried
Jahresverlauf	Erneuerung von Minensperren; Verlegung von Minen neuerer Bauart; teilweiser Abbau des zweireihigen Metallgitterzaunes und Aufbau eines 3 m hohen einreihigen Metallgitterzaunes (GZ I)
1. November	Umbenennung des Zollgrenzdienstes (ZGD) in Grenzzolldienst (GZD)
Jahresverlauf 1975	Grenzmeldenetz des I. Bataillons Klettenberg wird erdverkabelt; Grenze wird entsprechend den Feststellungen der gemeinsamen Grenz-Kommission mit neuen Grenzsteinen gekennzeichnet
März	„Verordnung über die Übertragung von Grenzschutzaufgaben auf die Zollverwaltung"; Fachaufsicht hat der BGS
Jahresverlauf 1976	Beginn der Errichtung neuartiger eckiger Betontürme von ca. 2,0 x 2,0 m als Beobachtungstürme sowie von 4,0 x 4,0 m als Führungsstelle
1. Dezember	30. Jahrestag der Grenztruppen; Einführung des

4. März 1977	Ärmelstreifens „Grenztruppen der DDR" Das Grenzregiment 4 Heiligenstadt erhält den Ehrennamen „Willy Gebhardt"
20. Juni	Flucht eines 36-jährigen Maurers über die Grenzsperren im Raum Ellrich
Jahresverlauf	Kennzeichnung der Grenzlinie durch BGS mit rot-weißen Kunststoffpfählen
11. Januar 1978	Flucht eines 24-jährigen Forstarbeiters und seines 18-jährigen Bruders im Bereich Steina-Osterhagen
20. Juni	Flucht eines 26-jährigen Mannes im Bereich Juliushütte
18. Juli	Flucht eines 26-jährigen Anstreichers und eines 22-jährigen Beifahrers im Bereich der Straße Zwinge-Brochthausen
28. November	Flucht eines DDR-Ehepaares mit einem Agrarflugzeug der „Interflug" im Bereich Walkenried und Landung auf einer Wiese in der Gemarkung Barbis
18. August 1979	Flüchtling aus Rumänien erreicht versteckt in einem Eisenbahnwaggon Herzberg
5. Oktober	Grenzverletzung durch einen alkoholisierten Einwohner von Bad Sachsa im Raum Neuhof
Oktober/Dezember	Die DDR-Grenzsäulen werden von den Grenztruppen auf eine Entfernung von 5 m von der Grenzlinie zurückgesetzt
7. Januar 1980	Fahnenflucht eines Gefreiten der 2. Grenzkompanie Liebenrode bei Walkenried
12. Dezember	Ausweitung des grenznahen Besucherverkehrs auf weitere Land- und Stadtkreise westlich und östlich der innerdeutschen Grenze

Die Jahre 1981 bis 1990

Nachdem in den 70er Jahren eine gewisse Annäherung zwischen den Militärblöcken zu verzeichnen war, verschlechterten sich die Ost-West-Beziehungen Ende der 70er, Anfang der 80er Jahre drastisch. Die Aufstellung neuartiger SS-20-Raketen führte im Dezember 1979 zum Nato-Doppelbeschluss: Entweder die SU rüstet ab oder die Nato stationiert ab 1983 108 „Pershing II" und 464 „Cruise-Missiles". Die zwischen den USA und der UdSSR 1980 über diese Frage aufgenommenen Verhandlungen blieben erfolglos. So entwickelte sich in der Folgezeit ein Wettrüsten zwischen den gegnerischen Militärblöcken, dem die UdSSR letztlich nicht gewachsen war. Die DDR-Regierung versuchte in vielfacher Weise, ein mögliches Entgegenkommen bei der Normalisierung der innerdeutschen Beziehungen von der Aufgabe sicherheitspolitischer Standpunkte der BRD abhängig zu machen und in diesem Sinne die westdeutsche Bevölkerung über die DDR-Medien zu beeinflussen. Trotz dieser prekären Situation arbeiteten beide Seiten gemeinsam in verschiedenen Kommissionen und Delegationen an der Klärung offener Fragen, die z.B. den innerdeutschen Reiseverkehr, den Transitverkehr nach Westberlin, den Warenaustausch, die Zusammenarbeit in Wissenschaft und Technik und den kulturellen Austausch betrafen. Durch Vermittlung des damaligen bayerischen Ministerpräsidenten Franz Josef Strauß erhielt die DDR von westdeutschen Banken einen von der Bundesregierung verbürgten Kredit von über einer Milliarde D-Mark. Als Gegenleistung verpflichtete sich die DDR zum Abbau der Minensperren an der Grenze zur BRD. Bis Ende 1985 wurden sowohl die Splitter- als auch die Bodenminen geräumt. Die nahezu hermetische Abriegelung der Grenze wurde u.a. durch die Verstärkung des Schutzstreifenzaunes aufrecht erhalten. Unbeschadet von den verbesserten Reisemöglichkeiten auch für DDR-Bürger verstärkte sich der Druck auf die Regierenden in der DDR, insbesondere von Seiten der jungen Leute, die von Reisen in den Westen fast ausgeschlossen waren. Die zunehmende massive Protestbewegung und das Ausbleiben sowjetischer Garantieerklärungen unter Gorbatschow führten im November 1989 schließlich zum Fall der Mauer in Berlin und an immer mehr Stellen zur Öffnung der bis dahin undurchlässigen Grenze. Die in Gang gesetzte politische Neuordnung der DDR, die von den westdeutschen Politikern und Behörden tatkräftig unterstützt wurde, bildete die Voraussetzung für den schon bald folgenden Beitritt der DDR zur BRD. Nach der Wiedervereinigung im Jahr 1990 wurden in relativ kurzer Zeit die ehemaligen Grenzsperranlagen der DDR beseitigt und die alten, vorher unterbrochenen Verbindungswege wieder hergestellt.

Flucht aus Ellrich

Am **29. Januar 1983** gelang einem Berufskraftfahrer aus Ellrich die Flucht südlich von Zorge. Der Flüchtling O., der wirtschaftliche und politische Unzufriedenheit als Fluchtgrund nannte, hatte schon längere Zeit mit dem Gedanken zur Flucht gespielt. Am Fluchttag begab sich O. gegen 13 Uhr auf den Weg von Ellrich in Richtung Zorge. Er ging die Ellricher Straße entlang bis in die Nähe der Gießerei Busse. Dort befand sich in einem Betonturm die für den Grenzabschnitt zuständige Führungsstelle der Grenztruppen. O. bog etwa 500 Meter vor der Firma Busse in Richtung Norden ab und gelangte gegen 13.30 Uhr an den Bach Zorge. Er durchquerte das Flüsschen und stieß nach ca. 300 Meter auf den Schutzstreifenzaun. Er zog die unteren beiden Stacheldrahtreihen des Zaunes auseinander und kletterte hindurch. Dabei wurde offensichtlich kein Alarm ausgelöst. O. setzte die Flucht in Richtung Norden fort und gelangte nach ca. 300 Metern an den einreihigen Metallgitterzaun. Mit einem kleinen Spaten grub er unter dem Zaun eine 25 bis 30 cm tiefe Grube und bog die sonst durch das Erdreich fixierte Metallgitterplatte hoch. Dann kroch er durch die entstandene Lücke und lief weiter in Richtung Norden. Um ca. 14.00 Uhr traf er auf ein Grenzwarnschild des BGS. Von hier ging er auf einem Waldweg in Richtung Nordwesten weiter und stieß nach etwa 15 Minuten auf eine Straße. Auf einem neben der Straße aufgeschichteten Holzstoß ruhte er sich aus. Seine Kleidung war zerrissen und durchnässt. Ein vorbeikommendes Ehepaar sprach ihn an und brachte ihn anschließend zu einem in der Nähe wohnenden Zollbeamten. Dieser übergab den geflüchteten O. dem Zollkommissariat Braunlage.

(nach einem Bericht des BGS)

Minenexplosion verletzt Offizier der Grenztruppen

Am **11. Juli 1983** waren im Bereich Branderode Soldaten der Grenztruppen zur Planierung des Areals innerhalb des zweiteiligen Metallgitterzaunes eingesetzt. Zuvor waren die alten Minen freigelegt und gesprengt worden. Eine Streife des BGS nahm um 14.30 Uhr die Explosion einer Mine im geräumten Bereich wahr. Von der explodierenden Mine war ein Grenzsoldat verletzt worden. Dieser wurde mit einer in diesem Bereich eingesetzten Planierraupe zu einem auf dem Kolonnenweg stehenden „Sanka" (Sanitätskraftwagen) gefahren und erhielt dort offensichtlich erste Hilfe. Die Planierungsarbeiten wurden sofort unterbrochen. Nach etwa 45 Minuten traf ein weiterer, von Obersachswerfen kommender Sanka am Unfallort ein. Nach weiteren 15 Minuten rückten dann die Sankas und alle Soldaten ins Hinterland ab. Bei dem Verletzten handelte es sich um den Chef der Minenräumkompanie. Nach einem Bericht der GT hatte sich der Major B., W. vom Räumtrupp entfernt, um einen Hilfeeckpunkt zu suchen. Dabei überschritt er die durch den Minenräumpanzer abgedrückte Zone I und löste in Zone II mit dem Fuß eine Mine vom Typ PPM-2 aus. Ihm wurde durch die Explosion der Unterschenkel schwer verletzt, das Bein musste ihm im unteren Drittel des linken Unterschenkels amputiert werden.

(nach Befragungsberichten des BGS, Bundesarchiv-Militärarchiv Freiburg)

Fluchtversuch im betrunkenen Zustand

Am **20. November 1983** 03:05 Uhr wurde 800 m westlich von Ellrich, 150 m nördlich der Grenzsäule 1057, 50 m freundwärts des Kolonnenweges der 19-jährige Kfz-Schlosser S. M. aus Ellrich nach Auslösung der Sperranlage mit mittleren Splitterverletzungen festgenommen. Nach Überwindung des GSSZ im Bereich der Bahnlinie zum Sandwerk hatte der betrunkene Grenzverletzer beim Versuch auch den mit der Splittermine SM 70 gesicherten Grenzzaun I zu überwinden, eine der unteren Minen ausgelöst und Verletzungen an den Beinen erlitten. Er wurde zum Krankenhaus Nordhausen transportiert und der VP übergeben.

(aus Akten des Bundesarchiv-Militärarchiv Freiburg)

Von Frankfurt/Oder nach Walkenried-Wiedigshof

Einem jungen Vollmatrosen der DDR-Binnenschifffahrt aus Frankfurt/Oder gelang am **21. Februar 1984** gegen 23.45 Uhr die Überwindung der Sperranlagen im Raum Gudersleben 150 m südlich der Grenzsäule 1064. Der junge Mann war mit dem Zug gegen 18.30 Uhr in Nordhausen angekommen. Von dort lief er entlang der Bahnlinie in Richtung Ellrich. Bei Woffleben verließ er die Bahnlinie und lief über Lochmühle in Richtung Gudersleben weiter. Beim

Überqueren des Schutzstreifenzaunes (GSSZ) etwa einen Kilometer östlich von Wiedigshof löste er eine hinter dem Zaun stehende Signalrakete aus, durchquerte zügig das angrenzende Waldgebiet, überwand beide Zäune der Minensperre (4 Minenlinien PPM-2; Dichte 4) ohne Hilfsmittel und erreichte unbehelligt westdeutschen Boden. Gegen 24.00 Uhr meldete er sich auf dem Hof einer Bäuerin im Ortsteil Wiedigshof, die das Zollkommissariat Bad Lauterberg informierte, das ihn an den BGS weiterleitete. Von den Grenzposten wurde freundwärts des GSSZ seine Lederjacke mit den Ausweispapieren gefunden. Gegen 0:35 Uhr erschienen an der Durchbruchstelle Beamte des GZD und um 0:50 des BGS.

(nach einem Befragungsbericht des BGS, Bundesarchiv-Militärarchiv Freiburg)

Grenztruppe am Grenzmeldenetz, 1984
(Foto: Militärhistorisches Museum der Bundeswehr Dresden)

Gelungene Flucht bei Ellrich

Zwei jungen Maurern aus dem Raum Brandenburg gelang es am **12. März 1984**, die Sperranlagen im Raum Ellrich zu überwinden und die BRD zu erreichen. Am 9. März waren sie mit dem Zug von Brandenburg nach Halle

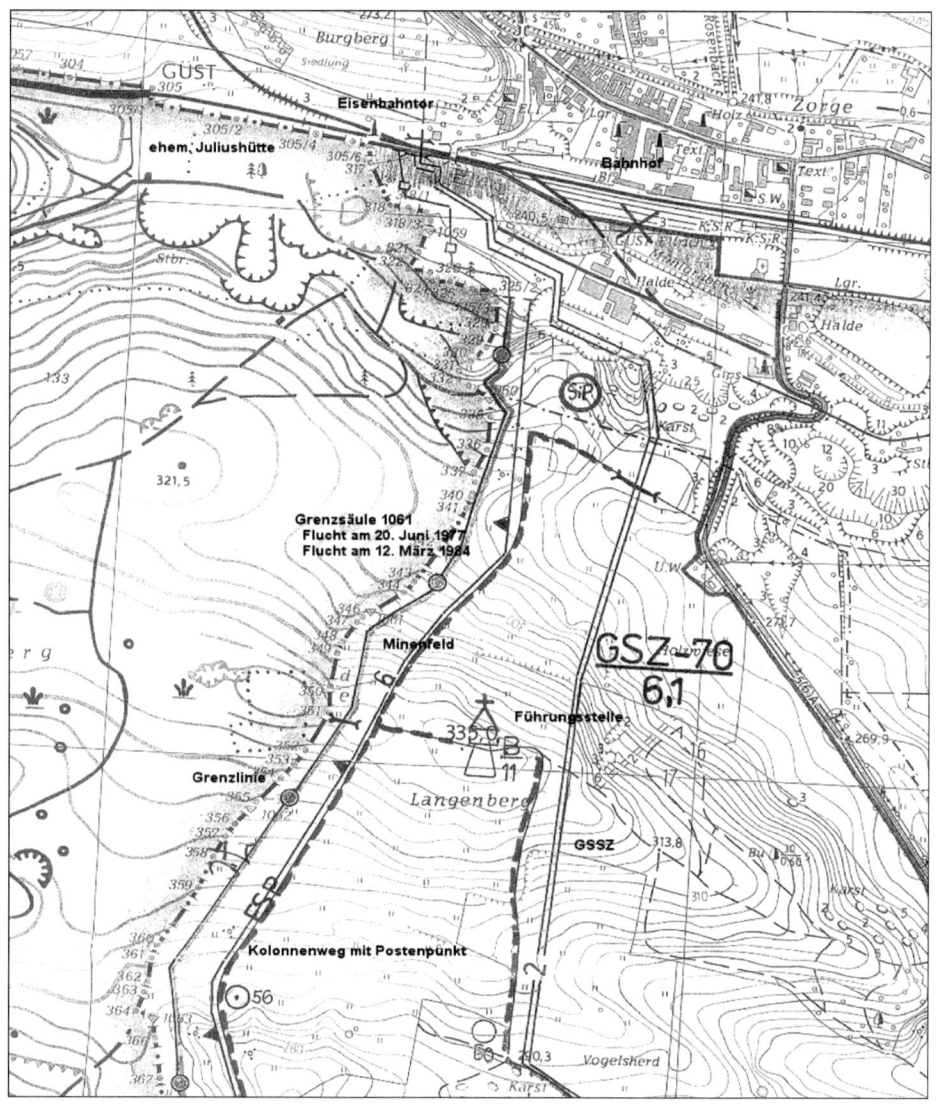

Grenzverlauf südlich GÜSt Langenberg (Bundesarchiv-Militärarchiv Freiburg)

und mit einem Taxi von Halle nach Sangerhausen gefahren. Mit dem Bus gelangten sie schließlich nach Berga-Kelbra, von wo aus sie dann zu Fuß nach Nordhausen liefen. Am 10. März versteckten sie sich tagsüber im Wald. In der Nacht gingen sie zu Fuß bis nach Niedersachswerfen. Am Sonntag, den 11. März, setzten sie morgens ab 7.30 Uhr ihre Flucht fort. Am folgenden Tag gegen 1.30 Uhr erreichten sie 600 m südlich der GÜSt Ellrich im Bereich der Grenzsäule 1061 den Schutzstreifenzaun, den sie beim Überwinden um 01:38 Uhr auslösten. Sie bewegten sich zügig zum vorderen Sperrelement und überwanden die dortige Minensperre unverletzt. Gegen 3.00 Uhr wurden sie zwischen Eisenbahntunnel und Schäferbrücke von einer Streife des ZGD aufgegriffen und zum Zollkommissariat Bad Lauterberg gebracht, wo sie dann zur Befragung vom BGS übernommen wurden.

(nach einem Befragungsbericht des BGS, Bundesarchiv-Militärarchiv Freiburg)

Eine stumme Begegnung

Im **April 1984** hatte die hochwasserführende Wieda im Bereich des Wiedigshofes östlich der seit Jahren unpassierbaren Straße nach Obersachswerfen das Gelände weiträumig überschwemmt. Das Wasser hatte den Straßenrand erreicht und lief an einzelnen Stellen bereits auf die Straße. An der die Grenzlinie markierenden Straßenbarriere in Form eines Schlagbaumes hatte ein niederländischer Reisebus Halt gemacht. Die Insassen standen vor der Barriere und ließen sich von dem Mitarbeiter des Grenzinformationsdienstes der Stadt Bad Sachsa Verlauf und Art der Grenzsperren sowie das befohlene Verhalten der DDR-Grenzer erklären. Auf östlicher Seite war inzwischen im Bereich des Wieda-Sperrwerkes eine kleine Gruppe Grenzsoldaten eingetroffen, deren Aufgabe es war, das am Grenzzaun I angestaute Schwemmgut zu entfernen. Diese Soldaten, ein Oberfähnrich, ein Unteroffizier und ein Soldat sowie zwei Grenzaufklärer passierten das Gassentor im Grenzzaun I, schlossen es vorschriftsmäßig wieder und befanden sich nunmehr auf dem vorgelagerten Hoheitsgebiet in Sicht der nahen holländischen Besuchergruppe. Mit besonderer Aufmerksamkeit beobachteten diese das Verhalten der Soldaten, die sich gerade anschickten, Fischerhosen zum Betreten des Wassers anzuziehen.

Aus der holländischen Besuchergruppe löste sich blitzschnell ein fünfjähriger Junge, unterquerte die Barriere und lief auf DDR-Gebiet, der ehemaligen Straße folgend, in Richtung der Soldaten. Die Lebensgefahr nicht erkennend und die Rufe der Gruppe ignorierend, rannte er unbeirrt weiter. Der Oberfähnrich der Grenztruppen erkannte sofort die Gefahr und lief dem Jungen entgegen. Auch der Mitarbeiter des Grenzinformationsdienstes sah die Gefahr, die dem Jungen drohte, überquerte die Grenzbarriere und lief, die Grenze verletzend, auf DDR-Gebiet hinter dem Jungen her. Der Oberfähnrich hatte aber den Jungen bereits erreicht, nahm ihn auf den Arm und übergab ihn dem herbeigeeilten Grenzinstrukteur. Kein Wort, nur ein beidseitiger Blick in die Augen, beendete mit der Übergabe des weinenden Jungen an seine Eltern den danach von keiner Seite behördlich erfassten Grenzzwischenfall.

Die holländische Reisegruppe verließ sofort den Ort des Geschehens und fuhr zu den weiteren Grenzübersichtspunkten. Während der Weiterfahrt versuchten die Insassen schweigend, das Erlebte zu verarbeiten.

Die Soldaten der Grenztruppen am Sperrwerk waren nach der Rückkehr ihres Oberfähnrichs zunächst ratlos, was weiter zu geschehen habe. Bei einer Meldung der Grenzverletzung, die sie nicht verhindert hatten, mussten sie alle mit einer Strafe rechnen. War der Vorfall von westlicher Seite gefilmt oder fotografiert

Wieda-Grenzsperrwerk im Grenzzaun I bei Hochwasser im April 1984
(Foto: W. Schlicht)

worden? Da das offensichtlich nicht der Fall war, entschloss man sich, keine Meldung zu machen. Die Hilfe in einer lebensbedrohlichen Situation war in diesem Fall für die Grenzsoldaten wichtiger als die Ausführung ihres Befehls. Sie bekräftigten ihre Entscheidung gegenseitig mit dem Argument, damit auch dem Ansehen der Grenztruppen und der DDR gedient zu haben. Diesen Grenzzwischenfall hat es offiziell nie gegeben!

(nach Berichten von R. Böhle, Bad Sachsa, und W. Schlicht, Holbach)

Fahnenfluchten im Dezember 1984 und Januar 1985

Am **13. Dezember 1984** flüchtete kurz vor dem Ende seiner Dienstzeit ein Unteroffizier der 2. Grenzkompanie Liebenrode. Nach Rückkehr von einem Kurzurlaub zu Hause, wohin er mit einem Kameraden auf dessen Motorrad gefahren war, wechselte er die Motorradbekleidung gegen die Dienstuniform und ging dann zu Fuß nach Obersachswerfen, um ein Bier zu trinken. Nach seiner Rückkehr ins Objekt (Unterkunft der GT) wartete er auf den Zeitpunkt der Wachablösung, da er dann im „U.v.D-Zimmer" für kurze Zeit allein sein konnte. Aus dem Schlüsselkasten entnahm er den Sicherheitsschlüssel für die Tore im GSSZ (Hinterlandzaun) sowie den Schlüsselbund für die Waffenkammer, für deren Zutritt er ohnehin bestätigt war. Aus dem Panzerschrank holte er eine „Makarow" (Pistole) und zwei Magazine. Danach schloss er sowohl den Panzerschrank, als auch die Waffenkammer ab und hängte die Schlüssel wieder an ihren Platz. Anschließend verließ er das Kompaniegebäude und ging hinter den Garagen entlang zum Zaun des Objektes, wo einige Latten lose waren. Er kletterte hindurch und ging querfeldein zügig bis zur Straße und weiter direkt bis zum Tor Nummer 20 an der Straße nordwestlich von Branderode, das er gegen 2.15 Uhr erreichte. Er schloss das Tor auf, ging hindurch und zog es hinter sich wieder zu, ohne es zu verschließen. Von hier lief er in leichtem Trab bis zum Grenzzaun I. Er erreichte ihn an der ihm bekannten Stelle, wo der drei Meter hohe einreihige Metallgitterzaun (eMGZ) endete und der zweireihige verminte Metallgitterzaun (zMGZ) begann. Mühelos kletterte er auf den zwei Meter hohen zMGZ, wobei er den Betonpfahl des eMGZ als Hilfe nutzte. Dann sprang er herab und lief über das „vorgelagerte Territorium" bis zur Grenzlinie, die er an der Schranke südwestlich von Neuhof etwa um 2.45 Uhr überschritt. Nun ging er auf der Straße nach Neuhof weiter auf eine beleuchtete Tankstelle zu und wollte dort an einem Haus klingeln.

Veranlasst durch das Motorengeräusch eines Kraftfahrzeuges lief er jedoch schnell wieder zur Straße, um das Fahrzeug anzuhalten. Es handelte sich dabei um eine Nachtstreife des BGS Duderstadt, die ihn aufnahm und unverzüglich in die BGS-Unterkunft nach Duderstadt brachte.

Nur einen Monat nach der Flucht ihres Unteroffiziers flüchteten, ebenfalls aus der 2. Grenzkompanie Liebenrode, am **18. Januar 1985** gegen 21 Uhr ein Gefreiter und ein Soldat gemeinsam während ihres Postendienstes am Kolonnenweg, ca. 650 m nordostwärts Obersachswerfen, 100 m nordöstlich der Grenzsäule 1070. Sie überquerten zunächst den Spurensicherungsstreifen und erreichten den Metallgitterzaun an der Stelle, wo der einreihige MGZ in den verminten zweireihigen MGZ an der Wieda überging. Der Gefreite stieg auf die Schultern des Soldaten, sprang auf die andere Seite des Zauns und konnte von dort aus seinem Kameraden kaum noch helfen. Dieser steckte das Seitengewehrmesser in den MGZ, benutze es als Tritt und überquerte auf diese Weise ebenfalls den MGZ. Beide waren sehr aufgeregt, da wegen des starken Nebels nur geringe Sichtweite bestand und sie damit rechnen mussten, auf andere Grenzstreifen zu treffen. Beim Gut Wiedigshof überschritten sie die Grenzlinie und gingen zu Fuß die Straße entlang nach Walkenried. In der Ortschaft hielten sie ein Kraftfahrzeug an, dessen Fahrer ein vom Dienst heimkehrender Beamter des Grenzzolldienstes war. Dieser nahm die beiden Grenzsoldaten auf und brachte sie zum Zollkommissariat Bad Lauterberg, von wo sie zur Befragung an den Bundesgrenzschutz Duderstadt weitergeleitet wurden. Nachdem sich die beiden Posten nicht, wie befohlen, um 21.45 Uhr beim Kommandeur Grenzsicherung gemeldet hatten, wurde zunächst ein Handleuchtzeichen zur Kontaktaufnahme verschossen, ein Grenzposten in Richtung des befohlenen Streifenweges entsandt und schließlich gegen 22.50 Uhr die Alarmgruppe aus dem Objekt zur Abriegelung und Überprüfung eingesetzt. Die Alarmgruppe stellte zwei Spuren in Richtung BRD am Westufer der Wieda auf dem 6-m-KS, den Fluchtweg über den Laufsteg des Wassersperrwerkes fest und fand das zum Übersteigen des freundwärtigen Zaunes der Minensperre benutzte Seitengewehr.

(nach Befragungsberichten des BGS und Akten des Bundesarchiv-Militärarchiv Freiburg)

Die deutsch-deutsche Eiche

Am **11. Februar 1985** entdeckte eine Streife des Bundesgrenzschutzes im Raum Bartolfelde, dass auf DDR-Gebiet, etwa drei Meter von der Grenzlinie entfernt, eine Eiche frisch geschlagen worden war. Das vom Stamm abgeschlagene Astwerk lag auf DDR-Gebiet. Schleifspuren in Richtung des Ortes Bartolfelde, die bis zu einem dortigen Bauernhof verfolgt werden konnten, waren ein eindeutiges Indiz für eine Grenzverletzung von westlicher Seite aus und für eine widerrechtliche Aneignung fremden Eigentums. Als Täter wurde ein Einwohner von Bartolfelde ermittelt, gegen den durch die Staatsanwaltschaft ein Ermittlungsverfahren eingeleitet wurde. Der Bundesgrenzschutz sorgte dafür, dass der Eichenstamm vom Täter zurückgebracht wurde, und informierte die zuständigen Stellen der DDR über den Vorfall. Der Stamm wurde dann offiziell den DDR-Grenztruppen übergeben. Die Tatsache, dass der Vorfall rechtliche Schritte durch die Behörden der BRD ausgelöst hatte, führte zu heftigen Diskussionen unter der Bevölkerung im Raum Bartolfelde. Das Verfahren gegen den Täter wurde schließlich wegen geringen öffentlichen Interesses gegen Zahlung einer Geldstrafe in Höhe von 20 Tagessätzen, etwa 600 DM, eingestellt.

(nach Unterlagen des BGS)

Ein Pudel als Grenzverletzer

Am **28. März 1985** war der Walkenrieder Förster mit einem kleinen schwarzen Pudel namens „Blacky", dem Spielkameraden seiner Kinder, und einem Schäferhund an der Grenze zur DDR unterwegs. Als plötzlich ein Reh aufsprang und über die Grenze flüchtete, stürzten ihm die beiden Hunde hinterher. Während der Schäferhund nach einigen Minuten zurückkehrte, blieb „Blacky" verschwunden. Auf die Pfiffe des Försters war von der anderen Seite nur das Gewinsel des Pudels zu hören. Er war von einem vor dem Grenzzaun arbeitenden Kommando der Grenztruppen „festgenommen" worden.

Der Forstbeamte informierte den Zoll und den Bundesgrenzschutz in Duderstadt über den Verlust des kleinen Hundes. Der BGS informierte seinerseits die Ständige Vertretung der Bundesrepublik Deutschland in Ostberlin, die sich mit dem Außenministerium der DDR in Verbindung setzte. Nach einigen Tagen traf dann die Nachricht ein, der Hund befinde sich in einem Tierheim in Nordhausen.

Die intensiven Bemühungen um die Rückführung des Hundes zeigten schließlich Erfolg. Per Fernschreiben wurde offiziell mitgeteilt, dass der Hund am Gründonnerstag gegen 11 Uhr am Grenzübergang Herleshausen in Empfang genommen werden könne. Obwohl der Grenzübergang Duderstadt sehr viel näher gewesen wäre, blieb es schließlich bei dem Übergabeort Herleshausen. Dort konnte „Blacky" nach seiner achttägigen Odyssee putzmunter und wohlgenährt wieder in die Obhut seiner überglücklichen Familie genommen werden. Für die Betreuung des Hundes stellten die DDR-Behörden schließlich einen Betrag von 240 DM in Rechnung.

(nach „Duderstadt" vom 9. April 1985)

Dass auf DDR-Gebiet gewechselte Hunde manchmal von Grenzaufklärern festgehalten wurden, lässt die zufällig vom GZD beobachtete und fotografierte Szene vermuten.

Festnahme eines Hundes durch Grenzaufklärer (Foto: GZD)

Fluchtversuch im Bereich der Grenzübergangsstelle (GÜSt) Ellrich

Am 18. März 1985, gegen 7.30 Uhr, stellte eine Streife des Grenzzolldienstes fest, dass im Bereich des Eisenbahntores Ellrich etwas Ungewöhnliches geschehen sein musste. Etwa 30 Meter vor dem Eisenbahntor in westlicher Richtung stand ein mit Tarnnetzen abgedeckter ziviler Lkw, um den herum verstreut Metallteile lagen. Wenige Tage später erfuhr der BGS durch Informanten, dass eine Ellricher Familie mit dem Lkw einen Grenzdurchbruch versucht hatte, wobei ein Mädchen durch Schüsse verletzt worden war.

Nach Aussagen des Familienvaters und von ehemaligen Angehörigen der Grenztruppen sowie des BGS hatte sich Folgendes ereignet:

Der aus einer Ellricher Unternehmerfamilie stammende, damals 37-jährige T., verheiratet, zwei Töchter (15 und 12), einen Sohn (1¼), war als technischer Leiter beim Forstwirtschaftsbetrieb Woffleben beschäftigt. Aufgrund der sich zunehmend verschlechternden Lebens- und Arbeitsbedingungen wollte er mit seiner Familie in die BRD flüchten. Als Einwohner Ellrichs kannte er die Örtlichkeiten von seiner Jugend an. Überlegungen, an irgendeiner Stelle im freien Gelände die Grenze zu durchbrechen, verwarf er, da er aufgrund der Bautätigkeit der Grenztruppen mit unerwarteten Hindernissen rechnen musste. Für ihn besser einschätzbar war der Eisenbahnübergang zur BRD. Bei Spaziergängen, die fast bis zur Kontrollbrücke über den Gleisen möglich waren, konnte T. sich über die Sicherungsmaßnahmen an dieser Stelle informieren. Er wusste somit, dass die Kontrollbrücke ständig mit zwei Posten der Grenztruppen besetzt war und ein leichtes Tor auf dem Gleis das einzige Hindernis in Richtung Westen war. In T. reifte der Entschluss, an dieser Stelle den Grenzdurchbruch zu wagen.

T. sorgte dafür, dass an dem für die Flucht vorgesehenen Wochenende in Woffleben keine Verladung von Holz auf die Eisenbahn und keine Reparaturen stattfanden, so dass das Gelände und insbesondere die Werkstatt frei waren. Am Freitagabend holte er aus Obergebra den für die Flucht ausgesuchten Lkw vom Typ KAMAS 5320 auf den Holzplatz nach Woffleben. Als er am Samstag früh zum Betrieb in Woffleben kam, war zufällig der Heizer anwesend, den er dann aber nach Hause fuhr. Anschließend begann T. mit den Vorbereitungen für die Flucht. Zunächst belud er den Lkw mit Rundholzstämmen, um sich damit einen Schutz gegen Geschosse von hinten zu schaffen. Dann begann er mit dem Aufbau einer Panzerung für das Führerhaus. Diese bestand aus einer

Rahmenkonstruktion, auf die er Riffelbleche aufschweißte. An den Seitentü-
ren befestigte er die Panzerung an Scharnieren, so dass sich diese wie die
Türen öffnen ließ. Vor der Windschutzscheibe montierte er verstellbare Stahl-
blenden. Motor und Vorderräder schützte er ebenfalls mit Stahlblech. Für die
Scheinwerfer schnitt er runde Öffnungen in die Panzerung. Diese Arbeiten
dauerten bis Sonntag gegen 24 Uhr.

Danach fuhr T. über Gudersleben nach Ellrich zu seiner Wohnung. Dabei
stellte er fest, dass der VP-Kontrollposten an der Straße von Gudersleben nach
Ellrich besetzt war, was bedeutete, dass an der Straße über Cleisingen nach
Ellrich in dieser Nacht keine Kontrolle stattfinden würde.

Nachdem T. zu Hause geduscht und etwas gegessen hatte, fuhr er mit seiner
Familie und wenigen Gepäckstücken mit seinem Pkw nach Woffleben, wo
alle den gepanzerten Lkw bestiegen. Bei Schneetreiben fuhren sie über Cleisingen nach Ellrich. Die Straßen waren um diese Zeit wie üblich leer. In Ellrich bog T. in die Straße nach Gudersleben ein, welche die Bahnlinie überquert. Auf dem Bahnübergang lenkte er dann den gepanzerten Lkw auf die
Schienen in Richtung Grenze. Er wollte dabei mit den linken Rädern links
von den Schienen fahren, was ihm durch die schlechte Sicht allerdings nicht
gelang. Der Lkw fuhr daher mit den rechten Rädern auf der rechten Seite der
Schienen. Das hatte zur Folge, dass das Fahrzeug an einer Bahnsteigkante des
Bahnhofes Ellrich entlang schrammte, wobei ein Teil der Seitenpanzerung
abgerissen wurde.

Nachdem der Grenzposten geklärt hatte, dass es sich bei dem Fahrzeug – ein
Zug war nicht gemeldet worden – nicht um ein Schneeräumfahrzeug der
Reichsbahn handelte, löste er Alarm aus. Das gepanzerte Fahrzeug hatte
inzwischen die Postenbrücke erreicht und wurde von oben beschossen. Als T.
hinter der Postenbrücke auf das linke, in den Westen führende Gleis wechseln
wollte, wurde durch ein vorstehendes Weichenteil der rechte Vorderreifen zer-
stört. Das Fahrzeug zog nach rechts, kollidierte mit der Drahtseilrolle zur
Bedienung des Hauptsignals und kam vor dem Prellbock zum Stehen. Die beiden Posten waren inzwischen von der Brücke herabgeklettert und beschossen
das Fahrzeug von rechts. Da die Panzerung an dieser Seite abgerissen war,
schlugen Geschosse in das Führerhaus, wobei die ältere Tochter einen Steck-
schuss unmittelbar neben der Wirbelsäule erlitt. Die Mutter konnte das
Geschoss aber entfernen. Zwischenzeitlich waren weitere Soldaten hinzuge-
kommen und T. wurde aufgefordert, das Fahrzeug zu verlassen, was er mit
erhobenen Händen tat. Draußen konnte er sehen, dass das rechte Vorderrad
von der Felge abgerissen war und zwischen den Hinterrädern lag.

Postenbrücke vor dem Eisenbahntor

Fluchtfahrzeug mit Holzladung

Fahrerkabine mit Einschüssen am linken Holm

Fahrzeug mit abgerissener Panzerung. (Fotos: aus Bildbericht der Stasi Erfurt)

T. wurde mit seiner Familie in die Kontrollbaracke der Grenztruppen (GT) geführt. Ein herbeigerufener Arzt kümmerte sich um die verletzte Tochter, die von den Eltern und Geschwistern getrennt worden war. Sie wurde anschließend ins Krankenhaus nach Nordhausen gefahren. Mit einem Lkw der Grenztruppen wurden die anderen Mitglieder der Familie in die Kaserne der GT in Ellrich gebracht. Die Soldaten hatten dabei die Waffen im Anschlag und bespuckten die Mutter. In der Kaserne angekommen, wurden die Eheleute getrennt eingesperrt, die Kinder wurden zu ihren Großeltern gebracht. Nach ersten Verhören durch die GT wurde das Ehepaar noch am gleichen Tag in Erfurt der Staatssicherheit übergeben. Bei zahllosen Verhören, die anfangs sehr hart, aber im Laufe der Zeit erträglicher wurden, musste T. die Vorbereitungen zur Flucht immer wieder beschreiben. Den Stasi-Mitarbeitern erschien es unmöglich, dass T. die Panzerung des Fahrzeuges allein angebracht hatte. Im September fand dann vor dem Bezirksgericht in Erfurt die Verhandlung statt. Staatsanwalt war ein Herr I., Verteidiger ein Rechtsanwalt, namens K. T. wurde zu zehn Jahren Haft und 72 000 Mark Schadenersatz verurteilt, seine Frau zu zwei Jahren Haft. Zum Strafvollzug wurde T. nach Brandenburg und seine Frau nach Hohenleuben überstellt. Alle zwei Monate hatten die Gefangenen die Möglichkeit, für zwei Stunden Besuch zu empfangen. Minderjähri-

Begegnung einer BGS-Streife mit Grenzaufklärern der DDR-Grenztruppen (Foto: Grenzschutzschule Lübeck)

gen war der Besuch jedoch nicht gestattet. Einmal durfte Frau T. ihren Mann in Brandenburg besuchen, wofür sie eine fast einwöchige Fahrt in einem Gefangenenwagen der Deutschen Reichsbahn in Kauf nehmen musste.

Kurz vor dem Ende der zweijährigen Strafverbüßung von Frau T. wurde für die Familie in der Nähe von Weimar eine Wohnung bereitgestellt, die von ihrem Bruder und ihrer älteren Tochter besichtigt werden musste. Verschiedenen Anzeichen konnte T. entnehmen, dass auch er bald entlassen würde. Er wurde dann tatsächlich nach Karl-Marx-Stadt gebracht, wo er erfuhr, dass auch seine Frau dort anwesend war. In einem Kleinbus, in dem das Ehepaar dann zusammentraf, wurden sie an die Grenze hinter Eisenach gebracht und konnten dort in einen westlichen Kleinbus umsteigen, der sie ins Aufnahmelager Gießen brachte. T. und seine Frau waren von der Bundesrepublik „freigekauft" worden! Die Kinder wurden wenig später von T.s Mutter, die damals schon Rentnerin war, nach Westdeutschland zu den Eltern gebracht.

(nach einem Erlebnisbericht von Herrn T.)

Nächtlicher Grenzalarm im Abschnitt der 3. Kompanie

Seit dem frühen Abend verrichtete der als „Kommandeur Grenzsicherung" eingesetzte Stabsfähnrich B. mit dem ihm zugeteilten Soldaten W. seinen Dienst in der Führungsetage des Führungsturmes der Kompanie nahe der Staatsgrenze. Befehlsgemäß unterhielt er über das Grenzmeldenetz ständigen Kontakt zu den Grenzstreifen, um diese zu kontrollieren und gegebenenfalls neu einzuweisen. Der ihm zugeteilte Posten beobachtete – wie befohlen – von oben das Gebiet um den Turm herum. Tagsüber bot der Blick über den Grenzzaun zu dort tätigen Waldarbeitern und zu dem in der Ferne rollenden Verkehr auf der einsehbaren Straße ein wenig Abwechslung. In der inzwischen tiefdunklen Nacht füllten neben den ständigen, über das Grenzmeldenetz gegebenen Anweisungen des Stabsfähnrichs nur die schwache Beleuchtung und das Blinken einiger Lampen der Signalgeräte die Führungsetage aus. In der Etage darunter ruhte die aus vier Grenzsoldaten bestehende Alarmgruppe auf den Feldbetten, jederzeit einsatzbereit.

Es schien, wie meistens, eine ruhige Nacht zu werden.

Um 22.12 Uhr schrillte jedoch die Alarmhupe, und die Lampe des GSSZ-Feldes 77 leuchtete auf. Das bedeutete entweder Fehlalarm, was des Öfteren vorkam, oder Auslösung durch einen oder mehrere Grenzverletzer. Stabsfähnrich B. beorderte zur Feststellung des Auslösungsgrundes sofort zwei Soldaten der Alarmgruppe zum Feld 77 und die anderen zwei zu dem in der wahrscheinlichen Fluchtrichtung liegenden Postenpunkt am Kolonnenweg. Danach informierte er telefonisch seinen zu Hause weilenden Kompanie-Chef, der befahl, ihm sofort nach Eingang der Meldung den Grund der Auslösung des Feldes 77 mitzuteilen.

Kurze Zeit später meldete einer der beiden Posten der Alarmgruppe, die sich nach dem Passieren des Tores 19 zum Feld 77 begeben hatten, dass im Mittelteil des Feldes 77 offensichtlich Grenzverletzer den Zaun an einem Spannelement überwunden hatten, wobei dort eine Decke liegen geblieben war. Die auf dem 2-m-Kontrollstreifen erkennbaren Abdrücke von Schuhen, etwa der Größe 44, ließen auf eine einzelne Person schließen, die sich auf dem Weg in Richtung Staatsgrenze befinden musste. Aufgrund der ihm sofort übermittelten Feststellungen vom Feld 77 löste der Kompanie-Chef die „Grenzvariante B" aus. Er befahl die Einfahrt der im Objekt in Bereitschaft stehenden zwei Züge durch das Tor 19 in das Grenzgebiet und die Abriegelung des entsprechenden Grenzstreifens vor der Staatsgrenze. Die beiden Posten an der Durchbruchstelle des Feldes 77 hatten diese zu sichern, um eine eventuelle Rückkehr des Grenzverletzers auszuschließen.

Nach Entriegelung des elektromagnetischen Torschlosses von der Führungsstelle aus meldeten die beiden Zugführer ihre Einfahrt in das Grenzgebiet und nach kurzer Zeit die Besetzung der zugewiesenen Postenpunkte am Kolonnenweg. Der Kommandeur Grenzsicherung befahl dann, den 6-m-Kontrollstreifen entlang dem Kolonnenweg im entsprechenden Grenzabschnitt zu kontrollieren. Trotz Wiederholung der Kontrollfahrt konnten im Licht des auf dem Mannschaftswagen installierten Scheinwerfers jedoch keinerlei Fußspuren auf dem 6-m-KS festgestellt werden. Der Grenzverletzer musste sich daher noch im Schutzstreifen aufhalten.

Der auf der Führungsstelle diensthabende Stabsfähnrich B. informierte laufend seinen Kompanie-Chef über die getroffenen Maßnahmen und deren Ergebnisse.

Nach einer geraumen Zeit trügerischer Ruhe meldete sich über das Grenzmeldenetz einer der Posten vom Postenpunkt 34. Mit aufgeregter Stimme und unter Nennung seines Namens (anstatt seiner Postennummer) berichtete er, dass – während sie ruhig an ihrem Postenpunkt saßen – jemand aus der Nacht auf sie zukam und mit flehender Stimme bat, nicht zu schießen, da er sich stellen wolle. Der Grenzverletzer, ein Mann mittleren Alters, wurde von den Posten festgenommen.

Der auf der Führungsstelle diensttuende Stabsfähnrich B. gratulierte den beiden Soldaten und befahl ihnen, den Grenzverletzer dem Zugführer des zweiten Zuges zu übergeben und vorerst auf ihrem Posten zu bleiben. Dann meldete er die Festnahme seinem Kompanie-Chef, der den Abbruch der „Grenzvariante B" und die Sicherung der Durchbruchstelle am Grenzsicherungs- und Signalzaun (GSSZ) durch zwei Grenzaufklärer bis zum Eintreffen der Untersuchungskommission anordnete.

Der Kommandeur Grenzsicherung erteilte danach den Zugführern den Befehl, den Festgenommenen in das Objekt zu überführen und nach Überprüfung der Waffen die Rückfahrt der beiden Züge zu veranlassen.

Vom Tor, um dessen Öffnung über das Grenzmeldenetz gebeten worden war, meldeten die Zugführer der Führungsstelle das Verlassen des Grenzgebietes und die Wiederherstellung der Spurensicherheit im Torbereich.

Im Objekt der Kompanie wurde der Festgenommene sofort von den zusammengerufenen zuständigen Offizieren verhört und ein Festnahmeprotokoll verfasst. Kurze Zeit später wurde er von Volkspolizisten und von Mitarbeitern der Staatssicherheit abgeholt. Über die näheren Umstände der Flucht erhielt die Kompanie keine weiteren Informationen.

(Bericht von W. Schlicht, Holbach)

Die bei einer Flucht im Schutzstreifen zu überwindenden Grenzsperren

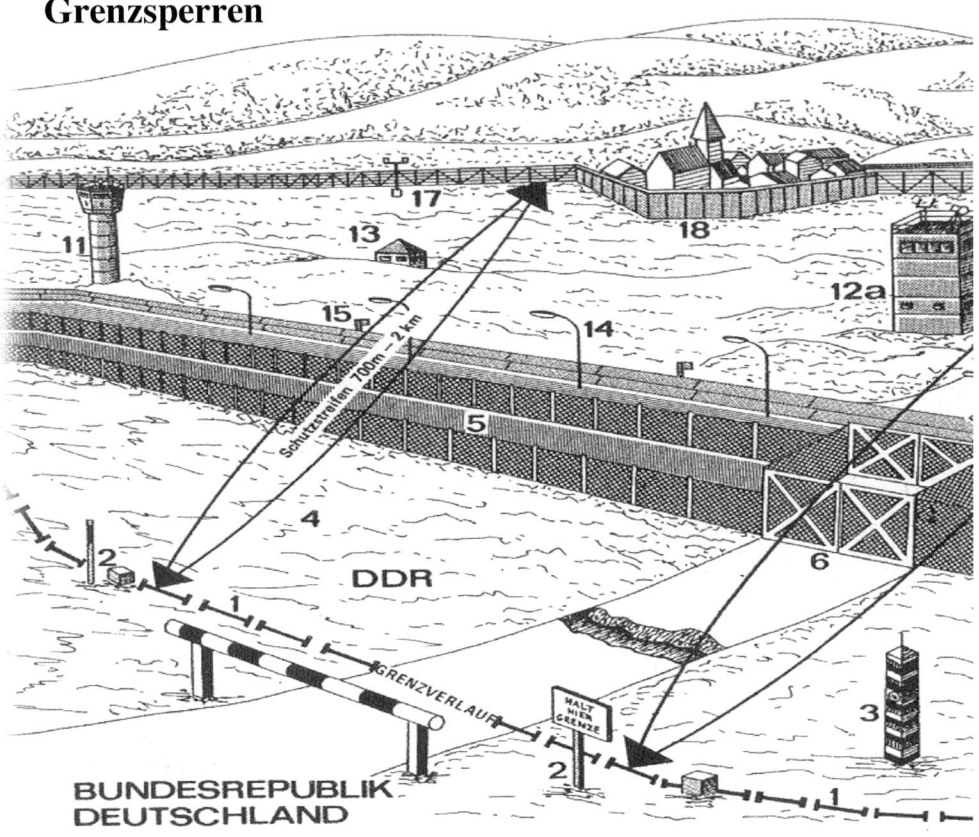

Erläuterungen

1	Grenzverlauf mit Grenzsteinen
2	Grenzhinweisschild bzw.-pfahl unmittelbar vor dem Grenzverlauf
3	DDR-Grenzsäule (ca. 1,8 m hoch, schwarz-rot-gold mit DDR-Emblem)
4	Abgeholzter und geräumter Geländestreifen
5	Zweireihiger Metallgitterzaun
	(ca. 2,4 m hoch, Zwischenraum teilweise vermint)
6	Durchlass im Metallgitterzaun
7	Einreihiger Metallgitterzaun (ca. 3,2 m hoch)
8	Kfz.-Sperrgraben (mit Betonplatten befestigt)
9	ca. 6 m breiter Kontrollstreifen (Spurensicherungsstreifen)
10	Kolonnenweg mit Fahrspurplatten (Lochbeton)

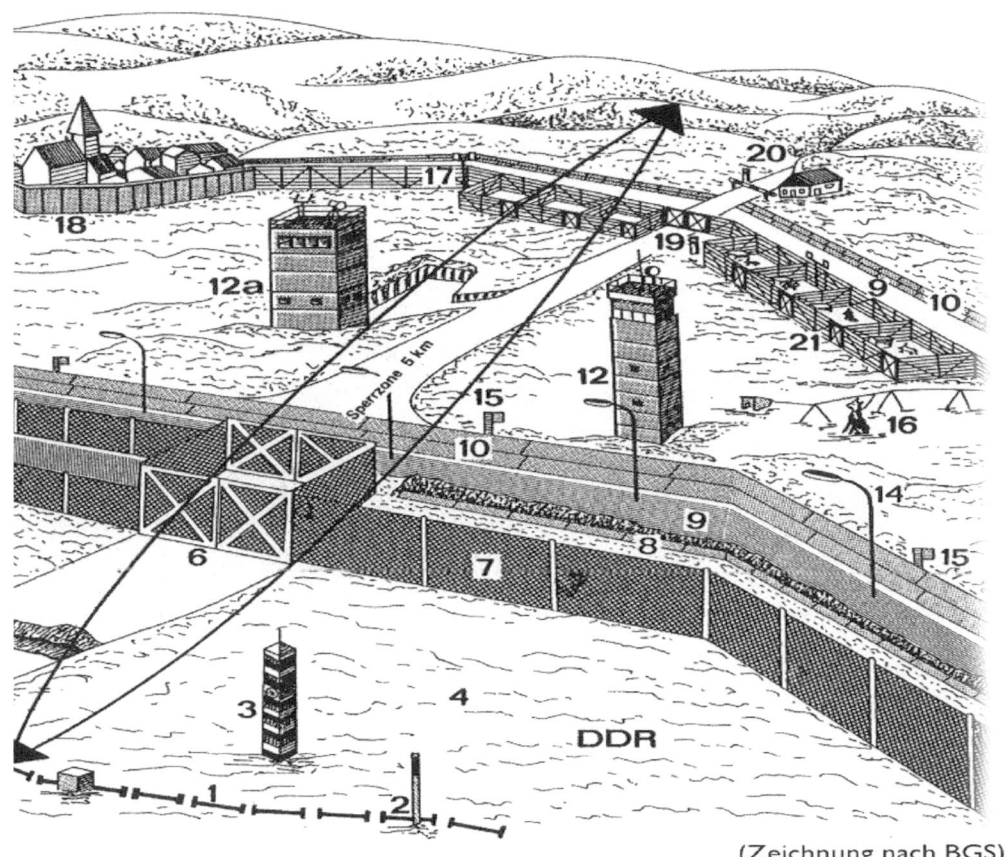

(Zeichnung nach BGS)

11	Beton-Beobachtungsturm (BT 11)
12	Beton-Beobachtungsturm (2 x 2 m)
12a	Beton-Beobachtungsturm (4 x 4 m mit Führungsstelle)
13	Beobachtungsbunker
14	Lichtsperre
15	Anschlusssäule für das erdverkabelte Grenzmeldenetz
16	Hundelaufanlage
17	Schutzstreifenzaun mit elektrischen und akustischen Signalanlagen
18	Betonsperrmauer/Sichtblende
19	Durchlass im Schutzstreifenzaun mit Tortelefon
20	Kontrollpassierpunkt
21	Hundefreilaufanlage

Gelungene Flucht bei Obersachswerfen

Am **1. September 1985** gelang einem 29-jährigen Maurer aus Nordhausen im Raum Obersachswerfen die Flucht in den Westen. Bereits am 29. August hatte er einen ersten Versuch unternommen. Er war mit seinem Moped in Richtung Grenze gefahren und hatte das Gefährt in einem Waldstück zwischen Günzerode und Mauderode getarnt abgestellt. Zu Fuß ging er weiter in Richtung Grenze und war gegen 4.30 Uhr in Sichtweite vom Schutzstreifenzaun (GSSZ). Er erkannte, dass er den GSSZ nicht überklettern konnte, und brach sein Vorhaben ab. Die mitgebrachten Werkzeuge – Strickleiter mit Haken, Seil mit Enterhaken, Bolzenschneider, Zange – vergrub er im Wald und kehrte dann mit seinem Moped nach Nordhausen zurück. Am 31. August versuchte er es erneut. Er ließ das Moped an der alten Stelle zurück und ging zu Fuß weiter. Er hatte die Absicht, den Schutzstreifenzaun zu untergraben. Vor Ort musste er zweieinhalb Stunden lang die Rückkehr einer Streife von ihrem Kontrollgang abwarten. Nach Einbruch der Dunkelheit begann er gegen 20.45 Uhr, den GSSZ zu untergraben. Nach fünf Stunden, gegen 2.00 Uhr, hatte er es geschafft. Auf der anderen Seite wartete er zunächst auf einen möglichen Alarm, der jedoch ausblieb. Eine weitere Stunde brauchte er bis zum zwei Meter hohen Grenzzaun I, den er mit Hilfe des Seiles mit Enterhaken überwand. Auf westdeutschem Gebiet, das er gegen 3.00 Uhr erreichte, wurde er von einer Streife des Grenzzolldienstes aufgelesen, zum Zollkommissariat Bad Lauterberg gebracht und dann dem BGS zur Befragung übergeben.

(nach einem Befragungsbericht des BGS)

Fahnenflucht eines Unteroffiziers der Minenräumkompanie Schiedungen

Seit Juni 1985 war der Unteroffizier der Minenräumkompanie, die Unterkunft im Objekt Schiedungen gefunden hatte, der „medizinischen Sicherstellung" zugeteilt worden. Am **5. September 1985** war er beim Abbau des zweiteiligen Metallgitterzaunes (zMGZ) südlich von Ellrich eingesetzt. Die vorher dort liegenden Minen waren bereits Ende August 1985 gesprengt worden. An Stelle des zweiteiligen MGZ sollte ein neuer einteiliger MGZ errichtet werden.

Nach der Posteneinteilung sollte der Unteroffizier als Beifahrer mit einem Sanka (Sanitätskraftwagen) mitfahren, der dann auf dem Kolonnenweg in südlicher Richtung bis zur nächsten Ausweichstelle fuhr, dort wendete und in Gegenrichtung zum Verpflegungszelt fuhr. Bei dieser Gelegenheit erkundete der Unteroffizier einen geeigneten Fluchtort. Nach Einnahme der Mittagsverpflegung musste der Sanka wieder wenden, um im Einsatzfall in Fahrtrichtung zu stehen. Kurz vor Erreichen der Wendemöglichkeit sprang der Unteroffizier aus dem fahrenden Sanka, überquerte den Kraftfahrzeugsperrgraben und kletterte über die erste Reihe des zweiteiligen, minenfreien Metallgitterzaunes, wobei er sein Schiffchen (Kopfbedeckung) zum Schutz der Hände auf die Oberkante gelegt hatte. Beim Überklettern der zweiten Reihe zog er sich leichte Schnittwunden an den Händen zu, da sein Schiffchen auf der ersten Reihe liegen geblieben war. Anschließend lief er querfeldein bis zur Straße Wiedigshof–Juliushütte, wo er von einer dort gerade ankommenden BGS-Streife aufgenommen wurde. Der Fahrer des Sankas konnte die Flucht nicht verhindern, da er erst den Wagen stoppen musste und weder Waffen noch ein Funkgerät im Fahrzeug waren.

(nach einem Befragungsbericht des BGS, Bundesarchiv–Militärarchiv Freiburg)

Grenzdurchbruch am Jägerfleck

Am **11. November 1986** erwarteten zwei Grenzaufklärer am Tor I die Ankunft von Arbeitern des Meliorationsbetriebes Niedersachswerfen. Diese sollten Bodenarbeiten im Schutzstreifen im Bereich des Jägerflecks vornehmen. Die Grenzaufklärer hatten den Auftrag, die Arbeitergruppe zu begleiten und zu bewachen. In Erwartung des Lkws hatten sie das Tor bereits geöffnet. Da näherte sich in raschem Tempo ein Kipper-Lkw, durchfuhr ohne Halt das offene Tor und fuhr in Richtung der Grenzlinie weiter. Die beiden Grenzaufklärer eröffneten sofort das Feuer, ohne den Lkw aufhalten zu können. Der Posten des Beobachtungsturmes Jägerfleck hatte die Schüsse wahrgenommen, den Turm verlassen und feuerte ebenfalls auf den vorbeifahrenden Lkw. Der Aufbau des Kipper-Lkws schützte die Insassen vor den auftreffenden Schüssen. Das Fluchtfahrzeug war dem Kfz-Sperrgraben ausgewichen und überquerte erst an dessen Ende den Kontrollstreifen in Richtung des Grenzzaunes I und durchbrach diesen. Das Fahrzeug blieb jedoch im vorgelagerten Hoheitsgebiet der DDR in einer Bodenmulde hängen. Die beiden Insassen verließen das Fahrzeug, liefen dann über die nahe Grenzlinie und gelangten so unverletzt auf Westgebiet.

Inzwischen war der erwartete Lkw des Meliorationsbetriebes am Tor I eingetroffen und wartete auf das Erscheinen der Grenzaufklärer. Die zum Tatort entsandte Alarmgruppe umstellte das vermutete Fluchtfahrzeug und zwang die Insassen mit vorgehaltenen Waffen zum Aussteigen. Erst die auf ihrem Motorrad zurückgekehrten Grenzaufklärer klärten dann den Irrtum auf.

Bei den beiden Flüchtlingen handelte es sich um zwei Schlosser aus dem VEB Natursteinkombinat Halle, Betriebsteil Querfurt, die von ihrem Betriebshof den dort abgestellten Krasz-Kipper nach Panzerung des Fahrerhauses entwendet hatten und über Hasselfelde, Netzkater und Rothesütte in Richtung Jägerfleck zur Grenze gefahren waren.

(nach einem Bericht der Stasi-BStU Erfurt)

Der steckengebliebene Kipper-Lkw (Foto: Unterlagen der Stasi Erfurt)

Todesschuss auf den Kommandeur des I. Grenzbataillons Klettenberg

Anfang **Dezember 1986** feierte der Kommandeur des I. Grenzbataillons Klettenberg, der Oberstleutnant Günther D., im Kreise seiner Genossen seine Verabschiedung aus den Diensten der Grenztruppen. Auf der Rückfahrt von dem etwa 3,5 Kilometer von Heiligenstadt entfernten Naherholungsheim der Grenztruppen „Im Pferdebachstal" kam es im Dienstwagen des Kommandeurs zu dem tödlichen Schuss. Sein hinter ihm sitzender Nachfolger schoss aus seiner Dienstwaffe durch die Vordersitzlehne und traf seinen bisherigen Vorgesetzten tödlich. Der Fahrer interpretierte den Pistolenknall zunächst als das Geräusch eines geplatzten Reifens und hielt an, um nach den Reifen zu sehen. Da er keinen Schaden feststellen konnte, fuhr er weiter. Der auf der Rückbank sitzende Major befahl ihm jedoch umzukehren und den „Medpunkt" (Sanitätsabteilung) des Regimentes, der sich in der Nähe des gerade verlassenen Naherholungsheimes befand, anzufahren. Dort bekannte sich der Major zu dem Todesschuss an seinem bisherigen Vorgesetzten, was ihm zunächst nicht geglaubt wurde. Aufgrund des dort festgestellten Todes von Oberstleutnant Darmer wurde der Todesschütze festgenommen. Über die Gründe für die Abgabe des tödlichen Schusses ranken sich die verschiedensten Vermutungen. Diese reichen von einem „Zücken der Pistole und einer unbeabsichtigten Schussabgabe" über einen „Streit zwischen dem Kommandeur und seinem Nachfolger" bis zu einem „krankhaften Ausfall steuerungsnotwendiger Gehirnpartien infolge des hohen Alkoholkonsums beim Todesschützen". Der Major schied aus den Diensten der Grenztruppen aus und wurde schließlich neurologisch behandelt. Der Tote wurde mit militärischen Ehren auf dem Friedhof in Silkerode beigesetzt und sein Dienst an der Grenze in verschiedenen Nachrufen gewürdigt.

(nach Zeitungsmeldungen und mündlichen Berichten)

Gelungene Flucht im Raum Osterhagen

Zwei aus der Umgebung von Berlin kommende junge Männer, ein Vollmatrose und ein Zerspanungsfacharbeiter, überwanden am **10. Februar 1987** gegen 0.45 Uhr die Grenze nordöstlich von Weilrode. Sie waren zunächst mit einem gemieteten Pkw bis nach Stöckey gefahren. Dort stellten sie gegen 19.30 Uhr das Fahrzeug ab und gingen zu Fuß in Richtung Grenze. Sie überwanden dann gegen 22.30 Uhr den Schutzstreifenzaun (GSSZ) ohne Alarm auszulösen. Etwa um 0.45 Uhr überkletterten sie per Spitzbubenleiter und mit Hilfe von Gürteln den Grenzzaun I. Nach wenigen Metern befanden sie sich auf dem Territorium der Bundesrepublik. In Osterhagen wurden sie in Höhe des Feuerlöschteiches von einer zufällig vorbeikommenden Streife des Zollgrenzdienstes aufgegriffen und ins Kommissariat nach Bad Lauterberg gebracht, wo sie vom BGS übernommen wurden. Ihre Flucht wurde später von östlicher Seite aufgrund der im Schnee hinterlassenen Spuren bemerkt. Vom GZD wurden gegen 12 Uhr an der Fluchtstelle zwei Grenzsoldaten festgestellt.

(nach einem Befragungsbericht des BGS)

Grenze zwischen Osterhagen und Bartolfelde;
von links: Kolonnenweg, 6-m-Kontrollstreifen, Grenzzaun I (Foto: H. Gundlach)

Flucht eines Grenzsoldaten in Zwinge

Unter dem Vorwand, austreten zu müssen, verließ nach Zustimmung seines Postenführers der zweite Posten, ein 21-jähriger Soldat der 3. Grenzkompanie Silkerode, um die Mittagszeit des **29. August 1987** den Beobachtungsturm (BT-11) vor der Ziegelei Zwinge. Im Turmeingang ließ er seine Kalaschnikow zurück und lief auf dem Kolonnenweg bis zu dem Punkt, wo die Mauer in den Metallgitterzaun überging. An dieser Stelle befand sich ein Durchlasstor zum Kolonnenweg. Der Anschluss des Metallgitterzaunes an die Mauer erleichterte das Überklettern, was dem Soldaten bekannt war. Er überstieg an dieser Stelle ohne Schwierigkeiten den Zaun und lief entlang der Trasse der ehemaligen Bahnanlage noch 50 Meter bis zur Grenzlinie, und dann weiter in den Hof des nahe gelegenen Gehöftes des Bauern L. bis in eine Scheune, wo der Bauer und zwei weitere Personen bei Reparaturarbeiten waren. Hier bat er um Benachrichtigung der zuständigen Behörden. Der Flüchtling wollte die Scheune des Bauern nicht verlassen, weil er Angst hatte, dass er vom Turm aus gesehen und beschossen werden könnte. Ein herbeigerufener Polizeibeamter übergab den Flüchtling dann dem BGS. Als Grund für seine spontane Flucht nannte er Eheprobleme, die er auf die lange Trennung von seiner im Erzgebirge lebenden Frau zurückführte.

(nach einem Befragungsbericht des BGS)

BT-11 im Bereich der Ziegelei Zwinge (Foto: W. Schlicht)

Grenzverlauf im Raum Zwinge: oben Mitte Ziegelei mit Betonmauer vor Grenzlinie; Grenzlinie war Bachmitte Schmatau

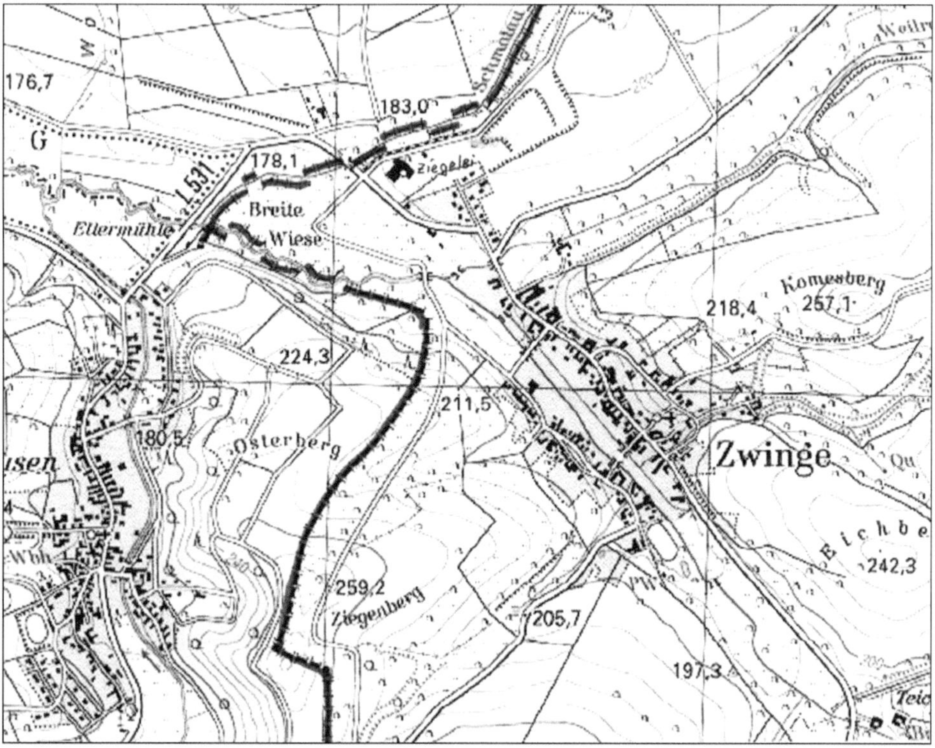

Flucht im Raum Bartolfelde

Am **8. Oktober 1987** gelang zwei Männern (45 und 37 Jahre alt) aus Leipzig die Flucht in den Westen. Nach dem spontanen Entschluss, der DDR den Rücken zu kehren, fuhren sie zunächst mit der Bahn nach Nordhausen. Von dort aus liefen sie zu Fuß unter Umgehung der Ortschaften weiter in Richtung Weilrode. Der ältere der beiden hatte von seinem bei den Grenztruppen von 1959 bis 1963 in Weilrode abgeleisteten Dienst her Ortskenntnisse. Nördlich von Weilrode krochen sie durch ein zu der Zeit kein Wasser führendes Betonrohr unter dem Schutzstreifenzaun durch. Um den Grenztruppen das Erkennen der Fluchtstelle zu erschweren, setzten sie das zuvor herausgedrückte Metallgitter wieder ein. Dann durchquerten sie das Waldgebiet bis zum Metallgitterzaun. Unter gegenseitiger Hilfestellung (Spitzbubenleiter) kletterten sie über diesen hinweg und erreichten nach wenigen Metern gegen 11.30 Uhr westdeutsches Gebiet. Nach einem weiteren Fußmarsch meldeten sie sich im Sparmarkt in Bartolfelde, wo sie anschließend von der benachrichtigten Polizei übernommen wurden. In der Polizeidienststelle Bad Lauterberg wurden dann als Erstes ihre beim Überklettern des Zaunes verletzten Hände versorgt, bevor sie dem BGS zur Befragung übergeben wurden.

(nach einem Befragungsbericht des BGS)

Überwindung der Grenzsperranlagen bei Nacht

Anfang Oktober 1987 erhielt ein 18-jähriger Maurer und Fliesenleger aus Arnstadt den Einberufungsbefehl zu einer NVA-Einheit an der polnischen Grenze. Um dem Dienst bei der NVA zu entgehen, beschloss er, in die BRD zu fliehen. Von einem Freund, der einige Jahre zuvor bei den Grenztruppen im Südharz gedient hatte, erhielt er die notwendigen Informationen über das Grenzgebiet. Seine Flucht bereitete er sorgfältig vor. Feste Kleidung, Karte, Kompass, Fernglas, Wurfanker und Bolzenschneider gehörten zu seiner Ausrüstung. Am 16. Oktober 1987 fuhr er mit der Bahn nach Bleicherode, das er von einem Urlaub im Betriebsferienlager her kannte. Er wusste, dass bis Bleicherode keine Zugkontrollen stattfanden.

Von Bleicherode aus ging er zu Fuß in Richtung Grenze. In den folgenden Tagen versteckte er sich tagsüber und beobachtete nachts die Grenze und das Verhalten der Grenztruppen. Am 19. Oktober unternahm er mehrere Versuche, den GSSZ zu überwinden und löste dabei Alarm in den Feldern 100, 99 und

97 aus. Vor der herbeigeeilten Alarmgruppe der 2. Grenzkompanie konnte er sich verstecken. Am Abend des **19. Oktober 1987** überwand er dann gegen 20 Uhr den Hinterlandzaun durch Aufschneiden der Streckmetallplatte eines Flügels des Tores 26, ohne Alarm auszulösen. Ein zur Kontrolle des Tores planmäßig eingesetzter Posten stellte kurze Zeit später die Beschädigung des Tores fest und löste Alarm aus. In einer Suchpause näherte sich der Flüchtende über die Straße Klettenberg–Tettenborn dem Grenzzaun I nahe der Grenzsäule 1087. Als er den GZ I mit Hilfe des Wurfankers übersteigen wollte, wurde er von den Grenzsoldaten entdeckt. Auf die Aufforderung, stehen zu bleiben, und auf die Androhung des Schusswaffengebrauches reagierte er nicht, sondern sprang westwärts vom Zaun und lief bis zur Straße Neuhof–Tettenborn. Dort meldete er sich gegen 21.45 Uhr auf einem Aussiedlerhof, wo ihn der benachrichtigte BGS abholte.

(nach einem Befragungsbericht des BGS und MfS-Bericht)

Grenzzaun I vor der Straße Neuhof–Tettenborn (Foto: H. Gundlach)

Fünftägige Wegstrecke bis zur Grenze im Südharz

Um dem tristen Alltag der DDR zu entgehen, entschloss sich der Kranfahrer Günter B. zur Flucht. Am 25. September 1988 fuhr er mit dem Bus von Bad Lauchstedt nach Artern. Von dort ging er zu Fuß und nur nachts, unter Umgehung der Ortschaften und der Stadt Nordhausen, in Richtung Mackenrode, wo er in der Nacht vom 28. auf den 29. September eintraf. Tagsüber hatte er sich auf Bergkuppen oder im Wald versteckt gehalten. Er umging die Ortschaft Mackenrode und versteckte sich in einer alten Scheune am nördlichen Ortsausgang. Dort verbrachte er zwei Tage und eine Nacht. Die ganze Zeit hielten sich etwa 100 Meter vor der Scheune am Schutzstreifenzaun (GSSZ) verschiedene Doppelposten der DDR-Grenztruppe auf. Als am **29. September 1988** gegen 23.00 Uhr die Postierung aufgehoben wurde, entschloss sich B., seinen Fluchtweg fortzusetzen. Mit einer in der Scheune vorgefundenen Leiter überstieg er gegen 23.55 Uhr den GSSZ und lief in einem Graben bis zum einteiligen Metallgitterzaun (eMGZ). Sein Ziel war ein direkt am eMGZ stehender Holunderstrauch, den er von der Scheune aus gesehen hatte. Indem er den Strauch als Kletterhilfe benutzte, überwand B. den Zaun und lief dann direkt auf die Ortschaft Tettenborn zu. Kurz vor Tettenborn bemerkte er, dass die Lampen der Lichtsperre am Ortsrand von Mackenrode eingeschaltet worden waren und mehrere Kraftfahrzeuge an der Fluchtstelle ankamen. B. ging durch Tettenborn und danach die Bundesstraße 243 entlang über Nüxei bis Osterhagen. Dort meldete er sich über Notruf bei der Polizei in Bad Lauterberg, von der er abgeholt und nach Bad Lauterberg gebracht wurde. Anschließend wurde er vom BGS übernommen und zur Befragung nach Duderstadt gebracht.

(nach einem Bericht des BGS)

Schnapsidee zum Faschingsauftakt

Am **11. November 1988** feierten drei junge Männer den Beginn der fünften Jahreszeit in einer Nordhäuser Diskothek. Bereits alkoholisiert gaben sie gegenseitig ihren Unmut über die politischen und wirtschaftlichen Verhältnisse in der DDR kund und entschlossen sich spontan, noch in der gleichen Nacht die Grenze zu überwinden. Den Durchbruch wollten sie mit einem kräftigen Lkw bewerkstelligen. Einer der jungen Männer, der als Fahrer beim

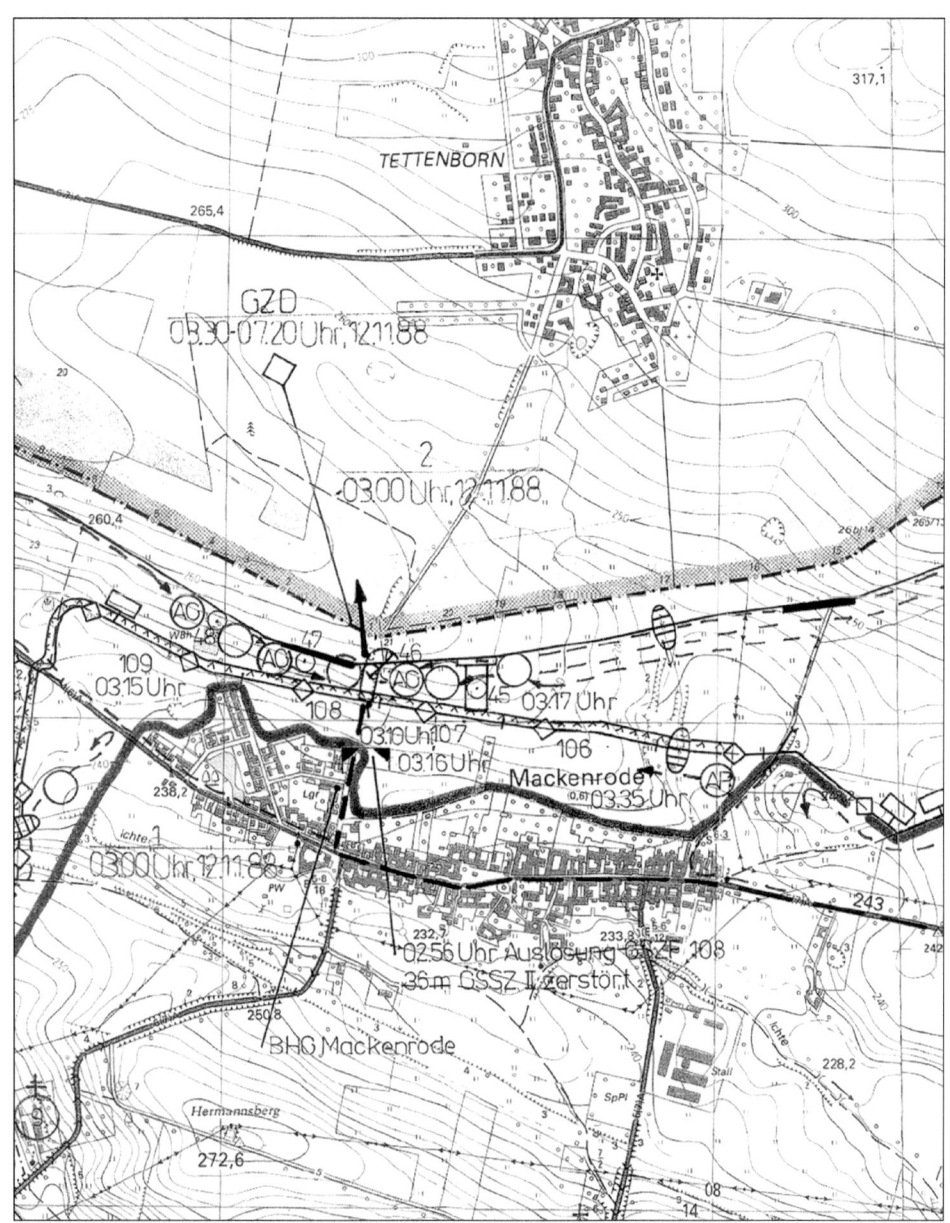

Dokumentation des Grenzdurchbruchs in Mackenrode
(Bundesarchiv-Militärarchiv Freiburg)

Konsum ständig im Grenzgebiet zu tun hatte und sich daher gut auskannte, hatte auch eine genaue Vorstellung, wo die Flucht am besten gelingen könnte. Nach Mitternacht eigneten sie sich einen Lkw vom sowjetischen Typ KRAZ an und fuhren unter Umgehung von Nordhausen in Richtung Grenze nach Mackenrode. Hier schwenkten sie gegen 3 Uhr in die durch die Grenzanlagen unterbrochene Straße nach Tettenborn ein. Mit hoher Geschwindigkeit fuhren sie auf die Grenzsperren zu, durchbrachen eine Beton-Straßensperre und den Hinterlandzaun. Nach wenigen Metern bogen sie nach links auf den Kolonnenweg ein und versuchten, den Kfz-Sperrgraben mit Schwung zu überwinden. Der Lkw löste sich vorn vom Boden und schlug dann wieder auf. Der Fahrer hatte durch einen Bedienungsfehler den Motor abgewürgt. Es war zwischen den dreien vereinbart worden, dass sie, sobald der Wagen steht, diesen schnell verlassen und weglaufen würden. Das taten sie auch und fanden sich am Grenzzaun I wieder. Sie versuchten, diesen einzeln zu überwinden, was ihnen wiederum nicht gelang.

Dann sahen sie auf dem Kolonnenweg eine Doppelstreife aus Richtung Nüxei zu Fuß auf sich zukommen. Die Posten, die ihre Waffen noch geschultert hatten,

Grenzsperren zwischen Mackenrode und Tettenborn; Blick vom westdeutschen Übersichtspunkt (Foto: K. Klinke)

riefen ihnen zu: „Halt, bleiben Sie stehen, oder wir setzen unsere Schusswaffen ein!" Einer der jungen Männer sprang am Zaun hoch und wurde von einem der anderen beiden dabei unterstützt. Als er auf dem Zaun saß, zog er den anderen am Zaun hoch. Als dieser oben war, sprang der Erste vom Zaun herunter und lief weg. Der auf der Zaunkrone sitzende Flüchtling reichte dem dritten Mann die Hand und versuchte ihn hochzuziehen. Dieser tat aber von sich aus nichts, um ebenfalls hoch zu kommen. Offensichtlich hatte er Angst und wollte nicht weiter. Der Flüchtende auf dem Zaun ließ dann los, sprang ebenfalls auf der anderen Seite herunter und folgte seinem Kumpel. Die beiden „liefen um ihr Leben" bis sie das Ortsschild von Tettenborn erreichten. Im dichten Nebel folgten sie jedoch nicht der geteerten Straße, sondern liefen über die Äcker auf die Häuser von Tettenborn zu. Dort holte der BGS, nachdem er benachrichtigt worden war, die beiden jungen Männer ab. Sie wurden dann in Duderstadt befragt und noch am gleichen Tag per Zug von Göttingen aus ins Aufnahmelager Gießen gebracht. Der Dritte war ohne Schusswaffengebrauch von den Grenzposten der DDR festgenommen worden.

(nach einem Befragungsbericht des BGS)

Verfolgung bis zur Grenzlinie

Nachdem der Schafscherer A. aus Sondershausen sich zur Flucht aus der DDR entschlossen hatte, fuhr er am 13. Februar 1989 gegen 19 Uhr mit seinem Pkw von Sondershausen nach Nordhausen und stellte den Wagen auf einem stark frequentierten Werksparkplatz ab. Zu Fuß ging er über freies Feld weiter bis zur Siedlung Steinsee und verbrachte dort die Nacht unter einem Busch am See. Am folgenden Tag setzte er seine Flucht bis zu einer in Seenähe stehenden Holzhütte fort, die er aufbrach. Dort schlief er dann während des Tages. Gegen 19 Uhr lief er weiter in Richtung Grenze. Nachdem er Hundegebell gehört und mehrere Grenzsoldaten gesehen hatte, legte er sich in der Nähe der Sperranlagen zwischen umgestürzte Bäume und verbrachte dort die Nacht.

Am **15. Februar 1989** beobachtete er morgens aus seinem Versteck heraus die Sperranlagen, bemerkte verschiedene Grenzsoldaten und wartete ab. Gegen 11.30 Uhr schienen sämtliche Kräfte der Grenztruppen abgerückt zu sein. A. verließ sein Versteck und näherte sich dem GSSZ (Grenzsicherungs- und Signalzaun) und überwand ihn bei einsetzender Dunkelheit. Dabei brach er mehrere Isolatoren ab. Westlich des GSSZ bewegte er sich durch eine Hundelaufanlage in Richtung des einreihigen Metallgitterzauns (eMGZ). Dabei stolperte er über ein Postensignalgerät und löste zwei Leuchtkugeln aus. Er rannte zum

Grenzzaun I (eMGZ), über den er sich hinwegrollte. Dann lief er bis zu einem etwa zwei Meter von dem Grenzverlauf entfernt stehenden Busch und versteckte sich dort. Er beobachtete von seinem Versteck aus mehrere Grenzsoldaten, die sich unabhängig voneinander dem Fluchtort näherten. Zwei Grenzsoldaten, ein Leutnant und ein Postenführer, überwanden ebenfalls den Grenzzaun und suchten im vorgelagerten Gebiet der DDR nach dem Grenzverletzer. Als der Leutnant den Flüchtling A. hinter dem bereits auf BRD-Gebiet stehenden Busch entdeckte, rief er ihm zu: „Halt! Stehen bleiben!" A. stand auf und ging langsam rückwärts vom Grenzverlauf weg. Der Leutnant rief mehrmals: „Kommen Sie zurück, bleiben Sie stehen!" A. antwortete: „Ich komme nicht zurück. Du musst mich schon erschießen. Wenn du schießt, musst du mich von vorne erschießen, dass es nicht nach Flucht aussieht!" Der Abstand zwischen den bis zur Grenzlinie vorgerückten DDR-Grenzern und dem weiter rückwärts gehenden A. wurde ständig größer, so dass die Grenzposten schließlich abrückten und A. ohne weitere Behinderung gegen 18.00 Uhr Wiedigshof erreichen konnte. (nach einem Bericht des BGS)

Die Grenzkompanie, in deren Bewachungsbereich ein Grenzdurchbruch erfolgt war, musste über den damit im Zusammenhang stehenden Einsatz ihrer Kräfte berichten und diesen an Hand einer Karte belegen. Die vorstehend beschriebene Flucht hat sich nach den genauen Ermittlungen der Grenztruppen entsprechend dem im Kartenausschnitt dargestellten Verlauf wie folgt abgespielt:

• Grenzverletzer verlässt die Straße Liebenrode-Obersachswerfen unterhalb der Kaserne Liebenrode in östlicher Richtung;

• nach Überschreitung des Sachsengrabens geht er in nördlicher Richtung auf den GSSZ zu;

• beim Überwinden des GSSZ löst er durch das Abbrechen mehrerer Isolatoren um 17.10 Uhr Alarm aus;

• der Kommandeur Grenzsicherung zieht die verfügbaren Grenzstreifen zur Abriegelung eines angenommenen Fluchtweges im entsprechenden Bereich zusammen. Diese erreichen ihre Positionen um 17.12 und 17.15 Uhr;

• der Grenzverletzer überschreitet die Wieda, durchquert ein Postensignalgerätefeld und löst dabei ein Gerät aus;

• er setzt seine Flucht fort, überquert (wahrscheinlich über das Sperrwerk) wiederum die Wieda und übersteigt den Grenzzaun I;

- um 17.45 Uhr wird der Alarmzug der 2. Grenzkompanie zur Grenze befohlen;

- um 17.50 Uhr kontrolliert eine Streife die Auslösestelle am GSSZ;

- um 17.55 erreicht der Alarmzug die Durchbruchstelle südlich von Wiedigshof.

(aus den Akten der Grenztruppen, Bundesarchiv-Militärarchiv Freiburg)

Fluchtverlauf nach Ermittlungen der Grenztruppen

Fahnenflucht eines Soldaten der Rückraumkompanie Mackenrode

Am **23. Juli 1989** war ein aus Berlin stammender und zum Wehrdienst bei den Grenztruppen eingezogener Soldat zum zweiten Mal im Grenzdienst eingesetzt. Mit einem Geländewagen vom Typ UAZ 469 b wurde er gegen 17 Uhr mit seinem Postenführer und zwei weiteren Grenzsoldaten zum Durchlasstor im GSSZ im Raum Obersachswerfen gefahren. Nach Passieren desselben begaben sie sich zu zweit zum zugeteilten Postenbereich. Bei einer gegen 23.00 Uhr erfolgten Postierung am Waldrand, an einer Stelle, die der Soldat bei seinem ersten Grenzdienst als geeigneten Fluchtpunkt ausgemacht hatte, überlistete er seinen Postenführer, der nach bestandenem Postenführerlehrgang seinen ersten Dienst als Postenführer tat. Aufgrund eines vermeintlichen Geräusches, dessen Ursache er nachgehen wollte, überquerte er in der Dunkelheit den Kolonnenweg, den 6-m-Kontrollstreifen, den Kraftfahrzeugsperrgraben und überkletterte ohne Mühe den etwa 1,6 Meter hohen Metallgitterzaun. Auf Bundesgebiet durchquerte der junge Grenzer ein unmittelbar am Grenzverlauf beginnendes Maisfeld und meldete sich anschließend auf einem Gehöft in Wiedigshof. Er hatte damit seine Absicht, den Dienst in den Grenztruppen zur Flucht zu nutzen, nach kurzer Dienstzeit verwirklichen können.

(nach einem Befragungsbericht des BGS)

Ein später Fluchtversuch

Der folgende Bericht schildert einen Fluchtversuch, der nicht im Bereich des Südharzes stattgefunden hat. Die besonderen Umstände und die Tatsache, dass das Fluchtmittel heute im Grenzlandmuseum Bad Sachsa zu besichtigen ist, rechtfertigen diese Ausnahme.

Volker J., 43 Jahre alt, arbeitete nach dem Abschluss seines Studiums als Diplom-Ingenieur im Direktorat für Forschung des Kombinates Elektrogerätewerk Suhl. Er verfolgte mit Missmut die zunehmende negative Entwicklung in seinem Arbeitsgebiet, das nachlassende Interesse an wirtschaftlich aussichtsreichen Neuentwicklungen und die politische und wirtschaftliche Unfähigkeit zur Umsetzung interessanter Forschungs- und Entwicklungsergebnisse. Volker J. versuchte dieser für ihn überaus belastenden Arbeitsatmosphäre durch einen Wechsel der Arbeitsstelle zu entkommen. Mehrere erfolgversprechende Bewerbungen wurden aber, offensichtlich auf Intervention der Kombinatsleitung, abschlägig beschieden. Die wirtschaftliche Situation der DDR wurde von Tag zu Tag schlechter. Als die DDR-Führung es ablehnte, sich dem von Gorbatschow in der Sowjetunion eingeleiteten Reformkurs anzuschließen, dachte Volker J. über Fluchtmöglichkeiten in die BRD nach und entschied sich schließlich für den Bau eines Heißluftballons.

Von Mai 1988 an beschäftigte er sich intensiv mit der Entwicklung und dem Bau des Ballons, wozu ihm der unausgefüllte Berufsalltag genügend Zeit bot. Da er als Segelflieger mit Luftströmungen einigermaßen vertraut war und sich beruflich mit Gasen beschäftigt hatte, berechnete und konstruierte er einen Ballon, der zwei Menschen über die innerdeutsche Grenze transportieren können sollte. Zunächst galt es, die zum Bau des Ballons erforderlichen Materialien zu beschaffen. Er nutzte seine häufigen Dienstreisen zur Beschaffung von Baumwoll-Betttüchern, Seilen, Gasflaschen, Brennerteilen usw.

Seine geschiedene Frau wollte zwar ebenso wenig wie die gemeinsame Tochter an der Flucht teilnehmen, war aber zur Mithilfe bereit und nähte in ihrer Wohnung die drei für die etwa 150 Kilogramm schwere Ballonhülle benötigten Einzelteile zusammen. Die Teile wurden dann in einer Reihengarage, wo ständig die Gefahr bestand, entdeckt zu werden, zu einer Ballonhülle mit einem Volumen von 2 200 Kubikmetern zusammengefügt.

Da der Korb als Ganzes nicht unentdeckt transportiert werden konnte, wurde er aus leicht montierbaren Einzelteilen konstruiert.

Um kein unnötiges Risiko einzugehen, führte Volker J. immer wieder Tests entsprechend dem folgenden Ablaufplan durch:

– Bau und praktischer Test eines kleinen Heißluftballons aus Plastikfolie im Maßstab 1:10 zur Messung des Auftriebes (mittels Federwaage) an zwei Stellen unterschiedlicher Höhe.

– Bau und Test eines würfelförmigen Ballons aus Baumwollgewebe (Volumen = ca. 8 m³) zur Ermittlung des Energieverlustes.

– Training des Hochziehens der ca. 150 Kilogramm schweren Ballonhülle mit Sandsäcken als Ersatzlast unter Originalbedingungen, d.h. nachts am vorgesehenen Startplatz mit einem Trabant als Winde.

– Abseiltraining für den Fall einer Landung des Ballons im Baumkronenbereich.

– Tests der verschiedenen selbst entwickelten Brennertypen. Der schließlich gewählte Doppelbrenner ermöglichte die Verbrennung von elf Kilogramm Flüssiggas in sechs bis sieben Minuten. Damit war dann allerdings auch eine beträchtliche Geräuschentwicklung verbunden.

– Darüber hinaus war eine Vielzahl von Kleinversuchen erforderlich, um z.B. die Tragfähigkeit der Seile und die Haltbarkeit der Ballonnähte zu prüfen.

Um die in unseren Breiten vorherrschende Luftströmung aus westlicher Richtung ausnutzen zu können, hatte Volker J. sich einen Startplatz auf einer Waldlichtung in der Nähe von Sonneberg bei Suhl ausgesucht. Der Startplatz erfüllte folgende Voraussetzungen:

– Der Platz lag in Grenznähe und ermöglichte, unter Nutzung der West-Ost-Strömung auf kürzestem Wege in die Bundesrepublik zu gelangen.

– Er war mit einem Pkw erreichbar und lag weit genug von befahrenen Straßen und Ansiedlungen entfernt.

– Er bot außerdem die Möglichkeit, den Ballon zwischen zwei geeigneten Bäumen so hochzuziehen und zu befüllen, dass das Zugseil und die Hilfsleinen beim Start problemlos gekappt werden konnten.

Die Entscheidung für den Starttermin musste aufgrund der großen Entfernung zwischen Suhl und Radebeul, wo seine zweite Ehefrau Monika J. wohnte, etwa 24 Stunden vorher getroffen werden. Dies erwies sich wegen der unpräzisen Wettervorhersagen als sehr problematisch. Bis zum vorgesehenen Starttermin änderten sich Windrichtung, Windstärke und Sichtverhältnisse so sehr, dass die ersten drei Startvorbereitungen in der Zeit vom 8. bis zum 22. Oktober 1989 relativ früh wieder abgebrochen werden mussten.

Der vierte Versuch erfolgte in der Nacht vom **28.** zum **29. Oktober 1989**. Nachdem das Ehepaar mit zwei Pkws zum Startplatz gefahren und die Ballonkonstruktion bereits zur Hälfte aufgebaut war, setzte nach Mitternacht unerwartet Regen ein. Die Aktion musste daher erneut abgebrochen werden.

Auf der Rückfahrt nach Suhl kam Monika J., die hinter ihrem Mann herfuhr, gegen 3 Uhr morgens aufgrund schlechter Sichtverhältnisse und mangelnder Konzentration vom Weg ab. Der Wagen stürzte an einer unzureichend gesicherten Abbruchstelle eine Böschung hinunter und kam in einem etwa vier Meter tiefer gelegenen Bach neben der Straße auf dem Dach zu liegen. Monika J. war durch die zwölf Propangasflaschen in ihrem Trabant so eingeklemmt,

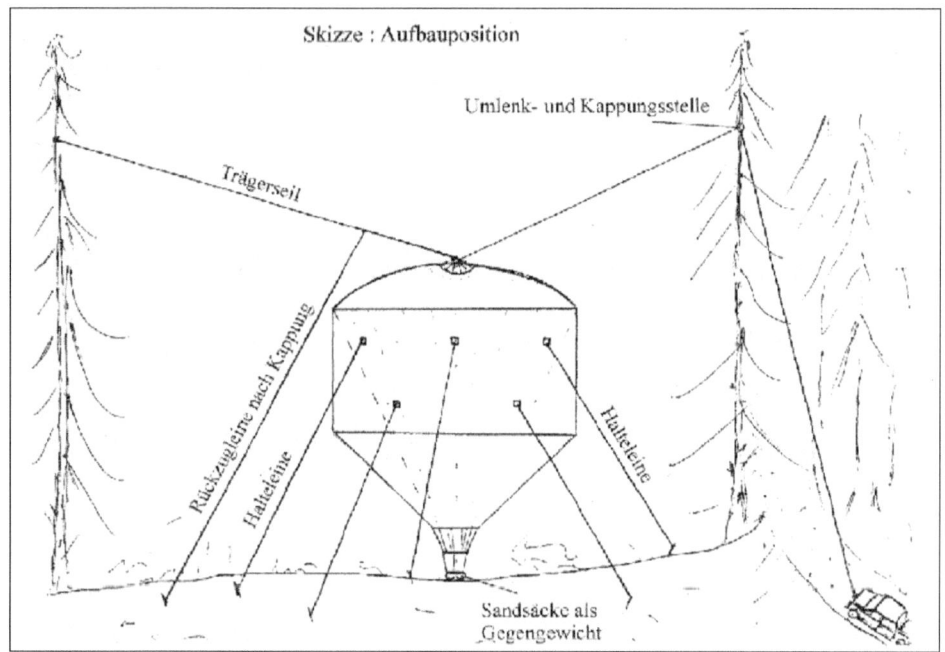

Zeichnung vom Aufbau des Heißluftballons (von Volker J.)

dass sie zwar ihren Kopf gerade über dem eingedrungenen Wasser halten, sich selbst aber nicht befreien konnte. Aus einer der Flaschen strömte zudem Gas aus. Volker J., der das Verschwinden der Scheinwerfer des nachfolgenden Trabbis bemerkt hatte, hielt an und barg seine Frau aus dem im Bach liegenden Fahrzeug. Es war außergewöhnliches Glück, dass sich Monika J. bei dem Unfall keine größeren Verletzungen zugezogen hatte und es nicht zu einer Entzündung des Gases gekommen war.

Eine Vertuschung der Unfallhintergründe war ebenso wie ein weiterer Startversuch mit dem Ballon ausgeschlossen. Deshalb entschied sich das Ehepaar, die DDR über die polnische Grenze zu verlassen. Dieser Weg schien nach dem Besuch des bundesdeutschen Außenministers Genscher in Polen laut den Informationen der westdeutschen Medien möglich zu sein.

Nach einem vergeblichen Versuch, die Hochwasser führende Neiße unter Mitnahme des Gepäcks zu durchschwimmen, gelang die Überquerung am Morgen des 3. November 1989 mittels eines in Weißwasser gekauften Schlauchbootes. Auf die Radioinformationen vertrauend, wich das Ehepaar zwar einer polnischen Grenzstreife aus, die gegen 7 Uhr morgens das Flussufer kontrollierte, bemühte sich im Weiteren aber nicht, von in Grenznähe arbeitenden

Polen unentdeckt zu bleiben. Diese informierten jedoch den in der Nähe gelegenen Grenzstützpunkt, von wo ein Lkw mit mehreren polnischen Grenzsoldaten anrückte und das Ehepaar festnahm. Ohne dass die polnischen Grenzer dem Ehepaar die Möglichkeit eines Gesprächs gegeben hätten, wurden beide eine Stunde nach der Festnahme der DDR-Grenzbehörde übergeben. Das Ehepaar wurde sofort getrennt, verhört und dann zunächst nach Bautzen gebracht. Am folgenden Morgen wurden beide in engen Transportzellen eines Gefangenenfahrzeuges und voneinander getrennt in das Stasi-Untersuchungsgefängnis nach Suhl gebracht. Nach 14 Tagen Haft – inzwischen war die Grenze geöffnet worden – wurde das Ehepaar dann entlassen. Die neuen, hoffnungsvollen politischen Verhältnisse führten zu dem Entschluss des Ehepaares, die DDR nicht mehr zu verlassen.

(nach einem Bericht von Volker J.)

Anmerkung: *Nach seiner Entlassung aus dem Stasi-Untersuchungsgefängnis Suhl erhielt Volker J. seinen Ballon zurück und für die inzwischen abhanden gekommenen Gegenstände eine Entschädigung. Der wieder vervollständigte Ballon wurde vom Armeemuseum Dresden übernommen und von diesem nach Änderung der dortigen Museumskonzeption an das Grenzlandmuseum Bad Sachsa verkauft, wo er besichtigt werden kann.*

Grenzüberschreitender Faschingsauftakt

Nachdem am Abend des 9. November 1989 die Grenze in Berlin geöffnet worden war, warteten an den folgenden Tagen die Bewohner der Orte beiderseits der Grenze, so auch im Südharz, ungeduldig auf die Grenzöffnung in ihrem Bereich. Zu den die Verbindungsstraßen unterbrechenden Grenzanlagen kamen immer wieder Einwohner, um zu erleben, dass dort die Grenzsperren von den Grenztruppen der DDR beiseite geräumt würden. Aber zunächst blieb es dort ruhig.

Am **11. November 1989** gegen 19.30 Uhr öffneten die Grenztruppen, nachdem sie den Kfz-Sperrgraben mit Kies zugeschüttet hatten, endlich den Zaun an der Rotbuche zwischen Walkenried und Ellrich für Fußgänger. Aus den benachbarten Südharzgemeinden strömten Hunderte in dunkler und kalter Nacht in Richtung Walkenried. Schon an der Grenze gab es eine herzliche Begrüßung durch die dort wartenden Walkenrieder. In Walkenried fand zu diesem Zeitpunkt im Freizeitzentrum ein festliches Konzert der Walkenrieder

Chöre statt. Als die Nachricht vom Eintreffen der ersten Ellricher Bürger den Konzertsaal erreichte, reagierte das Trompetenensemble der Kreismusikschule spontan und es erklang die Nationalhymne, die von den vielen Besuchern mitgesungen wurde.

Inzwischen hatten die Walkenrieder Bürger ihre Häuser geöffnet, um ihre Ellricher Nachbarn zu begrüßen und zu bewirten. Ergreifende Szenen spielten sich ab. Immer wieder flossen Tränen. An der Rotbuche war vorsorglich eine Hilfsstation des DRK aufgebaut worden. Die Walkenrieder Feuerwehr sperrte die Zufahrt in Richtung Ellrich, um eine Blockierung der Straße und eine Beeinträchtigung des Fußgängerverkehrs zu verhindern.

Gegen Mitternacht war aus Richtung Ellrich Blasmusik zu hören. Die Blaskapelle, die vorher zur Eröffnung der Faschingsaison bei einer großen Veranstaltung in Ellrich gespielt hatte, marschierte mit dem Rest der verbliebenen Gäste in Walkenried ein. Im Freizeitzentrum herrschte bis zum frühen Morgen eine unvergleichliche Stimmung. Für den Rücktransport der Ellricher Bürger zur Grenze standen fünf Busse zur Verfügung. Ellricher Bürger kehrten noch in der Nacht über die Grenze zurück.

(nach diversen mündlichen Berichten und dem Harz-Kurier vom 14. November 1989)

Der Befehl zum Öffnen der Grenze
an der Straße Ellrich–Zorge

„Am späten Abend des 11. November 1989 hatten wir auf Befehl des Regimentes den Grenzzaun I an der Straße von Ellrich nach Walkenried im Bereich der Rotbuche für Fußgänger öffnen müssen. Dazu waren von unseren Leuten einige Platten aus dem Zaun entfernt worden. Nachdem alle der zahlreichen nächtlichen Grenzgänger aus Walkenried zurück waren, wurde der Zaun am folgenden Morgen wieder geschlossen.

Am Abend des 11. November feierte auch ich im Kreise meiner Freunde und Nachbarn in Holbach, wo ich mit meiner Familie wohnte. Am späten Abend wurde ich, der ich im Bataillonsstab als „Techniker Grenzsperren" eingesetzt war, in die Einheit nach Klettenberg beordert. Dort erreichte mich der Befehl, mit dem Pionierzug und schwerem Gerät zur Führungsstelle an der Straße Ellrich–Zorge zu fahren und mich dort bei der Führungsstelle um 23.45 Uhr zu melden. Keiner von uns wusste, was das Ganze zu bedeuten hatte.

Gegen Mitternacht kam ein Offizier vom Grenzregiment und übergab mir ein Schreiben mit dem Befehl, die Grenze zu öffnen und die Straßenverbindung soweit herzurichten, dass sie am **12. November 1989** ab 6 Uhr für Fußgänger und Pkws passierbar ist. Unterstützen sollte uns dabei der Pionierzug des Regimentes, der mit schwerem Gerät bereits auf dem Weg nach Ellrich war. Wir begannen zunächst mit dem Abbau der Streckmetallplatten. Auf westlicher Seite hatten sich einige Personen eingefunden, die neugierig unsere nächtliche Arbeit verfolgten. Einer BGS-Streife, die mich fragte, was das alles zu bedeuten hätte, erklärte ich, dass die Grenze befehlsgemäß am Morgen um 6 Uhr geöffnet würde. Diese Nachricht verbreitete sich sowohl in Ost als auch in West wie ein Lauffeuer.

Gegen 3.30 Uhr waren bereits Ellrich und die umliegenden Orte voll mit Pkws, die auf das Öffnen der Grenze warteten. Wir hatten inzwischen den Kfz-Sperrgraben mit Kies zugeworfen und die Grasnarbe auf dem ehemaligen Straßenbelag abgeschoben. Am GSSZ (Hinterlandzaun) wurden die dort am Tor Wartenden bereits ungeduldig und wollten sich an den Räumarbeiten beteiligen. Bis 6 Uhr hatten wir, wenn auch nur vorläufig, eine befahrbare Verbindung bis zur Grenzlinie hergestellt. Auf westlicher Seite warteten BGS, Zoll, Polizei, Rotes Kreuz und zahlreiche Bewohner des Grenzgebietes bereits auf die ersten Besucher von jenseits der Grenze.

Wir waren der Meinung, dass als erstes Fahrzeug ein Trabant die Grenze überqueren sollte. Der ausgewählte Trabant wurde noch auf DDR-Gebiet von begeisterten westdeutschen Bürgern in Empfang genommen und über die Grenze getragen. Dort erhielten die Insassen so viele Geschenke, dass an eine Weiterfahrt zunächst nicht zu denken war. Dann rollte Fahrzeug hinter Fahrzeug über die provisorisch geschaffene Fahrspur. Inzwischen hatte sich der Verkehr bis nach Nordhausen gestaut. Eine dichte Abgasfahne lagerte über dem gesamten Anfahrtsweg. Ich hatte den Auftrag, den Verkehr am Übergang so zu lenken, dass die Grenze zügig passiert werden konnte. Zwischen den an der Grenze eingesetzten westdeutschen Beamten und unseren dort Dienst tuenden Leuten entwickelte sich sofort ein verständnisvolles und offenherziges Verhältnis. Man stand zusammen, sprach miteinander, half der anderen Seite, wo Hilfe erforderlich war, und ließ sich gemeinsam auch manches Gläschen „Nordhäuser", der von den in Richtung Westen fahrenden DDR-Bürgern reichlich verschenkt wurde, munden. Nach mehr als zwölf Stunden Dienst vor Ort wurde ich dann durch Grenzaufklärer abgelöst. Am Abend zu Hause dachte ich über den wohl ungewöhnlichsten Tag während meiner mehr als 25-jährigen Tätigkeit an der Grenze nach und fragte mich, welchen Sinn mein bisheriger Einsatz dort gehabt haben könnte."

(Erlebnisbericht von W. Schlicht, Holbach)

Erste freundliche Begegnung (Foto: Harz-Kurier)

Straßenarbeiten an der Grenze (Foto: H. W. Degenhardt)

Vor Ort am Grenzübergang Ellrich–Zorge

*„Am späten Vormittag des **12. November 1989** erreichte auch uns zu Hause die Nachricht, dass die Grenze an der Straße von Ellrich nach Zorge am frühen Morgen geöffnet worden war und dass bereits zahlreiche Trabbis in unserem Ort eingetroffen waren. Von diesem Ereignis an der Grenze wollten wir uns selbst einen Eindruck verschaffen. Zusammen mit meiner Mutter und meiner Frau fuhr ich in Richtung Walkenried, von wo uns schon zahlreiche DDR-Fahrzeuge entgegenkamen. An der Straße von Walkenried nach Zorge kamen wir nicht mehr weiter. In Richtung Walkenried rollte die Kolonne der DDR-Fahrzeuge, in umgekehrter Richtung die der Schaulustigen, die wie wir auch zum Grenzübergang wollten. Ich entschloss mich daher zur Umkehr und zu dem Versuch, über Forstwege bis in die Nähe des Grenzüberganges zu kommen. Noch vor der Abzweigung nach Ellrich ließen wir unser Auto im Wald stehen und gingen die letzte Strecke zu Fuß. Trabbi auf Trabbi, dazwischen auch mal ein Wartburg, mit lachenden und weinenden Insassen kam uns entgegen. Völlig verblüfft waren wir, als wir an der Grenzlinie unsere Beamten des BGS, des Zolls und der Polizei einträchtig mit den Grenztruppenangehörigen zusammenstehen sahen. Fahrzeuge des BGS wendeten auf dem vorgelagerten DDR-Gelände, BGS-Angehörige und Grenztruppensoldaten markierten mit rot-weißen Bändern gemeinsam die Grenzlinie und die Fahrspur. Auf unserer Seite, gegenüber der früheren Gießerei, waren bereits Container und Lichtmasten aufgestellt worden. Aus Ellrich kommend fuhren Lkws mit Straßenbaumaterial heran, offensichtlich um die Fahrspur weiter zu verbreitern. Und immer noch kamen Autos, Fußgänger und Radfahrer aus Richtung Ellrich. So wie vielen Insassen der vorbeifahrenden Autos standen auch uns die Tränen in den Augen.*

Schließlich traten wir den Rückweg an. Nahe dem Straßenabzweig stand ein junges Ehepaar mit einem Kinderwagen und erkundigte sich bei uns, welchen Weg sie nach Bad Sachsa einschlagen müssten. Da der Weg dorthin zu Fuß zu lang geworden wäre, verstauten wir den Kinderwagen im Kofferraum unseres Kombis und nahmen die drei dann mit nach Bad Sachsa. Die Straßen und Plätze unseres Ortes waren mit Trabbis zugeparkt und überall in der Stadt waren Menschen von drüben, die oftmals lange Anmarschwege in Kauf genommen hatten, unterwegs zu den Auszahlungsstellen des von der BRD ausgegebenen Begrüßungsgeldes und zum Besuch der bis in die Nacht geöffneten Läden. Große Nachfrage herrschte insbesondere nach Südfrüchten. Der prompte Nachschub von Bananen und Apfelsinen in die Lebensmittelgeschäfte war eine erstaunliche Leistung.

Grenzöffnung am 12. November 1989 (Fotos: H. Gundlach)

Die Besucher aus der DDR wurden bei ihrem ersten Besuch in Westdeutschland von der Bevölkerung und den karitativen Einrichtungen bekös-
tigt. In spontan eingerichteten Teestuben konnten sie sich aufwärmen und
ausruhen. Überall kam es zu Gesprächen zwischen den Menschen aus Ost
und West und vielfach auch zu Einladungen nach Hause. In den folgenden
Tagen bot die Stadt weiterhin das gleiche Bild. Außer mit eigenem Pkw
kamen die Menschen dann auch mit dem Personenzug, der dank einer
spontanen Entscheidung der Herzberger Eisenbahner erstmals nach vielen
Jahren wieder zwischen Nordhausen und Herzberg verkehrte. Für den kos-
tenlosen Transport zwischen dem Bahnhof und dem Stadtzentrum wurden
von der Stadtverwaltung Pendelbusse eingesetzt."

(Erlebnisbericht von H. Gundlach, Bad Sachsa)

Sportplatz Bad Sachsa wird Trabbi-Parkplatz (Foto: Harz-Kurier)

Auszahlung des Begrüßungsgeldes in Bad Sachsa (Foto: Harz-Kurier)

Zorger hebelte mit Trecker Grenzpfahl aus

Zorge. War das Beispiel an der Berliner Mauer die Ursache, wo vorwiegend junge Leute versuchten, ein Stück aus dem staatentrennenden „Bauwerk" herauszubrechen, war ganz einfach überschwängliche Freude die Motivation oder wurde die Öffnung der Grenze zwischen DDR und Bundesrepublik allzu wörtlich genommen?

Mindestens eines davon – wahrscheinlich aber alles zugleich – muß am Samstagabend einen Zorger Einwohner beflügelt haben. Der machte sich in der Dunkelheit mit seinem Trecker auf den Weg an die innerdeutsche Grenze zwischen Zorge und Ellrich und hebelte mittels seines Fahrzeuges einen DDR-Grenzpfahl aus. Mit seiner „Beute" fuhr er schließlich wieder Richtung Zorge. Der Grenzpfahl jedoch wird bei ihm zuhause nicht als Andenken zu Ehren kommen, denn unterwegs wurden schon westdeutsche Zollbeamte auf diesen seltsamen Transport aufmerksam und sorgten dafür, dass der Pfahl wieder in die DDR zurückkam.

(Harz-Kurier vom **13. November 1989**)

Der erste Personenzug nach vielen Jahren

Nachdem bekannt geworden war, dass auch die Grenze im Südharz offen ist, hatten sich auf den Bahnhöfen in Nordhausen und Ellrich zahlreiche Bewohner eingefunden, in der Annahme, dass man auch mit dem Zug in den Westen fahren könne. Dafür waren jedoch keinerlei Vorkehrungen getroffen worden. Über die bestehende Telefonverbindung zwischen den Bahnhöfen Herzberg und Ellrich verständigten sich die beiden Fahrdienstleitungen in Eigenverantwortung über die Aufnahme des Personenzugverkehrs. Vom Bahnhof Herzberg wurde ein schnell zusammengestellter Zug in Richtung Nordhausen geschickt, der am Sonntagmorgen, dem **12. November 1989**, dann um 8.47 Uhr mit rund 400 begeisterten Fahrgästen wieder im Bahnhof Walkenried eintraf. Dort wurden die DDR-Besucher vom Spielmannszug der Feuerwehr,

Der erste Personenzug (Foto: Harz-Kurier)

Fahrplan der Grenz-Bahn

BAHNHOF HERZBERG (HARZ)

Fahrzeiten der Eilzüge

Richtung Nordhausen — Northeim

E 2756			E 2758		
Nordhausen	ab	7.55	Nordhausen	ab	14.23
Ellrich	an	8.23	Ellrich	ab	14.50
	ab	8.55		ab	15.20
Walkenried	an	9.05	Walkenried	an	15.30
	ab	9.20		ab	16.07
Bad Sachsa	an	9.25	Bad Sachsa	an	16.12
	ab	9.28		ab	16.14
Scharzfeld	an	9.41	Scharzfeld	an	16.29
	ab	9.43		ab	16.31
Herzberg(H)	an	9.48	Herzberg(H)	an	16.36
	ab	9.51		ab	16.39
Hattorf	an	9.57	Hattorf	an	16.45
	ab	9.58		ab	16.46
Wulften	an	10.03	Wulften	an	16.50
	ab	10.04		ab	16.51
Katlenburg	an	10.10	Katlenburg	an	16.57
	ab	10.11		ab	16.58
Northeim	an	10.19	Northeim	an	17.06

Richtung Northeim — Nordhausen

E 2757			E 2759		
Northeim	ab	11.10	Northeim	ab	18.02
Katlenburg	an	11.18	Katlenburg	an	18.10
	ab	11.19		ab	18.11
Wulften	an	11.25	Wulften	an	18.17
	ab	11.26		ab	18.18
Hattorf	an	11.31	Hattorf	an	18.23
	ab	11.32		ab	18.24
Herzberg(H)	an	11.40	Herzberg(H)	an	18.33
	ab	11.46		ab	18.57
Scharzfeld	an	11.52	Scharzfeld	an	19.03
	ab	11.54		ab	19.05
Bad Sachsa	an	12.09	Bad Sachsa	an	19.20
	ab	12.11		ab	19.22
Walkenried	an	12.16	Walkenried	an	19.27

Fahrplan der Grenzbahn (Foto: Harz-Kurier)

dem Oberkreisdirektor und weiteren Repräsentanten des Kreises herzlich begrüßt. Überall auf den weiteren Bahnhöfen der Südharzstrecke herrschte Volksfeststimmung. Von den Bahnhöfen wurden die Gäste aus der DDR mit Bussen in die Ortszentren gebracht, wo unermüdliche Mitarbeiter der Verwaltungen und der Post das Begrüßungsgeld auszahlten. Viele Geschäfte, darunter nahezu alle Lebensmittelgeschäfte, hatten den ganzen Tag über bis in den späten Abend hinein geöffnet, um die Gäste aus der DDR insbesondere mit Südfrüchten versorgen zu können.

Der eingesetzte Zug pendelte laufend zwischen Nordhausen und Herzberg, um die vielen in Nordhausen wartenden Menschen in die Orte des Südharzes zu bringen. Gegen 14 Uhr rollte der Zug bereits zum fünften Mal in den Bahnhof Walkenried ein. Für die Fahrkarte von Nordhausen nach Herzberg, die 9,20 Mark (Ost) kostete, konnte die Reichsbahn noch den alten Fahrkartendrucker nutzen. Von den folgenden Tagen an beteiligte sich auch die Reichsbahn mit eigenen Zügen an der Aufrechterhaltung der gerade wieder geschaffenen Zugverbindungen.

(nach einem Bericht im Harz-Kurier)

Die Grenzöffnungen im Südharz

Nachdem am 12. November 1989 die Grenze zwischen Ellrich und Zorge und zwischen Nüxei und Mackenrode für den Personen- und Fahrzeugverkehr von DDR-Bürgern geöffnet worden war, wurden mit großem Elan auf beiden Seiten die Übergänge ausgebaut und Container zur Unterbringung des Kontrollpersonals aufgestellt. Die Zahl der zu Tagesfahrten über die beiden Übergänge ein- und ausreisenden Pkws und der mit der Bahn kommenden Besucher blieb zunächst unverändert hoch. Die Mitarbeiter der örtlichen Behörden und der Post, die das Begrüßungsgeld auszuzahlen hatten, waren unermüdlich im Einsatz und bemüht, an die oftmals in Schlange wartenden Landsleute von drüben zügig die begehrten Westmark auszuzahlen. Zwischen den Einwohnern der grenznahen Ortschaften im Westen und den Besuchern aus dem Osten kam es zu unbelasteten freundschaftlichen Begegnungen und Gesprächen auf den Straßen, in den Geschäften und vielfach auch in den Privatwohnungen. Es war sehr kalt und Einladungen zu einem wärmenden Getränk wurden von den angereisten Landsleuten gern angenommen.

Unter dem Druck der Bevölke-
rung aus den Grenzorten der
DDR wurden dann laufend neue
Grenzübergänge eröffnet, oft-
mals zunächst nur befristet und
nur für Fußgänger, so bereits
Ende November 1989 zwischen
Weilrode und Bartolfelde.

Am 10. Dezember 1989 folgte
die Grenzöffnung zwischen Bartolfelde und Bockelnhagen und
am 17. Dezember 1989 öffnete
sich der Übergang zwischen
Zwinge und Brochthausen.
Nachdem die früheren Fahrbah-

*Kollegiale Begrüßung anlässlich der Grenzöff-
nung Weilrode–Bartolfelde*

nen wieder hergestellt waren, konnten diese Übergänge westwärts auch von
Fahrzeugen passiert werden.

Warten auf die Grenzöffnung (Fotos: Frau Kälz, Scharzfeld)

Bundesbürger, die auf die andere Seite der Grenze wollten, benötigten offiziell ein Visum; vielfach ging es aber auch ohne. Am 23. Dezember 1989 wurde auch der zuerst eröffnete, aber dann wieder geschlossene Übergang zwischen Ellrich und Walkenried erneut für Fußgänger freigegeben.

Am 3. Februar 1990 wurde um 12 Uhr das Tor im Grenzzaun zwischen Neuhof und Branderode geöffnet. Zahlreiche Einwohner von Bad Sachsa, aber insbesondere von Neuhof, warteten auf den Augenblick, nach 40 Jahren wieder einen Besuch in der Nachbargemeinde machen zu können. Nach der offiziellen Begrüßung durch den Landrat von Nordhausen und den Bürgermeister von Branderode zog die Kolonne hinter dem Spielmannszug von Neuhof mit den Repräsentanten des Kreises Osterode und der Stadt Bad Sachsa an der Spitze in Branderode ein. Dort wurden die Besucher herzlich empfangen und bewirtet. Die älteren Besucher trafen auf Bekannte und Freunde, die sie vielfach seit Jahrzehnten nicht mehr gesehen hatten. Aber auch unter den Jüngeren herrschte durch die gemeinsamen Gespräche und die herzliche Bewirtung eine frohe Stimmung, die durch das Konzert des Musikzuges Neuhof noch gefördert wurde.

Grenzöffnung Neuhof–Branderode am 3. Februar 1990 (Foto: H. Gundlach)

Es folgten 1990 weitere Grenzöffnungen:

am 12. März   Straßenübergang Hohegeiß–Rothesütte,

am 18. März   zwischen Tettenborn und Mackenrode,

am 3. April   zwischen Kutzhütte und Branderode,

am 7. April   zwischen Neuhof und Klettenberg,

am 12. April   zwischen Osterhagen und Weilrode sowie
zwischen Barbis und Silkerode,

am 13. April   zwischen Wiedigshof und Obersachswerfen.

Neue Strukturen und das Ende der Grenzsicherung

Wenige Monate vor der Grenzöffnung hatte die DDR-Regierung Maßnahmen zur Umstrukturierung der Grenztruppen eingeleitet. Die DDR-Regierung wollte zur Hebung ihrer internationalen Reputation ein völlig neues Grenzsicherungssystem installieren, das eine Festnahme von Flüchtlingen ohne Waffengewalt schon im Hinterland erlaubte.

Die Grenzkommandos Nord, Mitte und Süd wurden aufgelöst – offiziell am **1. Dezember 1989** – und in Anpassung an die bürokratische Gliederung der DDR Grenzbezirks- und Grenzkreiskommandos gebildet. Aus dem Stab des I. Bataillons Klettenberg des Grenzregimentes 4 Heiligenstadt entstand das Grenzkreiskommando Nordhausen, das auf dem Gelände des Hubschrauberflugplatzes in Nordhausen untergebracht wurde. In Klettenberg verblieb die Sicherungsstellungskompanie des ehemaligen Bataillons mit dem Pionier- und dem Nachrichtenzug sowie der Hundestaffel.

Die Umstrukturierung der DDR-Grenzsicherungskräfte, der zufolge u.a. die Anzahl der Grenzkompanien vergrößert und damit der jeweils zu sichernde Grenzabschnitt verkleinert werden sollte, machte nach der Grenzöffnung keinen Sinn mehr. Die Grenzsoldaten hatten von nun an nicht mehr die Grenze abzuriegeln, sondern wurden bei den erforderlichen baulichen Maßnahmen und für die Personenkontrolle an den zahlenmäßig ständig zunehmenden Grenzübergangsstellen eingesetzt. Nachdem am 13. November 1989 die neue DDR-Regierung die Sperrzone an der innerdeutschen Grenze aufgehoben hatte, demontierten die Grenztruppen zunächst das Signalsystem des GSSZ und schließlich den gesamten Schutzstreifenzaun. Auf Befehl des DDR-Verteidigungsministers Eppelmann wurden im Februar 1990 auch die Einrichtungen der Führungsstellen demontiert und verschrottet.

Nach dem Willen der neuen DDR-Regierung sollten die Grenztruppen in ihrer Sollstärke halbiert und zu einem Grenzschutzorgan umgebildet werden. Der am 2. April erteilte Befehl zum Aufbau eines polizeilichen „DDR-Grenzschutzes" kam nicht mehr zum Tragen. Mit dem Inkrafttreten der Wirtschafts-, Währungs- und Sozialunion zwischen den beiden deutschen Staaten am 1. Juli 1990 wurden auf beiden Seiten der Grenze jegliche Kontrollen eingestellt. Am **21. September 1990** erließ der Minister für Abrüstung und Verteidigung der DDR, Rainer Eppelmann, den Befehl 49/90 zur Auflösung der Grenztruppen. Am **3. Oktober 1990** traten die fünf Länder der DDR und Ost-Berlin dem Geltungsbereich des Grundgesetzes der Bundesrepublik Deutschland bei. Damit war die Wiedervereinigung Deutschlands vollzogen.

Abbau der Grenzsperreinrichtungen

Nach der Wiedervereinigung Deutschlands am 3. Oktober 1990 wurde der noch von den Grenztruppen begonnene Abbau der Grenzsperranlagen fortgesetzt. Zuständig war der Zentrale Auflösungsstab (ZAS) unter der Führung der Bundeswehr.

Nachdem man zunächst davon ausgegangen war, dass die vorher verlegten mehr als 1,3 Millionen Bodenminen von der DDR vollständig geräumt worden waren, stellte man bei einer Überprüfung der Akten der Grenztruppen einen Fehlbestand von über 33 000 Stück fest. Funde intakter Minen bei der Beseitigung des Grenzzaunes mahnten zur Vorsicht und zur Festlegung von 348 Kilometern des Grenzstreifens als minengefährdet. Die gefährdeten Bereiche wurden mit Trassierungsbändern und Warnschildern gekennzeichnet. Räumungstrupps aus überwiegend ehemaligen Angehörigen der Grenztruppen führten die Nachberäumungsarbeiten durch. Dazu wurde der als minengefährdet eingestufte Grenzstreifen zunächst längs bis zu einer maximalen Tiefe von etwa 40 Zentimetern durchpflügt und anschließend von einer auf einer Planierraupe montierten Arbeitsbühne visuell abgesucht. Danach wurde der betreffende Grenzstreifen quer gepflügt und wiederum abgesucht. Anschließend wurde die gepflügte Fläche noch mit einer Scheibenegge bearbeitet.

Bei Entdeckung einer intakten Mine wurde diese vor Ort gesprengt und das Gebiet nochmals durchpflügt und wiederum abgesucht.

In zugeschwemmten Tal-Lagen innerhalb oder unterhalb der ehemaligen Minenfelder wurde die Schwemmerdeschicht abgebaggert und bei vorsichtigem Abwurf aus der Baggerschaufel auf mögliche Minen untersucht.

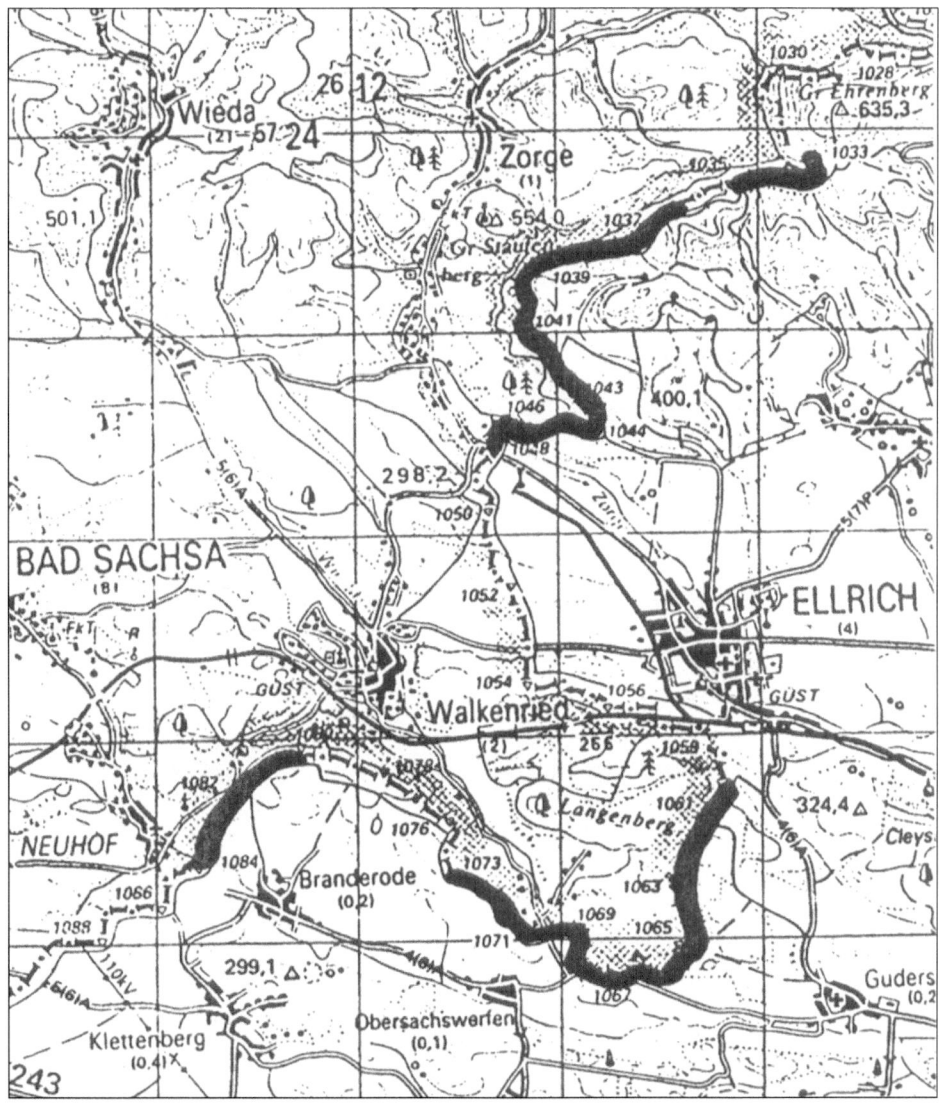

Minengefährdetes Gebiet im Südharz (Foto: Wochenchronik vom 7. Februar 1994)

Minennachsuche auf gepflügtem Grenzstreifen
(Foto: A. Schaffner; aus „...Geschichte der Sperranlagen...")

Im Grenzbereich des Südharzes erfolgte die Minennachsuche vom Sommer 1993 bis Mitte 1994. Erst danach konnte in diesen Bereichen der vor dem ehemaligen Minenfeld stehende Grenzzaun I abgebaut werden.

An den Demontagearbeiten waren auch private Unternehmen beteiligt, die am Erwerb z.B. der verzinkten Metallgitterplatten interessiert waren. Die unverzinkten (schwarzen) Metallgitterplatten, für die es keine Weiterverwertung gab, wurden verschrottet.

Zum Abbau sowohl der runden als auch der neueren quadratischen Beobachtungstürme wurden zunächst die Verschraubungen auf der Fundamentplatte gelöst und die Türme mit gespannten Drahtseilen von einem Lkw umgezogen und zu Fall gebracht.

Die stabileren Führungsstellen brachten im Laufe des Jahres 1993 Räumpanzer der ehemaligen NVA zum Einsturz. Die Trümmer wurden nach Metall und Beton getrennt und separat verwertet. Während die Sprechsäulen des Grenzmeldenetzes abgebrochen wurden, blieben die zugehörigen Kabel in der Erde.

Abriss der Führungsstelle Klettenberg (Foto: R. Böhle)

Die Kolonnenwege sind vielfach bis heute erhalten und werden von Forst- und Landwirtschaft als Zufahrtswege genutzt.

Die im Gelände verteilten Beobachtungsbunker aus Beton wurden abgebaut und in Betonrecyclinganlagen zerkleinert.

Am 8. Dezember 1993 wurde an der thüringisch-bayrischen Grenze der letzte Beobachtungsturm abgerissen und damit der Abbau der DDR-Sperranlagen beendet. Die Minennachsuche, die offiziell am 12. Dezember 1995 für beendet erklärt wurde, hatte noch 1104 intakte Minen zu Tage gefördert.

Heute finden sich nur noch wenige verfallene Zeugnisse der einstmals von den DDR-Machthabern so stark gesicherten Grenze zur Bundesrepublik. Nur einige Grenzlandmuseen, wie das im Dorfgemeinschaftshaus Bad Sachsa-Tettenborn, stehen mit ihrem Wirken und ihren Exponaten gegen das Vergessen einer unmenschlichen und einschneidenden Phase unserer Geschichte.

Reste des GZ I vor Führungsstelle Jägerfleck (Foto: Grenzlandmuseum Bad Sachsa)

Die Natur vereinnahmt die Reste der Grenzsperren (Foto: H. Gundlach)

Blühende Veilchen auf dem ehemaligen Kolonnenweg (Foto: H. Gundlach)

Zeittafel 1981 bis 1990

1. August 1981	Ein Feldwebel der Grenztruppen wird im Raum Heiligenstadt von einem flüchtenden Soldaten auf der Führungsstelle erschossen
Sommer	Auflösung des Grenzbataillons Jützenbach
1. Mai 1982	„Gesetz über die Staatsgrenze der DDR" legalisiert den Schusswaffeneinsatz gegen Grenzverletzer
Jahresverlauf	Verlegung des Stabes des 4. Grenzregimentes von Jützenbach nach Heiligenstadt
25. August 1983	Minenexplosion im Raum Liebenrode verletzt Offizier der Grenztruppen schwer
Jahresmitte	Auf ca. 450 km Länge an der Grenze zur BRD waren ca. 60.000 Splitterminen vom Typ SM 70 montiert
Herbst	Entscheidung der DDR-Regierung zum Abbau aller Minensperren als Gegenleistung für den von der BRD-Regierung verbürgten Milliardenkredit an die DDR
Oktober	Beginn des Abbaues der SM 70, bis 30. November beendet, Erdminen bis 1985 beseitigt
Jahresverlauf	Erste Hundefreilauf-Anlagen durch Anordnung eines zweiten Metallgitter-Zaunes im Abstand von 3 – 5 m parallel zum GSSZ (Hinterlandzaun) errichtet
21. Februar 1984	Ein junger Vollmatrose der Binnenschifffahrt erreicht bei Wiedigshof das Territorium der BRD
12. März	Zwei junge Maurer überwinden unverletzt die Sperranlagen im Raum Ellrich
13. Dezember	Unteroffizier der 2. GK Liebenrode überwindet die Sperranlagen im Raum Neuhof
Jahresverlauf	Verlegung der GK Günterode in den Standort Weilrode; Günterode wird Standort der Pionierkompanie des 4. Grenzregimentes; Aufbau des Grenzsicherungs-und Signalzaunes (GSSZ) im gesamten Regimentsbereich
18. Januar 1985	Zwei Soldaten der 2. GK Liebenrode erreichen bei Wiedigshof das Gebiet der BRD
1. März	Beginn der Erdminenräumung im Bereich von Ellrich bis Branderode
18. März	Gescheiterter Fluchtversuch einer vierköpfigen

	Familie mit einem gepanzerten Lkw über die Gleisanlagen des Bahnhofs Ellrich
15. August	Minensprengungen im Bereich Branderode
1. September	Flucht eines jungen Maurers aus Nordhausen im Raum Obersachswerfen
5. September	Flucht eines Unteroffiziers der Minenräumkompanie Schiedungen während des Dienstes im Raum Obersachswerfen
Anfang Dezember	Todesschuss auf den Kommandeur des I. Grenzbataillons Klettenberg
Jahresverlauf 1986	Überholung der Grenzsperranlagen, verstärkter Einsatz von Grenzaufklärern im vorgelagerten Territorium (zwischen GZ I und Grenzlinie)
10. Februar 1987	zwei junge Männer, ein Vollmatrose und ein Zerspanungsfacharbeiter, überwinden die Grenze im Raum Osterhagen
29. August	Einem auf dem B-Turm der Ziegelei Zwinge diensthabenden Soldaten gelingt die Flucht in einen Bauernhof auf westdeutscher Seite
8. Oktober	Zwei jungen Männern aus Leipzig gelingt die Flucht im Raum Weilrode-Bartolfelde
19. Oktober	Ein 18-jähriger Maurer und Fliesenleger aus Arnstadt erreicht im Raum Neuhof-Tettenborn westdeutsches Gebiet
15. Juni 1988	Eröffnung der Infomationsstelle in der Baracke der ehemaligen Kontrollstelle des Zolls an der Straße Walkenried-Ellrich
Herbst	Verstärkung der Grenzsperren im Bereich der Tore im GSSZ durch Seilsperren, Nagelbretter oder Betonplattenstapel
30. September	Flucht eines Kranführers aus Bad Lauchstedt nach Tettenborn
11. November	Drei junge Männer, die an einer Faschingsparty in einer Nordhäuser Diskothek teilgenommen haben, entschließen sich spontan zur sofortigen Flucht. Mit Hilfe eines entwendeten Lkw durchbrechen sie die Grenzsperren an der Straße Mackenrode-Tettenborn, bleiben im Kfz-Sperrgraben hängen; zwei können den GZ I überwinden, der dritte wird festgenommen.

15. Februar 1989	Ein Schafscherer aus Sondershausen überwindet die Grenze bei Wiedigshof
23. Juni	Fahnenflucht eines Soldaten der Rückraumkompanie Mackenrode über die Grenze im Bereich Wiedigshof
Jahresverlauf	Die Bevölkerung der DDR protestiert gegen ihre Regierung; Fluchten in Botschaften der BRD in Budapest und Prag
7. Oktober	40. Jahrestag der DDR
18. Oktober	Erich Honecker tritt zurück, Egon Krenz wird Staatsratsvorsitzender
7. November	Die gesamte DDR-Regierung unter Stoph tritt zurück
9. November	Neue DDR-Regierung beschließt neues Reisegesetz; durch Fehlinformation des ZK-Mitgliedes Schabowski sofortige Maueröffnung in Berlin
11. November	Zeitweilige Öffnung des Zaunes an der Straße Ellrich-Walkenried für Fußgänger am späten Abend; Ellricher Bürger besuchen noch in der Nacht spontan Walkenried und feiern mit den Walkenriedern die unerwartete erste Begegnung nach Jahrzehnten
12. November	Öffnung der Grenze an der Straße Ellrich-Zorge ab 6.00 Uhr; die Trabischlange reicht bis hinter Ellrich; zur Entlastung des Rückreiseverkehrs wird die Grenze zwischen Nüxei und Mackenrode zunächst von 20.00 bis 4.00 Uhr geöffnet
12. November	Einstellung der Grenzüberwachung durch den Zoll der BRD
13. November	Die Sperrzone wird von der DDR-Regierung aufgehoben
18. November	6.00 Uhr endgültige Öffnung des Grenzüberganges Nüxei-Mackenrode
1. Dezember	Auflösung der Grenzkommandos Nord, Süd und Mitte und Bildung von Grenzbezirks- und Grenzkreiskommandos; aus dem Stab des I. Bataillons Klettenberg wird das Grenzkreiskommando Nordhausen gebildet, das auf dem Hubschrauber-Flugplatz untergebracht wird; in Klettenberg verbleibt die Sicherstellungskompanie des früheren Regimentes
10. Dezember	Öffnung der Grenze zwischen Bartolfelde und Bockelnhagen für Fußgänger nur an Wochenenden, später ständig geöffnet; ab 12.04.1990 auch für Pkw

17. Dezember	Öffnung der Grenze zwischen Zwinge und Brochthausen
Dezember	Abbau des Signalsystems am GSSZ
21. Dezember	Nach der vom Ministerrat der DDR beschlossenen Militärreform sollen die Grenztruppen dem MdI unterstellt werden
23. Dezember	Ab 14.00 Uhr Öffnung der Grenze zwischen Walkenried und Ellrich für Fußgänger, später auch für Pkw
3. Januar 1990	Sollstärke der Grenztruppen wird halbiert und diese zu einem Grenzschutzorgan umgebildet
15. Januar	Einrichtung der Bus-Linie Bad Sachsa-Nordhausen über Grenzübergang Zorge-Ellrich
3. Februar	12.00 Uhr Grenzöffnung zwischen Neuhof und Branderode
Februar	Einrichtungen der Führungsstellen und des GSSZ werden von Grenztruppen demontiert
12. März	Endgültige Einrichtung des Überganges Hohegeiß-Rothesütte
18. März	Öffnung der Grenze zwischen Tettenborn und Mackenrode
3. April	Grenzöffnung zwischen Kutzhütte und Branderode
7. April	Grenzöffnung zwischen Neuhof und Klettenberg
13. April	Grenzöffnung zwischen Wiedigshof und Obersachswerfen
Mai	BRD-Bürger benötigen zur Einreise in die DDR kein Visum mehr, nur noch Personalausweis
1. Juli	Währungsunion; die DDR übernimmt die DM; Aufhebung der Personenkontrolle an der Grenze; BGS und GZD stellen die Grenzüberwachung ein
21. September	Auflösung der Grenztruppen der DDR
3. Oktober	Die DDR tritt dem Grundgesetz der BRD bei; Personal des DDR-Grenzschutzes wird in den BGS übernommen
Oktober/Dezember	Der Zentrale Auflösungsstab leitet den Abbau der Grenzsperren und die Minen-Nachsuche unter Einsatz ehemaliger GT-Angehöriger

Schlusswort

Die vorstehende Dokumentation der Geschichte der innerdeutschen Grenze im Südharz und deren Auswirkungen auf das Leben der Menschen auf beiden Seiten ist durch intensive Recherchen in Archiven und durch Befragung von Zeitzeugen entstanden. Die Intention des Verfassers war es, einen weitgehend gesicherten und umfassenden chronologischen Überblick über die Ereignisse in diesem Grenzraum zu geben. Selbstverständlich kann eine solche Darstellung nicht vollständig sein. Manches bemerkenswerte Ereignis wird, wenn darüber keine Unterlagen existieren oder nicht zugänglich sind, in Vergessenheit geraten.

Der Verfasser hat bei seinen jahrelangen Recherchen und Befragungen immer wieder Unterstützung von Behörden, von deren aktiven oder pensionierten Mitarbeitern und von privaten Informanten gefunden. Ohne deren Hilfe wäre die entstandene Dokumentation weniger umfassend und weniger genau ausgefallen.

Insbesondere dankt der Verfasser ...

Herrn Wolfgang Schlicht, Holbach, ehemaliger Stabsoberfähnrich der Grenztruppen der DDR – für die militärische Beratung und aktive Mitarbeit bei den Recherchen;

Herrn Helmut Weingardt, Nordhausen, ehemaliger Kompaniechef der Deutschen Grenzpolizei und der Grenztruppen – für Informationen und Standortbesichtigungen;

Herrn Konrad Lochner, Duderstadt, ehemaliger Polizeihauptkommissar im Bundesgrenzschutz und Sachbearbeiter Sicherheit – für Informationen und kritische Anmerkungen;

Herrn Manfred Gille, Hohegeiß, Zollbetriebsinspektor – für Informationen über den Zollgrenzdienst und Fotos;

Herrn Peter Matera, Lübeck, Polizeihauptkommissar im Bundesgrenzschutz – für Informationen und Fotos;

Herrn Eugen Meyer, Ellrich – für Informationen und Fotos.

Ein besonderer Dank gebührt vor allem den Verfassern der Erlebnisberichte. Deren Darstellungen vermitteln einen tiefen Eindruck von den Bedrohungen, erlittenen Ängsten, Nötigungen und vom Tod im Grenzgebiet, aber auch vom glücklichen Aufatmen der Menschen im Verlauf der Grenzöffnung.

Genutzte Informationsquellen

Archivierte Unterlagen

Berichte der Polizei Walkenried	– Niedersächsisches Staatsarchiv Wolfenbüttel
Berichte des Bundesgrenzschutzes	– Niedersächsisches Staatsarchiv Pattensen
Berichte des Zollgrenzdienstes	– Niedersächsisches Staatsarchiv Hannover
Berichte der Grenzpolizei Thüringen	– Thüringisches Hauptstaatsarchiv Weimar
Berichte der Grenztruppen der DDR	– Bundesarchiv-Militärarchiv Freiburg
Zeitungsberichte zur Grenze	– Archiv der Stadt Bad Sachsa und Archiv des Landkreises Osterode
zu Juliushütte	– Chronik von Walkenried Landeshauptarchiv
....und Wiedigshof	Sachsen-Anhalt Dessau

Literatur

Lapp, Peter Joachim:	Frontdienst im Frieden – Die Grenztruppen der DDR. Bernard & Graefe Verlag, Koblenz 1987
Riemer, Rudolf:	Das zweigeteilte Deutschland 1949–1956. Studienzentrum für Ost-West-Probleme e.V., München 1989
Doll, Eberhard:	Die Geschichte des Grenzschutzkommandos Nord 1951–1991. Grenzschutzkommando Nord, Hannover 1991
Stadt Duderstadt:	Die Grenze im Eichsfeld. Göttinger Tageblatt, Göttingen 1991
Doll, Eberhard:	Die Grenztruppen der DDR. AG Fortbildung der Grenzschutzschule, Sonderausgabe I/83
Grenztruppen der DDR:	Geschichte des Truppenteils „Willi Gebhardt". Heiligenstadt ca. 1985
Rothe, Ilona:	Verraten Vertrieben Verkauft Verhöhnt. Landeszentrale für politische Bildung, Thüringen
Filmer, Werner/Schwan, Heribert:	Opfer der Mauer. Die geheimen Protokolle des Todes. C. Bertelsmann Verlag, München 1991

Fotodokumente

von Institutionen

- Archiv der Stadt Bad Sachsa
- Bundesarchiv-Militärarchiv Freiburg
- Bundesgrenzschutzkommando Nord Hannover
- Grenzschutzschule Lübeck
- Grenzlandmuseum Bad Sachsa
- Harz-Kurier Herzberg
- Militärhistorisches Museum der Bundeswehr Dresden
- Niedersächsisches Staatsarchiv Hannover
- Thüringisches Hauptstaatsarchiv Weimar
- Zollkommissariate Goslar und Bad Lauterberg

aus Privatbesitz

- Böhle, R., Bad Sachsa
- Gille, M., Hohegeiß
- Gundlach, H., Bad Sachsa
- Kälz, Frau, Scharzfeld
- Klinke, K., Bad Sachsa
- Meyer, E., Ellrich
- Schaffner, A., Mödlareuth
- Schlicht, W., Holbach
- Schmelter, P.; Bonn
- Weingardt, H., Nordhausen

Organisation der Grenzüberwachung der SBZ/DDR im Bereich des Südharzes

1945		Sowjetische Militäradministration Deutschland SMAD
		Sowjetische Militäradministration Thüringen SMAT
		Grenzüberwachung durch sowjetische Grenzposten,
		die in allen Grenzorten stationiert sind
1946		SMAT
		Innenminister des Landes Thüringen
		Landespolizeiamt
	März	Bildung eines Schutzpolizei-Sonderkommandos bei
		Landespolizeiamt, Abteilung Schutzpolizei Weimar
	26. November	Befehl der SMAT zum Aufbau einer Grenzpolizei
	1. Dezember	Schutzpolizei-Sonderkommando wird Grenzpolizei
		Landespolizei-Inspektion Thüringen Mitte-Nord I, Nordhausen
		Offizielle Dienstaufnahme Kommando Mackenrode
1947	1. Januar	Verlegung des Kdo Mackenrode nach Stöckey
	1. April	Verlegung des Kdo Mackenrode nach Limlingerode
	1. Juni	Landespolizeiamt Thüringen
		Grenzpolizei-Abteilungen in Mühlhausen und Rudolstadt
		mit jeweils 4 – 5 Grenzpolizei-Kommandanturen
		und jeweils 10 – 15 GP-Kommandos mit 1/9 Posten
	25. September	Dienstaufnahme Kdo. Branderode
1948	Jahresanfang	Umbenennung der GP-Abteilungen in „GP-Gruppen"
		Landespolizeiamt Thüringen
		Grenzpolizei-Gruppe I Mühlhausen mit Abschnitt

1 – Niedersachswerfen
2 – Dingelstädt
3 – Bad Salzungen
Gruppe II Rudolstadt mit Abschnitt 4–6

	5. März	Einrichtung des Kdo Brocken	
	1. April	Auflösung der GP-Gruppen und Bildung von 8 GP-	
		Bereitschaften, für Südharz: Benneckenstein und Worbis	
		Landespolizeiamt Thüringen Grenzpolizeibereitschaften in	
		Benneckenstein und Worbis	
	April	Verlegung der Kdo	Trebra nach Stöckey
		„	Bischofferode nach Lüderode
		„	Brehme nach Jützenbach
	3. Juli	Bildung der „Hauptabteilung Grenzpolizei/Bereitschaften"	
		bei der DVdI (Deutsche Verwaltung des Inneren)	
	Sommer	Bildung der eigenständigen „Hauptabteilung	
		Grenzpolizei" bei der DVdI	

September	10 GP-Bereitschaften in Thüringen:
	V. Nordhausen
	VIII. Mühlhausen
	IX. Nordhausen
	X. Sondershausen
15. November	die Grenzpolizei des Landes Thüringen wird der DVdI unterstellt

SMAD
Deutsche Verwaltung des Inneren (DVdI)
SMAT
Landespolizeiamt Thüringen
Hauptabteilung Grenzpolizei und Bereitschaften des Landes Thüringen
Umbildung der 8 Grenz-Bereitschaften in 6 GP-Bereitschaften

I. Grenzbereitschaft Ellrich mit Grenzkommandanturen in Benneckenstein, Gudersleben, Worbis mit Kdos in Rothesütte, Sülzhayn, Ellrich, Gudersleben, Liebenrode, Branderode, Limlingerode, Stöckey, Weilrode, Lüderode, Jützenbach, Teistungen

I. Grenzbereitschaft Ellrich mit 3 Kommandanturen und je 4 Kommandos

Grenzpolizei-Kommandantur Benneckenstein
      GKdo 1 Scharfenstein (Ilsenburg)
      GKdo 2 Schierke
      GKdo 3 Sorge
      GKdo 4 Rothesütte

Grenzpolizei-Kommandantur Gudersleben
      GKdo 5 Niedersachswerfen
      GKdo 6 Limlingerode
      GKdo 7 Bockelnhagen
      GKdo 8 Jützenbach

Grenzpolizei-Kommandantur Weißenborn
      GKdo 9 Brehme
      GKdo 10 Wehne
      GKdo 11 Neuendorf
      GKdo 12 Siemerode

1949	ab 12. Juli	Grenzpolizei-Kommandantur Gudersleben
		GKdo Ellrich Nord
		GKdo Ellrich Süd

GKdo	Ellrich Ziegelei
GKdo	Sülzhayn
GKdo	Gudersleben
GKdo	Obersachswerfen
GKdo	Branderode
GKdo	Klettenberg

Grenzpolizei-Kommandantur Weißenborn

GKdo	Mackenrode
GKdo	Limlingerode
GKdo	Stöckey
GKdo	Weilrode
GKdo	Bockelnhagen
GKdo	Silkerode
GKdo	Zwinge
GKdo	Jützenbach
GKdo	Sonnenstein
GKdo	Brehme
GKdo	Ecklingerode

28. Juli	Eröffnung des Grenzüberganges Ellrich-Walkenried
3. Oktober	Wiederaufnahme des Schienenverkehrs Ellrich-Walkenried
November/	
Dezember	DDR-Regierung
	Ministerium des Inneren (MdI)
	Hauptverwaltung Deutsche Volkspolizei (HVDVP)
	Hauptabteilung Grenzpolizei
	Landespolizei Thüringen: Abteilung PB/Grepo

1950	Jahresanfang	Grenzkriminalpolizei (8 Mann) an den Kontroll-punkten und bei den Grenzkommandanturen sonst keine organisatorischen Änderungen
1951	1. Februar	Eröffnung der ersten Offiziersschule der Grenzpolizei in Sondershausen
	27. Dezember	Landesbehörde der Deutschen Volkspolizei Weimar Abteilungsstab Grenzpolizei Grenzbereitschaften:
		1. Ellrich (später Stab nach Nordhausen verlegt)
		2. Mühlhausen
		3. Dermbach
		4. Meiningen
		5. Köppelsdorf
		6. Plauen (Gefell)
		weitere Abteilungsstäbe in Magdeburg, Schwerin
1952	6. Mai	Umbenennung der Grenzpolizei in Deutsche Grenzpolizei

Ministerium für Staatssicherheit

Hauptabteilung Grenze und Neuordnung
Abschnittsstab Thüringen
5. Grenzbereitschaft Ellrich
Grenzkommandantur 1 Benneckenstein
Kommando: 1. Scharfenstein
              2. Schierke
              3. Sorge
              4. Rothesütte

Grenzkommandantur 2 Gudersleben, später Klettenberg
Kommando: 5. Obersachswerfen
              6. Limlingerode
              7. Bockelnhagen
              8. Jützenbach
Russische Kommandos in Zwinge, Weilrode, Mackenrode,
Ellrich

Grenzkommandantur 3 Weißenborn
Kommando   9. Brehme
            10. Wehnde
            11. Neuendorf
            12. Siemerode

	1. Dezember	Auflösung der Grenzkriminalpolizei
1953	27. Juni	Rückunterstellung der DGP als Hauptabteilung ins MdI
1955	Juni	Einführung der Ebene Abschnittsverwaltungen mit bisherigen Grenzbereitschaften:

                        Nord in Perleberg
                        Mitte in Berlin-Karlshorst
                        Süd in Erfurt

Ministerium des Inneren (MdI)
Abschnittsverwaltung Süd in Erfurt
1. Grenzbereitschaft Mühlhausen
2. Grenzbereitschaft Eisenach
3. Grenzbereitschaft Nordhausen
   Grenzkommandanturen in Beneckenstein, Ellrich,
   Weißenborn
mit Kommandos in Scharfenstein, Schierke,
Sorge, Rothesütte,
Sülzhayn (ab 1955), Obersachswerfen, Limlingerode,
Bockelnhagen, Jützenbach, Brehme, Wehnde, Neuendorf,
Siemerode
4. Grenzbereitschaft   Dermbach
5.   ,,   Meiningen
       ,,   Dietrichshütte

| | | „ | Hildburghausen |
| | | „ | Plauen |

1. August   Unterstellung der DGP unter das „Staatssekretariat für Sicherheit" im MdI

Ministerium des Inneren
Staatssekretariat für Sicherheit
Abschnittsverwaltungen mit unterstellten
Grenzbereitschaften

24. November   Ministerium für Staatssicherheit (MfS)
Abschnittsverwaltungen mit unterstellten
Grenzbereitschaften

1956   Auflösung der Organisationsebene „Kommandanturen"
Unterstellung der Grenzpolizeikommandos direkt unter
Grenzbereitschaften

1957   1. März   Bildung des „Kommandos der Deutschen Grenzpolizei" im MdI; Führungsstab in Pätz bei Königswusterhausen

Ministerium des Inneren
Kommando der deutschen Grenzpolizei
Abschnittsverwaltungen mit unterstellten
Grenzbereitschaften

ab 14. August   Auflösung der Abschnittsverwaltungen,
Bildung von 8 Grenzbrigaden mit einheitlicher Struktur

Grenze zur Bundesrepublik:

1. Grenzbrigade Perleberg mit 3 Bereitschaften
     6. Grenzbereitschaft   Schönberg
     7.   „   Wittenburg
     8.   „   Grabow
2. Grenzbrigade Magdeburg mit 4 Bereitschaften
     22. Grenzbereitschaft   Halberstadt
     23.   „   Gardelegen
     24.   „   Salzwedel
     25.   „   Oschersleben
     Lehreinheit Magdeburg

3. Grenzbrigade Erfurt mit 5 Bereitschaften
     1. Grenzbereitschaft   Mühlhausen
     2. Grenzbereitschaft   Ellrich

3.	„	Dermbach
4.	„	Meiningen
5.	„	Eisenach

Lehreinheit Nordhausen
schwere Abteilung Erfurt

4. Grenzbrigade Rudolstadt mit 3 Bereitschaften

9. Grenzbereitschaft		Hildburghausen
10.	„	Plauen
11.	„	Zschachenmühle

Lehreinheit Dietrichshütte
schwere Abteilung Rudolstadt

Grenze um Berlin:

5. Grenzbrigade Groß Glienicke
mit 3 Bereitschaften

Grenze Küste:

6. Grenzbrigade Rostock mit 3 Bereitschaften

Grenze zu Polen:

7. Grenzbrigade Frankfurt/Oder
mit 2 Bereitschaften

Grenze zur CSSR:

8. Grenzbrigade Karl-Marx-Stadt
mit 2 Bereitschaften

im Jahresverlauf Einführung der Organisationsebene „**Grenzabteilungen**" (bis 1956 Kommissariate, später Bataillone) zwischen Bereitschaften und Kompanien (bisher Kommandos) im Bereich der 2. Grenzbereitschaft Ellrich:

1. Grenzabteilung Benneckenstein		
2.	„	Ellrich
3.	„	Weißenborn

1961 15. September Unterstellung der Deutschen Grenzpolizei dem Ministerium für Nationale Verteidigung (MfNV) als „**Kommando der Grenztruppen der NVA**"

Neuordnung der Grenzbrigaden:

1., 2., 4. GBrig	im Raum um Berlin	
3. GBrig.		Perleberg
4.	„	Kalbe
7.	„	Magdeburg
9. Grenzbrigade Erfurt		
11.	„	Meinigen
12.	„	Rudolstadt

Aus den Bereitschaften wurden **Regimenter**; Kommandos wurden **Kompanien**

267

23. Oktober	Ministerium für Nationale Verteidigung
	Kommando der Grenztruppen der NVA
	9. Grenzbrigade Erfurt
	5. Grenzregiment Nordhausen
	4. „ Heiligenstadt
	1. „ Mühlhausen

5. Grenzregiment Nordhausen
    I. Grenzbataillon Ellrich mit

1. Grenzkompanie:	Rothesütte
2.	Sülzhayn
3.	Ellrich (Ziegelei)
4.	Obersachswerfen
5.	Klettenberg

    II. Grenzbataillon Weißenborn-Lüderode mit

6. Grenzkompanie	Limlingerode
7.	Weilrode
8.	Silkerode
9.	Jützenbach
10.	Ecklingerode

sowie:
5. Ausbildungsbataillon Nordhausen
Straßenbaukompanie – 9 Ellrich-Waldkater
Pionierkompanie – 9 Limlingerode
GÜSt Ellrich

1962/1963	Strukturelle Änderungen:
	Die 1. GK Rothesütte wird dem Grenzregiment 20
	Blankenburg zugeordnet; die Numerierung der
	Grenzkompanien des Grenzregimentes 5 ändert sich
	entsprechend: 1. GK Sülzhayn bis 8. GK Jützenbach

1967/1968	Die 3. GK Obersachswerfen wird nach Liebenrode verlegt
	und als 3. GK Liebenrode geführt;
	Zum GR 5 gehören zusätzlich:
	5. Ausbildungsbataillon Nordhausen, Albert-Kuntz-Kaserne
	Straßenbau-Kompanie–9 Ellrich, Waldkater, im Frühjahr
	1968 nach Schiedungen verlegt
	Pionier-Kompanie–9 Limlingerode (alte Unterkunft)
	GÜSt
	Grenzkompanien wie bisher
1971	Grenzkompanien wie bisher
9. Februar	Die Straßenbau-Kompanie–9 wird nach Teistungen verlegt
	und in die Pionier-Kompanie–1 umformiert
1. März	Neuordnung der Grenztruppen:
	An Stelle der Grenzbrigaden Bildung von drei Grenz-
	kommandos: Nord in Kalbe; Süd in Erfurt; Mitte in Berlin

Das Grenzkommando Süd in Erfurt wurde aus den Grenzbrigaden 9 Erfurt, 11 Meiningen, 13 Rudolstadt gebildet.

Das Grenzregiment 5 in Nordhausen wird aufgelöst;
Dem Grenzregiment 4 (Heiligenstadt) werden die Grenzbataillone Ellrich,
Weißenburg-Lüderode,
Mengelrode
unterstellt.

Verlegung des Stabes des Grenzbataillons Ellrich in den Standort Klettenberg, des Stabes Weißenborn-Lüderode in den Standort Jützenbach,

Die Grenzkompanien Sülzhayn, Klettenberg, Jützenbach und Neuendorf wurden aufgelöst.

Bildung der Nachrichten-Kompanie aus den entsprechenden Zügen der Bataillone

Verlegung der Pionier-Kompanie von Limlingerode (alte Unterkunft) nach Heiligenstadt

Schaffung der Organisationsebene „Grenzaufklärer" bis auf Kompanieebene.

Zum I. Grenzbataillon Klettenberg gehörten die Grenzkompanien:
    1. Ellrich
    2. Liebenrode
    3. Mackenrode
    4. Weilrode

Zum II. Grenzbataillon Jützenbach gehörten die Grenz-kompanien
    5. Silkerode
    6. Ecklingerode
    7. Teistungen
    8. Günterode
Zum III. Grenzbataillon Mengelrode gehören die Grenz-kompanien
    9. Freienhagen
    10. Rustenfelde
    11. Hohengandern
    12. Wahlhausen

1974	1. Januar	Das „Kommando der Grenztruppen der NVA" wird aus NVA ausgegliedert und fungiert als selbständiger Verband „Grenztruppen der DDR"

1981   Sommer   Auflösung des Grenzbataillons Jützenbach

Ministerium für Nationale Verteidigung
Kommando der Grenzruppen in Pätz
Grenzkommando Süd Erfurt
Grenzregiment 4 Heiligenstadt
      Grenzbataillon I Klettenberg mit
      Sicherstellungs-Kompanie in Klettenberg
      Grenzkompanien:
           1. Ellrich
           2. Liebenrode
           3. Silkerode
           4. Ecklingerode

      Grenzbataillon II Mengelrode mit
      Sicherstellungs-Kompanie in Mengelrode
      Grenzkompanien:
           5. Teistungen
           6. Freienhagen
           7. Hohengandern
           8. Wahlhausen

      Grenzbataillon III Mühlhausen
      (bis 1982 in Jützenbach)

      Grenzkompanien
           9. Mackenrode
           10. Jützenbach
           11. Günterode
           12. Rustenfelde

1982   September   I. Bataillon Klettenberg
      Sicherstellungs-Kompanie in Klettenberg
      Grenzkompanien
           1. Ellrich
           2. Liebenrode
           3. Mackenrode
           4. Silkerode
           5. Ecklingerode

      II. Bataillon Mengelrode
      Sicherstellungs-Kompanie in Mengelrode

6. Teistungen
7. Freienhagen
8. Hohengandern
9. Wahlhausen

III. Bataillon Mühlhausen
    10. Jützenbach
    11. Günterode
    12. Rustenfelde

1983

I. Bataillon Klettenberg
Sicherstellungs-Kompanie in Klettenberg
Grenzkompanien
    1. Ellrich
    2. Liebenrode
    3. Silkerode
    4. Ecklingerode
    13. Rothesütte
II. Bataillon Mengelrode
Sicherstellungs-Kompanie in Mengelrode
Grenzkompanien
    5. Teistungen
    6. Freienhagen
    7. Hohengandern
    8. Wahlhausen

III. Bataillon Mühlhausen
Sicherstellungs-Kompanie in Grenzkompanien
    9. Mackenrode
    10. Weilrode
    11. Jützenbach
    12. Rustenfelde

In den Grenzkompanien des I. und II. Bataillons
wurde jeweils der 4. Zug zu einem Grenzaufklärer-
Zug umformiert

1989   1. Dezember   Auflösung der Grenzkommandos Nord, Süd und Mitte

Umwandlung in Grenzbezirks- und Grenzkreiskommandos

Kommando Grenztruppen in Pätz
Grenzbezirkskommando 3 in Erfurt
Grenzkreiskommandos (GKK)
    301 Nordhausen (Kreis Nordhausen)

302 Heiligenstadt (Kreise Worbis und
Heiligenstadt)
303 Mühlhausen (Kreis Mühlhausen)
304 Eisenach (Kreis Eisenach)

Grenzkreiskommando Nordhausen in Nordhausen
Sicherstellungs-Kompanie in Klettenberg
Grenzkompanien
1. Rothesütte
2. Ellrich
3. Liebenrode
4. Silkerode
5. Ecklingerode
6. Teistungen

1990	2. April	Bildung eines Grenzschutzes im MdI der DDR
	18. April	Unterstellung der Grenztruppen dem Ministerium für Abrüstung und Verteidigung
	1. September	Grenztruppen werden Abrüstungs-und Rekultivierungskommando (ARK)
	21. September	Auflösung der Grenztruppen
	2. Oktober	Auflösung des ARK und des Grenzschutzes

Erstellt im Februar 2006 von H. Gundlach nach Archivrecherchen und Aussagen von ehemaligen Angehörigen der Grenztruppen.

Heute finden wir kaum noch Spuren von der ehemaligen Grenze. *Die Geschichte der ehemalige Grenze kann man nur noch in zahlreichen Grenzmuseen praktisch erleben. So auch im* **Grenzlandmuseums Eichsfeld in Teistungen.**

Von 1973 bis 1989 nutzten fast 6 Millionen Reisende den Grenzübergang Duderstadt-Worbis. Hier eröffnete im Jahr 1995 das Grenzlandmuseum. 2000 nahm eine angegliederte Bildungsstätte ihre Arbeit auf. Zehn Jahre später – 2010 – wurde die Dauerausstellung komplett überarbeitet.

Auf dem hier beginnenden 6 km langen **Rundweg=Grenzlandweg,** *welcher teilweise entlang des ehemaligen Grenzstreifens verläuft, kann man die ehemalige Grenzanlage in Augenschein nehmen. Fotos: Harald Rockstuhl im August 2014*

Autor Dr. Horst Gundlach

1934	geboren in Erfurt
1938	Umzug nach Langensalza
1941–1949	Grundschule Langensalza
1949–1950	Oberschule Langensalza
1951–1953	Oberschule in Jena, Abitur
1953–1959	Studium Baustoffverfahrenstechnik in Weimar
1960	Umsiedlung in BRD
1960–1975	Forschungstätigkeit in Baustoffindustrie
1975–1983	Geschäftsführer Baustoffindustrie
1984–1992	freischaffender Unternehmensberater
1993–1999	Inhaber und Geschäftsführer Forschungsinstitut in Weimar
2000–2007	vereidigter Sachverständiger und Gutachter
seit 2004	Autor von Büchern zur innerdeutschen Grenze im Südharz

Bücher von Dr. Horst Gundlach im Verlag Rockstuhl

978-3-86777-447-5	**Damals in Langensalza 1936–1950** Ausgabe 2012, 100 Seiten, Taschenbuch
978-3-86777-668-4	**Die Grenzüberwachung der DDR** Ausgabe 2014, 98 Seiten, Taschenbuch
978-3-86777-724-7	**Die deutsch-deutsche Grenze 1945–1990** Ausgabe 2014, 274 Seiten, Hardcover